IBK 移投行家族办公室专家智库
IBK Family Office Expert Think Tank

中国式家族办公室实务研究

家族信托 · 身份规划 · 大额保单 · 企业治理 · 全球资产

王怀涛　主编

陈少华　林　海　周　芸　副主编

上海远东出版社

图书在版编目(CIP)数据

中国式家族办公室实务研究/王怀涛编著. —上海：上海远东出版社，2018.10
ISBN 978-7-5476-1423-5

Ⅰ. ①中… Ⅱ. ①王… Ⅲ. ①家族—私营企业—企业管理—研究—中国 Ⅳ. ①F279.245

中国版本图书馆 CIP 数据核字(2018)第 242473 号

选题策划 程云琦
责任编辑 祁东城
封面设计 张晶灵

中国式家族办公室实务研究
王怀涛 主编
陈少华 林 海 周 芸 副主编

出　版 上海遠東出版社
(200235 中国上海市钦州南路 81 号)
发　行 上海人民出版社发行中心
印　刷 昆山市亭林印刷有限责任公司
开　本 710×1000 1/16
印　张 20.75
插　页 1
字　数 270,000
版　次 2019 年 1 月第 1 版
印　次 2021 年 3 月第 3 次印刷
ISBN 978-7-5476-1423-5/F·634
定　价 78.00 元

《中国式家族办公室实务研究》编委会

编委会简介

王怀涛

移投行家族办公室(IBKFO)创始人，新古律师事务所负责人，保富商学院副院长，中国家族办公室行业的先行者。他在全球经济一体化格局下的企业治理和传承、资产隔离和保全领域有着丰富的实操经验和合作资源。他重回古道、重建城垣，构建了“超联合家族办公室模式”，是家族办公室行业内共生共赢生态系统的倡导者。

曾在信泽金商学院、广发私募商学院等众多机构开展讲座。经常接受主流财经媒体采访，就当前金融领域的重大事件发表法律观点。常应邀与圣基茨总理、马耳他大使等离岸中心的政要交流。累计为国内外上百家富有家族、资产管理公司提供服务。擅长私募基金、并购、身份规划、家族信托等，致力于为富有家族和金融财团提供最佳财富管理解决方案。

陈少华

移投行家族办公室(IBKFO)高级研究员，北京市盈科(珠海)律师事务所合伙人，税务律师，具有法律和财会的综合背景，拥有超过18年的专业执业经验，在家族财富管理、境内外并购、税务规划、转让定价与反避税、税务争议解决等领域积累了丰富的经验，能够为企业提供一体化的商务和税务解决方案，在家族财富传承、公司上市架构设立、股权转让、股权激励计划的设计等方面具有特别的税务优势。曾服务的客户涵盖众多行业，涉及金融信托、制造业、零售业、房地产、能源矿产及互联网等多个行业。

林　海

中共党员，移投行家族办公室(IBKFO)高级研究员，上海新古律师事务所律师，华东政法大学全日制法学硕士，长期从事外国法与比较法研究。2007年起从事法律工作，拥有大型金融企业法务、中级法院经济审判庭的工作经历。开始律师执业后，成功办理大量的商事争议解决业务，同时将业务领域扩展至移民地产、私募基金、家族信托等，切入家族办公室法律业务及家族传承行业，为多家金融机构、高净值客户及家族提供身份规划、法律筹划、全球资产配置、搭建离岸架构等方案及服务。

周　芸

法学硕士，移投行家族办公室(IBKFO)高级研究员，中国联合家族办公室协会理事，北京盈科(上海)律师事务所律师。

曾在世界500强跨国企业担任多年管理及法务工作，擅长企业的股权架构策划、章程策划、定制化家族信托策划，致力于对CRS和FATCA的全球涉税研究；致力于为家族企业的实际控制人和股东等高净值人群担任私人法律顾问，提供家族资产规划和传承、家族办公室等专业化的服务；深入结合企业在运营过程中的风险防范和管理、企业家个人的风险防范、管理层激励计划和员工持股计划等领域，为各类企业提供多纬度、全方位、高附加值的法律服务；代理诉讼及非讼法律事务；主导、策划和参与重大项目的协议拟定、协商和谈判、法律风险防范等工作。

多年持续学习和关注财经、金融、宏观经济等领域的前沿信息，对财富管理、资产证券化、投融资方面有一定深度的研究。

马大川

陕西德伦律师事务所律师，移投行家族办公室高级研究员，陕西省政府采购评审专家，西安市律协金融证券保险法专业委员会副主任，西安市未央区民革社会法制专委会主任，中财融商(北京)资本管理有限公司特聘讲师，西安市北大助企商会法律维权部部长，陕西沃金企业管理咨询有限公司首席法律专家。

作者对保险特别是寿险有深入研究，对保险的债务隔离、税收筹划及大额保单的设计有独到见解。在高端培训领域受邀为中国银行、河北银行、浙商银行、光大银行、光大永明人寿、中邮人寿、太平人寿、恒天财富等数十家金融机构所举办的内训及客户沙龙活动讲课上百场。

王逸群

移投行家族办公室(IBKFO)高级研究员,北京尚公(上海)律师事务所合伙人,上海市律师协会国际投资业务研究委员会委员,华东政法大学“一带一路高端经贸法律人才实践基地”项目导师。

擅长企业法务、公司治理、跨境投资及税务筹划等相关法律服务,有为客户寻觅各类海外投资机会和标的,以及提供海外身份规划、跨境资产配置和法律架构搭建、投资项目落地服务等方面的专业经验。

海外合作资源丰富,对各类跨境财富传承工具及境外家族办公室的发展经验较有研究,可为有跨境资产配置和传承需求的高净值人士和家族提供综合性规划及落地服务。

尹志金

中国社科院研究生院产业经济学高级课程班结业,南京大学工商管理硕士,华东政法大学法学学士。

现任移投行家族办公室巡导员、高级研究员,国浩律师(南京)事务所合伙人,中国对外经贸大学国际商学院 MBA 校外导师。曾任淮安东方律师事务所律师主任,宿迁仲裁委员会案件审理部主任,江苏苏源律师事务所合伙人,中少星火文化发展(北京)有限公司总经理。曾获司法厅与律协授予的“江苏省十佳律师”“江苏省优秀辩护律师”等荣誉。

特长:诉讼;并购投融资;大型展览展示组织。

李国衡

上海市律师协会民事业务委员会委员,京衡律师集团上海事务所执业律师,第一财经广播常年特聘嘉宾,案例式培训讲师,私人财富管理专家,移投行家族办公室高级研究员。

李律师从事专业律师工作十五年以上,代理大量诉讼和非诉案件,专业方向主要涉及家事法律纠纷、私人财富管理、公司类、合同类类法律事务。李律师在离婚诉讼、离婚财产分割、遗产继承纠纷业务领域有深入研究,还包括婚前婚内个人财产保护、家庭财产保护规划等私人财富管理业务。

吴兴鑫

中共党员，法律硕士，上海新古律师事务所律师，移投行家族办公室(IBKFO)高级研究员。自毕业后主要从事与法律咨询、基金、信托等有关的法律工作。曾为多家公司的私募基金管理人申请、基金销售牌照申请、公司投融资、商事纠纷等提供法律服务。

房树威

男，江苏(南京)某律师事务所主任。汉文学、法学专业毕业。对现代契约自由、侵权赔偿等知识掌握较好，并已灵活地运用在商事及家族财富流传等跨部门法实务中。

2004年代理某案件时主张"公司开会通知形式存在重大瑕疵，应视为未尽通知义务，由此形成的股东会决议应当无效"的观点，被最高法院录入次年《经典案例选编》。而且这一观点也被《公司法解释四》第五条第二款吸纳，用以指导全国法院的审判活动。

2015年代理某案件时阐述"企业名称权与他人商标专用权，都是商事主体的合法权利，应当并行保护"的观点，被某省高院采纳，从而撤销某中院一审判决，驳回原告全部诉求。从业以来，也代理了大量刑事案件，对多起案件都有实效性辩护。

赵　光

移投行家族办公室(IBKFO)高级研究员，昊华(合肥)律师事务所高级合伙人，中华全国律协环资能委委员，安徽省律协社会公益委副主任。

擅长慈善基金会管理、慈善信托策划、定制化家族信托策划、保护、管理和传承，家族企业相关的法律服务，目前担任近百家慈善机构、社会公益组织、大型企业法律顾问。

文章《试论建立中国特色民商判例制度》获第九届华东律师论坛一等奖；《环境正义之核心法律理念》获第十一届华东律师论坛二等奖；《一带一路背景下践行慈善法、做大慈善经济》获中华全国律协环资能委2017年优秀论文。

赵路云

毕业于上海交通大学，哈佛大学MBA。瞻睿家族传承研究中心创始合伙人，《理财周刊》财富传承专栏作者，喜马拉雅FM超十万点击量节目《哈佛学霸赵路云教你财富管理与传承》主播，2018年度家族财富管理中国风云榜“杰出女性财富管理领袖”，2017第一财经RFP“中国十佳家族财富管家”。

拥有16年金融财务投资经验，在全球资产配置，家族传承规划方面拥有丰富的经验，曾任渣打私人银行副董事、JP摩根香港第一位来自大陆的私人银行家。

段逸超

一级律师，中国政法大学法学硕士。现为浙江和义观达律师事务所副主席、高级合伙人。兼任移投行家族办公室高级研究员、无虑财富保障与传承中心高级讲师、宁波大学法学院硕士生导师、宁波市人大常委会法工委委员、宁波市法学会理事、宁波仲裁委员会仲裁员。出版《公司的设立与运营》《企业家的法律高参》《新三板挂牌上市、资本运作实务及经典案例分析》等。

段逸超律师主攻方向：股权顶层设计、财富传承、商业模式法律对接。

唐海燕

毕业于北京大学法学院，先后取得工商管理学士学位和商法硕士学位，曾就职于锦天城律师事务所，工作语言为中文和英文。专注于公司法律事务与投融资法律服务，具有多年为国内外公司提供法律服务的经验，擅长公司治理、资本市场、基金、并购等相关的法律服务。在众多重大交易（商事诉讼、清算、并购、企业重组、国企改制、新三板挂牌、私募基金投融资、公募基金销售牌照申请）中担任法律顾问，并出色完成委托事项。

陶　钧

上海外国语大学法学学士，上海财经大学管理学学士，复旦大学MBA。

中国注册税务师、会计师，移投行家族办公室（IBKFO）高级研究员，上海市法学会金融法研究会公司治理与金融研究中心特约研究员，原陆金所金融市场开发中心产品副总监，真格系互联网创业企业“庄游”联合创始人兼CFO。

拥有超过10年的金融工作经验，曾作为中国平安陆金所的初始团队成员负责金融产品设计，完成首个B2C产品及国内首个可交易资管计划，累计交易逾万亿元。

现供职于上海汉联律师事务所，专长为金融、财税和其他民商事领域。

董　晶

江苏圆点律师事务所执业律师，私人财富管理专家，民商法学硕士，拥有银行、证券双从业资格。长期致力于家庭(家族)财富保障与传承、婚姻家事、公司企业法律事务研究，多篇学术文章被《中国律师》《法制与社会》《财富传承管理师联盟》《智合法律新媒体》《家族律评》《婚姻法之家》《法律博客》《徐州司法》等媒体刊登转载。

主要业务领域：团队能够从婚前约定、夫妻财产协议、人寿保险、遗嘱、家族信托、股权架构设计、股权激励、企业风险防范等多角度，为客户提供财富保障与传承及其财富风险防范的相关法律服务。

惠　坤

移投行家族办公室(IBKFO)高级研究员，移投行家族办公室(IBKFO)宁波运营中心执行董事，英策离岸法律研究中心创始人、高级架构师，英策企业管理咨询有限公司总经理(中国区)。

作为中国最早一批熟练运作离岸业务的智库成员之一，拥有17年的离岸法律业务实操，专长于为有需要走出去的中国企业搭建合理合法的海外操作架构，国际商标和知识产权的保护及规划，合理规避国际政治及商业风险。2017年加入移投行家族办公室，作为高级研究员致力于研究离岸产品及离岸业务在中国企业家的财富规划及家族财富传承领域中所起的作用，助力广大高净值家族合理合法达到财富的恒久及顺利完成代际传承。

蔡绍辉

北京盈科(上海)律师事务所高级合伙人、私人财富管理法律事务部执行主任。中南财经政法大学法律硕士。

执业以来，办理过各类复杂疑难涉外婚姻继承等案件多起，为数位企业家提供过财富传承方面的专项服务。曾被网易财经频道、《文汇报》、CCTV 焦点访谈、东方卫视《第一财经》等媒体采访。办理过的业务有被《搜狐网》《新华网》等数十家媒体报道。撰写的 20 余篇文章被《上海法治报》等刊登选用。

曾为上海交大法学院、浙江大学法学院等高校学生讲授实务课程。曾为企业家讲授法商智慧等各类课程多场。

擅长领域：婚姻、继承、家族财富传承。

潘宇东

1998 年取得律师资格，2000 年从事律师工作，2003 年当选上海市普陀区优秀法律工作者。近年来专注企业法律事务，具有上市公司独立董事资格，帮助企业完成股权交易，协助投资者进行海外身份和资产配置的规划。现为上海市申华律师事务所合伙人，移投行家族办公室(IBKFO)高级研究员，全球投资移民律师协会认证律师。

魏　明

移投行家族办公室(IBKFO)合伙人、金融投行部总经理，移投行家族智库高级研究员，上海相山投资管理有限公司合伙人，IBK Investment Management Co.，Ltd (Hong Kong)董事总经理，中国联合家族办公室协会副会长，保富商学院副院长。

擅长金融牌照及合规、离岸架构、区块链合规及架构。

序 言

律师在中国家族办公室领域将大有作为

王怀涛　林　海

近年来,随着改革开放崛起的“富一代”的老去,家族企业接班潮带来的家族传承服务需求激增,使得家族办公室由西方引进至中国,并开始成为财富管理领域的热门话题。一时间,各路人马一拥而上,相关文章、图书亦不鲜见。

然而,从律师的角度出发,家族办公室的市场需求点和服务盈利点在哪、西方的家族办公室的成熟模式如何移植到中国、家族办公室在中国已有哪些样本及范例可供借鉴?而律师作为法律职业共同体中最有可能充分地介入家族办公室服务的一员,又如何乘势而上,在以上各个重要问题的解决过程中成为不可替代的组成部分?这就是我们试图厘清的几个问题。

对于家族办公室,目前并无公认的标准定义。从一般、现代的意义上来讲,家族办公室,是指为已积累有一定规模财富的家族,站在家族整体的角度,提供专业化、个性化、持续性的服务,对家族各方面的资源及财富进行有效管理,并保障家族各项资源能在符合最大化发展预期的前提下实现顺利传承的机构。此为本文语境下所论述的家族办公室。

一、机遇——家族办公室是未来数十年的行业风口

（一）家族办公室潜在客户的数量猛增

2018年正是改革开放四十周年，中国大地经历了先辈难以想象的面貌巨变及财富增长。在向市场经济剧烈转型的过程中，一部分人先富裕起来了。他们的共同点，即已积累有一定规模的财富，使他们成为家族办公室的潜在需求者。

根据著名市场研究公司"新世界财富"（New World Wealth）的统计数据，2007至2017年，中国的私人财富增长率已达198%，成为全球私人财富增长率第二的国家。根据《2018胡润全球富豪榜》（上榜富豪的财富计算截止日期为2018年1月31日），相比去年数据，大中华区十亿美金富豪人数增加210人，达到819人，比美国多了40%；中国每周增加4位十亿美金富豪；大中华地区拥有600万以上可投资资产的家庭数量已达到161万户；依据家庭总资产来计算，2017年中国600万资产的家庭户数已高达460万，北上港依旧位列前三。

（二）家族办公室成为富人本身无法绕开的需求

如上所述，中国富豪的人数在不断增加，但从"质"的方面来讲，目前中国富豪的富裕之路，往往与西方传统商业社会中商人的成长之路有着众多的区别。其可能自身并无厚重的商业积淀，未接受过体系化的经商课程训练，在造富、守富、传富等方面亦不具备系统和健全的知识。这就使家族办公室成为解决他们财富及传承难题的"刚需"。

以上统计数据可知，中国财富分配存在一定程度的两极分化的现象，富豪的总人数在不断增加，且正在占有更多的财富。财富积累到一定的程度，他们必然会思考，如此巨额的财富该何去何从，如何才能摆脱"富不过三代"的"魔咒"，如何规避各种现实及未来的，来自经济、政治、法律、个人意外事件等各方面的风险？但在目前传统的成熟的服务机构

中，无一能提供综合性的解决方案。这一使命，自然地落到家族办公室的肩上。中国的富裕人群，将或早或晚地开始寻求家族办公室的帮助。

（三）经济社会大环境催生家族办公室的蓬勃兴起

从财富管理规模上看，中国的资管新规已经出台，此后的资管产品将分为公募产品和私募产品，意味着大资管时代的来临。中国财富管理的规模相当之大，私募基金 50 万亿、公募基金 12 万亿、信托 20 万亿，算上其他资管计划，总规模在 100 万亿至 200 万亿之间，而目前的资管机构扮演的多为单一角色，故需要家族办公室作为跨门类、综合性的资产管理机构。

从市场发展速度来看，当前中国股市的资金规模大约为人民币 60 万亿元，与美国股市约 60 万亿美金的资金规模相比，中间相差了六至七倍。根据当前中国 IPO 的速度，大概 5～10 年后，中国和美国的股市将规模相当。届时，将会有众多从上市公司获得收益的上市公司实际控制人、大股东、牛散、被收购公司的股东等，握有更大的财富，有更强烈的财富管理需求，都将成为家族办公室新增客户群体。

从国家政策引导来看，中国富人目前热衷于炒房和炒股，除了维持开办企业运营的所需资金，所谓“闲钱”的投资方向本来已十分有限，随着国家对楼市调控加码，股市行情进入一波下行的周期，很多资金处于“迷茫”状态，如何将投资视野拓宽至全球，如何合法、安全、稳健地进行境外投资？这正是家族办公室擅长的业务。

从全球征税趋势来看，经济合作与发展组织《共同申报准则》(CRS)和美国国家税务局《海外账户纳税法案》(FATCA)的逐步落实，导致全球的税务筹划格局不得不发生改变，而高净值人群的财富配置必将受到重大影响。而上述的格局调整，不仅涉及税务专业本身的问题，更涉及身份规划、全球范围内的资产配置等更广泛的事务，需要拥有多样化专业背景团队的家族办公室来完成。

从高净值人群财富观的变化来看，贝恩公司和招商银行联合发布的

《2017中国私人财富报告》显示，中国的高净值人群目前心态更成熟，重视财富保障和传承，资产配置多元化，对财富管理机构信任加深；近年来，“保证财富安全”“财富传承”和“子女教育”一直作为高净值人群最关注的财富目标，“创造更多财富”则被挤出前三位；约60%的受访高净值人士认为家族财富的保障和传承以及家族资产的配置管理是其主要需求。

以上趋势表明，作为律师，尤其是在一线城市执业的律师，利用商业环境好、较易接触到家族办公室潜在客户的机会，尽早介入家族办公室的法律服务及相关行业，将有可能开拓一片业务的蓝海。

二、挑战——如何寻找和对接家族办公室的需方和供方

（一）让中国富裕家庭变为有尊严有传承的家族

家族与家庭的含义相近，但家族是家庭的“升级版”。成为家庭的条件较为简单，只要存有婚姻或血缘的纽带，形成财产共有、同居共食的独立核算单位，就能被称为家庭。而家族是家庭资源有机整合的结果，从物质、生活需求上升到传承、精神的层面。如果说家庭是社会的细胞，那么家族就是社会的未来。各个家族的荣耀，才能点燃整个民族的希望。

相对应地，从家庭升级为家族，一般有以下三方面的演变。

1. 从家庭财富到家族财富

作为律师，尤其是民事诉讼或家事领域的律师，参与过家庭协议的起草，或夫妻、父母子女之间争议的解决，对于家庭财富的内涵必有较为深刻的理解。因为家庭财富可理解为个人财富的简单集合体。以此为基础，律师可更好领悟家族财富中超越家庭财富的独特内涵与要素。

对于家族而言，人，是为家族创造价值的最重要、最根本的资源，人是家族最大的财富。其次是家族文化，这是协调家族内部成员关系的隐形纽带，是维系家族传承的精神基础。排在第三位的，才是作为财富载体的各种物质，其在各种显性和潜在的规则的制约下，为家族带来财务

贡献。最后是家族的社会关系资源，维系着家族与外部支持的往来。这四项构成家族财富的有机组成部分。

2. 从个人企业到家族企业

企业是社会经济活动的主力，商事律师一般也是熟谙经商规则的高手，家族企业是特殊的企业，家族企业最早一般都是由其奠基者的个人企业演变而来的，要完成这种演变，应通过科学有效的规划来实现永续经营。在北美和西欧，家族企业是主流的商业模式。根据欧洲最早介入家族企业咨询业务的安博思公司的不完全统计数据显示，家族企业占全球所有企业数量约66%，创造70%到90%全球生产总值。而家族企业并非中国目前主要的企业形式，但随着国家对私有权保护力度加大，相关法律的完善，未来世界级家族企业可能会诞生在中国。

律师可以引导民营企业家客户们，更早一些意识到在接班过程中转型家族企业的重要性。家族企业治理的难点在于，如何处理家庭与家庭企业的天然联结和潜在冲突，对家庭和企业，分别在所有权和经营权层面，进行双重、平行的治理；既明确权利和责任，又促进良性的博弈；适时引进非家族成员，起到差异化和中立、缓冲的作用。律师在从事企业法律顾问业务的过程中，往往有机会旁听股东会和董事会会议，参与重要文件的协商与起草，能了解企业家的隐忧，这都为上述引导工作创造良好的条件。

3. 从家庭成员到家族接班人

中国有“子承父业”的古语，但这绝不是简单能实现的。目前在家族传承领域，人们往往过于重视家族财富的传承，对于接班人的培养和家族文化的塑造，常受到忽视甚至仍是空白。合格的家族接班人，不仅要有出色的能力，更要认同家族文化，才能成为“家族”而非某一位个人的延续。

如何选择和培养家族接班人，也许离律师的专业知识本身相距甚远。但律师可以发挥组织的能力，整合商界、教育界和心理学界等相关领域的人士组成团队，来实现其企业家客户的传承目标，不会因忙碌而忽视了接班人的培养。对于拟定的接班人，让其接受良好的配套教育、为其选择富有经验的导师，然后，先获得家族外部工作的经验，再从家族企业的一线岗位开始，逐步树立威信、获得自主权，甚至尝试开辟新的领域。

还有一种特殊情况，是没有合适的家族成员愿意成为或有能力成为家族接班人。若这种情况只是暂时的，比如潜在的接班人还年幼，就需要设计过渡期，制定到一定阶段后“权利交还”的机制，这就需要智慧和远见的方案；若这种情况已无望改变，比如无合适的继承人，则更需要提前筹划，寻找合适的职业经理团队，或将财富布局转向继承人所有意向的领域，避免交接过程中的磨合给企业发展和家族传承造成的损失。

（二）新社会阶层将广泛地参与家族办公室服务行业

正因为家族办公室的需求是多样化的，因此需要复合型人才，需要多样化的团队。而伴随着改革开放以来中国社会结构的巨大变迁，“新社会阶层”的影响越来越广泛及重大，未来有望成为家族办公室主力的律师、会计师、税务师、理财师等，都属于“新社会阶层”的范畴。未来的家族办公室行业的版图中，律师如何发挥自己的优势，如何最大限度地参与行业协作，也是律师面临的挑战之一。

“新社会阶层”凭借自己的知识能力，可以解决高净值人群的隐忧或痛点。高净值人群往往有三个层次的需求，第一层次是资产增值，创业人员、企业中的管理人员、技术人员可以帮他们实现企业上市的梦想；而第二层次是资产的保护和传承。该层次就是律师的切入点。只有产权清晰，资产才能被隔离；只有被隔离，资产才能被保全；只有被保全，资产才能被传承。而梳理产权就是律师擅长的领域。资产保护中还要特别注意的是，婚姻家庭纠纷解决和刑事风险防范也是律师经常处理的业务。第三层次是自我实现或慈善公益。这不仅要通晓法律，也要筹划财务及税务。这就需要律师和会计师、税务师、理财师等“强强联手”才能完成。这个层次是财富的顶层设计，也是家族办公室发挥最大作用之处。

（三）从符合市场需要的产品中发掘供需的对接点

家族办公室要发展成可盈利的成熟的商业模式，就必须根据市场需求变化，出开发标准化的产品。借鉴已有的相关发展实践，家族办公室，尤其是律师主导的家族办公室，可重点开展如下业务，并以这些业务为基础开发组合产品。

1. 身份规划及移民

在家族财富管理的情境下，身份规划，本质上是准备改变一个家族成员的司法管辖地，因其通常持有账户、股权、不动产等资产，身份改变将极大影响财产关系的法律适用。因此，在家族财富管理中应当首先考虑身份规划问题。由于移民影响的远非身份本身，且涉及到税务居民身份、司法管辖、法律冲突等国际法问题，一旦没有妥善规划，将会产生难以预料和无法挽回的影响，需要慎重对待。在国外，近99%的移民申请都是由律师或法律人士办理的，国外更有专业的移民律师这一细分职业。若仅仅是为了子女教育或国际行走，不考虑家族财富管理和传承问题，通过移民公司进行身份规划或办理并无大碍，但如果涉及资产的保护和传承，由于身份规划牵一发而动全身，最好通过专业律师办理方为上策。

进行身份规划，首先要选择有移民法案的国家。只有“白色护照”，才是合法护照，才是被写入法案的护照。其次，要选择正规的办理服务机构，防止被诈骗。因为移民业务发生在境外，且专业性强，信息不对称，若贪图便利或轻信承诺，轻则损失钱财，重则有牢狱之灾。第三，要把身份规划放在家族财富管理的高度整体考虑其必要性及方案，不要仅仅是为了移民而移民。

身份规划所延伸出来的移民地产业务，也是家族办公室很有竞争力的产品。有些投资移民国家，购买符合一定要求的房地产就能获得永居资格甚至国籍。但购买海外房产存在资金出境、法律限制、流程陌生等问题，律师可以联络海外的相关合作伙伴，在合法的前提下帮助客户解决问题。

2. 跨境资产保护

常用的跨境资产保护工具有：离岸公司、信托、基金会。此三者的概念易混淆，且在国内均未普及。家族办公室要为客户做好全球资产配置，应深入了解此三者的区别与联系。

在以上三者中，公司的特征较为明显，公司有股东，可以兼并及收购，适用于普遍商业活动，这都是其他两者不具备的。所以我们把重点放在信托与基金会的比较上。

(1) 存续时间。信托，除了某些特别的慈善信托，虽然有可能很长，但总是有时限的。而基金会只要保持注册状态，就可以一直存在下去。可见，对于家族办公室来说，最好的结构是让基金会作为私人信托公司的股东，而私人信托公司作为实业企业的股东。这样能兼顾稳定性与灵活性。

(2) 所有权。对信托来说，所有权和受益权是分离的。这意味着受益人有权联合起来更换受托人或终止信托关系。然而，基金会就不存在所有权与受益权的分离，基金会管理委员会对基金会财产是绝对的控制。

(3) 法人资格。信托没有法人资格，而基金会是独立的法人。如果一个信托不能成立，成立人就变成了受益人。然而，当一个基金会不能成立的时候，对于成立者来说，那意味着将由法院决定如何处置这些资产，这对于成立者是不利的。

2005 年，牛根生承诺捐赠全部的蒙牛股份，并分别通过境内和境外两种通道予以捐赠实现。其中境内主要是每年以 25% 的股权比例捐赠给老牛基金会，该项捐赠已于 2010 年 7 月捐赠完毕；境外的股权捐赠则主要是通过公益信托的方式来完成。

2018 年 3 月，90 岁的“李超人”李嘉诚正式宣布退休，而“李超人”时代之所以能够延续，其通过“李嘉诚基金会”逐步设立起的“第三个儿子”——家族信托功不可没。同年9月,阿里巴巴集团创始人马云宣布一年后退休。据悉,其将筹备马云基金会,从事教育事业。

据此可以看出,信托、基金会,都成为了富豪们以及高净值客户财富管理、规划的常用工具之一。

另外,为家族企业进行跨境并购提供服务,是律师为家族进行跨境资产保护的延伸服务。但并不是每个家族企业都适合跨境并购的,要具体分析企业是否应该进军海外,重点进军哪块市场,如何进入?是直接设立公司还是兼并,能否借力跨国机构使企业增值,使企业国际化和占领国际高端市场?海外并购以合法合规为前提,涉及法律、经济、社会等诸多因素,是财力与智力的高级组合,需要将律师事务所、会计机构、咨询机构等专业中介机构有机整合成家族办公室,在为家族的统一理念下提供服务。

3. 法律规划与税务筹划

税务筹划本身就是家族财富管理的重要产品。有别于税务师的服务,家族办公室应制定跳出具体的交易和事项局限的整体税务筹划;不是单纯地避税,而是协助家族搭建海外实体架构,利用跨境资产保护工具和身份规划手段,做出更合理的税务安排。

在实践中,法律筹划与税务筹划甚至能挽救家族的命运。以黄光裕家族为例。2008年下半年,国家税务总局在全国范围内开展专门针对国美等家电巨头的增值税存根联滞留票的核查行动,正因为及时、合理的税务筹划,核查中没有发现隐瞒销售收入等问题,黄光裕也没有因税获罪。黄光裕因其他罪名身陷囹圄后,他的妹妹黄秀虹临危受命,在律师的参与下,使家族在与职业经理人陈晓争夺控制权的案件中占据优势。在律师的斡旋下,黄光裕的妻子杜鹃被释放,使家族免于分裂。同样,在律师的努力下,上级特别批准律师带文件进监狱给黄光裕处理,使家族财富能浴火重生。

4. 家族财富投资的新工具——私募基金

私募基金在中国经历了从一拥而上、井喷式发展到优胜劣汰、逐步规范的过程。私募基金的种类繁多,包括证券私募基金、股权投资基金、产业基金、并购基金、PPP合作基金、应收账款私募基金、特殊资产私募基金等,甚至近年来还出现了少量以家族命名的私募基金,这说明私募基金开始进入中国的家族财富管理的视野,各种私募基金种类都成为家族财富的投资工具。这对于之前就从事私募基金法律服务的律师也是很好的机遇。

由于申请私募基金管理人、申请基金销售牌照等,都需要律师审核出具法律意见书,所以律师积累了大量的私募基金领域的人脉资源,私募基金需要寻找投资者,而家族财富也需要专业投资机构进行投资管理,需要突破家族主业,寻求均衡性、多行业发展的投资方向。而律师就有机会作为家族和私募基金的合作的撮合者、方案打造者甚至把控全局者,这需要以家族办公室作为实现的平台。

5. 家族银行业务

"家族银行"是本文为了区别于私人银行业务所提出的一个新的对应概念。家族银行属于家族办公室的家族财富管理业务,而家族财富管理办公室,被誉为财富管理行业皇冠上的明珠。

一般来说,拥有待管理资金规模在8 000万到1亿美金元的客户,应该说是属于标准的家族办公室客户。达不到该标准的客户,则选择私人银行业务。家族银行不仅涵盖私人银行的全部业务,包括管理高净值人士的财富、资金的配置安全等,还负责家族整体资产的安全和传承,包括家族成员的退休计划、家族文化、子女教育等。更重要的是立场上的区别。私人银行往往是站在银行的立场上,通过提高管理资产收益率优先保障银行的盈利,律师的作用较为有限;而家族办公室是独立的第三方机构,扮演家族财富守门人角色,保障律师的充分参与,完全站在客户的立场,以资产安全和有效传承作为财富管理的根本出发点。

6. 家族办公室的典型产品——家族信托

家族信托是集财富传承与投资管理双重功能为一体的综合解决方案,在家族办公室的实践中,家族信托是家族办公室产品的基本载体。

家族信托专为家族传承的目的而设计，委托人将财产委托给受托人管理后，信托财产不再属于委托人，而按信托条款的约定进行管理。较为著名的案例是默多克家族信托，该信托条款的安排，使得其核心资产即新闻集团的财产权益及控制，免于受到默多克与邓文迪离婚诉讼的影响。

《中国家族信托行业发展报告(2016)》显示，中国境内目前已有 21 家信托机构和 14 家商业银行开展家族信托业务，家族信托规模约为 441.8 亿元。展望 2020 年，中国本土家族信托规模可达 6275.5 亿元。但如上所述，金融机构等传统服务机构开展的家族信托，与家族办公室在家族信托中的地位和职能有显著的区别。家族办公室在家族信托市场中具有独特的竞争力及合作优势。

家族信托的基本流程包括设计方案、文件制作、项目送审、搭建架构、信托执行、信息披露等，其中最关键的是制作家族信托合同的环节，该环节决定家族信托的受益人、监察人、信托财产、信托期限、分配规则、投资模式、投资方案及特殊需求等重点事项，而律师擅长编写文件、设计条款，可以成为家族信托的核心设计者。

三、现状——古今中外家族办公室的实践

(一) 中国现有的具备家族办公室功能的机构及样本

家族办公室的中国的样本，目前主要是两种。单一家族办公室，比如王健林家族的普思资本、马云家族的蓝池资本等，隐秘而高端，其运作模式和经营状况较难得知，只偶尔见诸于网络新闻，但很难为大众所借鉴。

联合家族办公室，和西方传统模式一样，不仅为一个家族服务，常以某某家族办公室的名称对外宣传，有的还注册带有家族办公室字样名称的公司，但与西方不同的是，其背后的支持力量，一般为律师事务所、从事私人财富管理的第三方理财机构、民间的协会组织、研究或培训机构等。

（二）现有模式仍无法满足中国家族办公室长远发展的需要

从需求端的组成来看，有历史、有尊严、有财富的真正意义的家族在中国社会仍未充分培育，一般只能称为富有家庭以及由家庭成员控制的企业，且很多新型模式一旦在拥有庞大人口数量的中国实施，就有可能出现南橘北枳的情况，所以从家族办公室行业的整体而言，不宜一味效仿欧美国家，对目标客户设置过高的门槛。若只朝顶端看，竞争已经白热化且格局相对稳定；若朝下发掘，让“新贵家庭”完成向真正家族的华丽变身，让其意识到家族办公室的重要性，市场就能无限扩大。

从需求端的理念来看，移投行家族办公室组织过多次线下活动，参访不少企业客户及家族，发现不少高净值人群法律意识与风险防范意识仍有不足。他们也许能较多地接触到理财师、税务师，但却很少想到主动在事前咨询律师，往往遇到诉讼或债务缠身甚至有入狱危险时才想到寻求律师的帮助。他们以自己习惯的方式，追求着财富的大幅增值，却忽视了更新更广的财富管理模式，更无心也无处去关注风险隔离与家族传承。

从供给端来看，家族办公室仍缺少一揽子的、合规的、标准化的服务产品。究其原因，首先，是宏观层面，家族信托、家族慈善基金、保险等管理家族财富的工具，国内发展的时间较短，配套法律制度尚不完善；各地对家族办公室的建立审批机制不一、法律及政策有待规范和明确。

其次，是微观层面，由于家族办公室属于新生的事物，综合要求较高，却鲜有培训机制，故目前能够为家族企业服务的人才较为缺乏，国内现有各类“家族办公室”200余家，但几乎都在各自为战，良莠不齐，其中有的机构名为“家族办公室”，但却以“投资理财”为主要导向，实际上多为投资管理机构，财富安全、有序传承、慈善规划等功能方面，目前形式作用大于实质作用，功能尚需完善。而且，目前家族办公室的行业尚无统一或公认的行业服务标准和自律守则，缺乏行业性的指导与管理，部分从业者自律缺失，客户对于这些家族办公室也缺少甄别的权威信息与数据。

四、对策——参与塑造中国式的家族及家族办公室

（一）律师相对更容易介入家族办公室服务

律师是天生的风险控制者。当风险已经发生时，律师可以通过诉讼、仲裁、调解等手段帮助客户尽力挽回损失、争取利益最大化。当风险尚未发生时，律师可以未雨绸缪，帮助家族进行婚前财产规划、股权架构设计、刑事风险隔离、破产隔离、遗嘱订立、家族信托设立、税务筹划、股权投资、身份规划等。

家族服务的本质与律师业务高度契合。家族服务的本质，即是在合法的前提下，对资产进行规划管理、咨询服务、家族治理等。虽然家族财富管理一般属于复杂交易，涉及不同专业领域和法域，但法律作为前提条件与指导原则，已渗透到家族服务的知识能力体系的各个核心方面。律师因为业务需要必须终身学习，知识体系一般不会落后于时代，而且律师一般已具有法律功底，若能深刻理解相关交易架构和金融工具，又能涉猎一定的经济学和税务知识，就具备较高维度的知识结构。

客户对律师的信任度非同寻常。律师的代理行为，与典型的商业行为有本质区别。在社会大众的一般印象中，律师了解法律的底线，处事严谨，且受到司法部门、律师协会等严格的监管，律师在客户面前有独特的信任感。只要建立信任，企业家们就会把他们家族核心信息或隐忧坦诚地说出来，这样家族办公室服务者“有患者可看”，才“有药方可开”。尤其是因律师提供的法律服务而避灾（刑事风险）或致富（企业上市）的客户，若他们成长为高净值客户，律师的意见对他们更能产生决定性影响。

此外，律师会组织、爱表达、擅于文书，是与政治关系较为密切的一类群体，对社会动向和舆论风气具有较高的灵敏度，具有盈利目的之外独特的情怀，热心于将有家族办公室志向的人团聚在一起。此特征亦使律师拥有其他行业领域的创始团队无可替代的优势。

（二）中国土壤上的独特模式——超联合家族办公室

如前所述，律师完全有能力成为对接家族办公室客户的桥梁。在以上的背景之下，以移投行家族办公室（以下简称“移投行”）为代表的超联合家族办公室模式应运而生了。移投行的创始团队具有律师背景，以金融法律服务为突破口，顺利地切入了家族办公室市场，但与大多数的家族办公室不同，移投行大力倡导的是市场上较少的超联合家族办公室模式。

超联合家族办公室，摒弃了传统家族办公室各自为政、人才匮乏的缺点，广泛吸收全世界各地拥有家族财富管理一技之长的专业人士，比如律师、会计师、学者、保险经纪人、信托经理、基金经理等，将在不同领域的各类专家组建成多元化的智库。移投行的创始团队不是商人，也并非财富管理出身，而是律师，这恰好能完成纯商业团队鲜有意愿及能力完成的事情。律师了解法律的底线，是家族办公室业务的根基。律师会组织、爱表达、擅于文书，拥有其他行业领域的创始团队无可替代的优势。

移投行在不到一年的时间内，在全国十几个省市设立运营中心，还将努力拓展更多的联络点或办事处，并在全球各大城市设立公司，对接全球资源。这样做，不仅创造星火燎原般的挂牌之势，更是为了解决家族办公室的需求端痛点。中国的地区发展不平衡，家族办公室集中在北上广深，而其他地区的家族仍需培育，需第一时间对他们的需求进行响应。而这些运营中心，一般有着律师事务所或财富机构的背景，其大多数客户也许还不具备家族的要素，但只需尽早在他们心中种下家族的种子，就有可能发芽、成长，成为家族办公室首次发展高峰的原动力。

同时，移投行广泛吸纳研究员，打造专家智库，利用互联网优势以黑卡为媒介在公众号持续推出与家族传承有关的线上课程。专家智库的成员和听众都在不断增加，而移投行不失时机地推出中国联合家族办公室协会，并在积极筹建专门致力于培养家族办公室人才的保富商学院，已组织多次实务研讨班以及实地参访式培训活动。这些都是为了造就能设计成熟的家族办公室服务产品的团队。有志从事家族办公室，来自各地甚至各国的、不同专业领域和行业经历的人，在移投行的平台上一同取长补短、交流心得、整合资源，形成综合性的多元背景的客服团队，以及家族办公室顶端人才的培训体系。

移投行的快速发展，不断印证并完善着超联合家族办公室模式。相信未来会有越来越多的超联合家族办公室在中国诞生，而律师团队作为这种模式的第一批倡导者和推动力，必将在家族办公室领域大有作为。

致谢

经过近一年的不懈努力，本书的汇编终于接近尾声。就是在这一年，移投行由王怀涛先生创立，从不到十人的小团队，迅速发展成在国内十余省市均设有运营中心，在英国、美国、迪拜、香港、广州等地均设有公司，初步涵盖教育培训、研究咨询、移民地产、金融投行四大业务板块的超联合家族办公室。这本书就是移投行上述早期发展历程的宝贵见证。为这本书的诞生作出贡献的所有人，都应被致以诚挚的谢意。

首先，当然是书中每篇文章的作者。你们虽然有不同的专业背景和从业经历，但都有在家族办公室领域一展鸿图的志气，你们以辛勤的劳动，在时间和条件的局限下，仍为移投行提供了精彩的文章和难得的素材。

其次，移投行离不开合作方的支持，你们或以莫大的信任投入宝贵的资金，或以充分的耐心和细致出谋划策，呵护着移投行的一步步成长并为之添砖加瓦。

再次，还要感谢上海远东出版社和各位编辑，把本书公开出版的理想最终付诸现实。

最后，要提起的是移投行的工作人员张海超、张坤、姚树杰、董芸、惠坤、宋玉华、许诺、胡皓程、吴岷泽、完颜美嘉、胡映萍、陈浩、刘介名、王清铉，是你们在移投行创立思想的指引下，吸引优秀的作者投稿，再担当起沟通作者与出版社的桥梁，本书的一字一句都经过你们的斟酌，都凝聚了你们的汗水。

最后，特别鸣谢中国联合家族办公室协会（CUFOA）。它是中国首个真正意义面向全国发展会员、打通全行业各环节协助网络的家族办公室行业组织。移投行作为创始会员，凭借该协会迅速扩大的影响力，吸引志同道合之人一同参与本书的编写，使本书取各家所长、集各派精华，尽可能全面反映中国式家族办公室实务研究的状况。

以本书为起点，移投行将努力贡献更多有益的研究成果，以迎接中国家族办公室行业兴盛时期的到来。

目录

家族

·第一部分·

办公室的中国化

近代师爷与家族办公室

蔡绍辉

一、师爷——权贵的私人顾问

1. “师爷”的由来

师爷是清朝时期人们对于辅佐各级官员的文人学士的一种称呼，但师爷作为一种“职位”或者“阶层”，则早已有之。古代将帅出征，通常以幕为府，称为幕府。那些辅佐统帅、帮助办理各类事务的人，被称为“幕僚”“幕宾”“幕友”。

春秋战国时期，贵族阶层逐渐没落，学习不再是“士”的特权，大量获得了学习机会的人为寻求个人出路或实现抱负，选择投靠某个国君、贵族或势力集团，以求得到重用。而各国君主为了富国强兵，迫切需要谋士出谋划策。这些谋士实际上是君主的私人顾问，成为后代幕僚的鼻祖。

2. 清朝的师爷

清代地方主管官员从总督到知县，通常都会聘请若干师爷协助自己处理各类事务。清代 1 500 多个州县中，每个主管的官员几乎都会聘请师爷，加起来全国师爷的人数可能有上万人。费正清在他的《剑桥中国晚清史》中曾记录：“随着官员在省级或地方一级职责的加重，幕友的规模和人数也跟着增加。到 18 世纪末，这些助手的总人数估计已达 7 500 人。”因此，当时社会上流行着一句谚语：无幕不成衙。

清朝的师爷并不是官方委派，而是由幕主个人聘请。虽是聘用而来，幕主对师爷的态度却并不像寻常的下人，而是尊称为“老夫子”“西宾”，师爷则称幕主为“东翁”“东家”。至于师爷的工作内容、待遇等则一律由幕主自行安排和承担，不受朝廷干涉。师爷的工作内容通常是在刑名律例（法律适用）、钱粮会计（财务、税务管理）等方面给幕主提供协助，甚至代替幕主处理这些事务。幕主给予师爷的待遇是十分优渥的，这不仅体现在酬劳上，也体现在幕主对他们的礼数上，幕主对师爷一般以宾客相待，称他们为“师友”。

清朝师爷的种类很多，除了前面提到的处理法律和税务的刑名师爷和钱谷师爷，还有书启师爷、账房师爷、挂号师爷等。

刑名师爷在各类师爷中的角色是最重要的，地位和待遇相对也会高一些。因此，很多落榜的秀才对刑名师爷趋之若鹜。但刑名师爷的“执业资格”确是很难取得的，初学者通常要随师父学习三年，才能初步掌握所谓刑名之学。

钱谷师爷，顾名思义是掌管地方钱、粮事务的师爷。这里的钱、粮指的是税收，而税收在明清时期可以说是地方政府最为重视的一个环节，它和州县长官的政绩直接挂钩。因此州县长官很乐意花大价钱聘请精明能干的钱谷师爷，帮助核算和监督地方财政税收事务。

书启师爷，主要负责起草公文。放到现在，更像是公关人员。身在官场，各州县的长官难免有需要应酬的场合，古时不像现在这般方便，如有升迁、大寿、佳节等喜事，自己又不便亲自前往道贺的，通常需要写一些礼节性的帖子。这类文章最需要言辞华丽，交给书启师爷正合适。不过涉及比较重要的公事的帖子，则还是需要刑名或者钱谷师爷来起草，例如上奏的奏章等。

账房师爷与钱谷师爷有相同之处，都是管钱的，但工作内容各有侧重。账房师爷管的是“私钱”,也就是长官的私人财务。通常官府内的仆役等工作人员的工资,都是由账房师爷发放的。

挂号师爷也称号友,其主要职责是对出入衙门的各种公文进行登记收发,并且整理成册,以便随时查阅。除此之外,挂号师爷还有另外一项职能,就是提醒长官办理各种公事的时限,督促其他师爷、书吏在时限内抓紧办理。

3. 绍兴师爷现象

绍兴师爷其实在明朝就已经是一种知名的“特产”,只是在那个时候,很少称幕僚为师爷,因此他们是以“绍兴胥吏帮”闻名天下。明朝开始,绍兴那些科举落榜的文人开始流行去官府做师爷。明代小说《醒世恒言》里甚至说绍兴人把当书吏作为一项生意来做,以至于天下衙官一大半出自绍兴。

绍兴师爷这个“招牌”,可谓毁誉参半。其中,有像汪辉祖这样誉满全国的幕学家与法律专家,也不乏助纣为虐、鱼肉百姓的劣幕。当年鲁迅与陈源的笔战中,陈源就曾讥讽鲁迅“有他们贵乡绍兴的刑名师爷的脾气”,师爷在老百姓眼中的形象可见一斑。但即便如此,师爷这个行业在清朝历史中,仍然扮演着举足轻重的作用。

综上所述,所谓师爷其实是一群高级知识分子,不同于通过科举考试走上仕途的各级官员,他们学到的更多是经世致用之学,在法律、财务、文学等方面拥有自己的专长。他们没有正式的官职,而是直接受聘于行政官员,与幕主是平等关系,辅佐甚至是代理幕主处理行政、司法事务。因此,师爷对于古代官员而言,就像是现在的“私人顾问”。

二、家族办公室——高净值家族的核心幕僚群

1. 家族办公室的概念和分类

家族办公室最近开始频繁地进入国人的视野,但其实它在西方

国家的历史已有百年，可以说是一个古老的行业。很多西方顶级的富豪家族都会选择以家族办公室的方式来管理家族财富，只是大多冠以“基金”“信托”的名义，因此在国内鲜有人提及。不过，随着近年中国个人财富快速地增长，许多中国富豪也开始关注家族办公室，例如SOHO中国的潘石屹、龙湖地产的吴亚军等等。

根据美国家族办公室协会的定义，家族办公室是“专为超级富有的家庭提供全方位财富管理和家族服务，以使其资产的长期发展符合家族的预期，并能够顺利地进行跨代传承和保值增值的机构。”

家族办公室通常分为两类：单一家族办公室与联合家族办公室，这是以家族办公室所服务的家族的数量为标准划分的。

单一家族办公室，通常由家族自己设立，只为这一个家族提供财富管理以及其他服务。由于每一个家族的资产规模、人员构成、支柱产业不同，因此单一家族办公室基本上没有固定的标准或形式。

联合家族办公室，则是同时为多个家族提供财富管理服务的机构，他们通常提供标准化的服务。联合家族办公室并不意味着规模一定会比单一家族办公室要大，事实上，许多单一家族办公室都是行业中的巨型公司。例如索罗斯曾在2012年将著名对冲基金SFM中其他投资者的资金全部退回，使其转变成只为自己服务的单一家族办公室，目前管理着大约250亿美元的家族资产，规模巨大。

2. 家族办公室的主要功能

家族办公室的主要功能是家族治理及管理四大资本——金融资本、家族资本、人力资本和社会资本。

（1）金融资本。超高净值家族中，其资产往往分散在各银行、证券公司、保险公司等机构中，甚至还会存在于各个不同的国家。家族办公室则提供财务簿计服务，将家族分散的资产集中到一张资产负债表上，便于对家族财产进行全局的规划。在这个基础上，家族办公室选择值得信任的投资经理，根据家族的风险偏好进行投资，从而实现家族财富的保值增值。

（2）家族资本。家族资本的核心是家庭关系。家族办公室通过制定一系列的制度，如家族宪法、家族大会等等，以维系整个家族的正常运转。在庞大的家族体系中，家族办公室甚至要对每个人的衣食住行进行管理，例如海外住宅维护、艺术收藏的保管、私人飞机、游艇的使用等等。

（3）人力资本。家族办公室的目标是保持家族的生命力，让他不至于因为富一代的离世而走向衰落。这其中很重要的因素就是家族的人力资本。人力资本很大程度体现在教育和职业规划上。家族办公室需要针对不同年龄段、不同性别的家族继承人设定合理的教育计划，以保证下一代有能力带领家族持续前进。

（4）社会资本。这通常是顶级富豪家族会关注的内容。例如慈善资金、活动的管理和规划、家族的公众形象等等，都可以交给家族办公室协助处理。同时，家族办公室也是不同富豪家族维系关系网络的重要平台。

从以上定义和功能来看，家族办公室是超级富豪家族的一个幕僚群体，这个群体规模少则数人，多则几十人，在法律、金融、教育、社会影响等方面共同发挥作用，正如中国近代的刑名、钱谷、书启师爷等共同为一个幕主打点大小事务一样。不同的是，这个群体是一个紧密关联的组织，作为一个整体对家族负责。

三、师爷阶层对现代家族办公室的参考意义

师爷和家族办公室，一个是古代政要的私人顾问，一个是现代超级富豪家族的幕僚群体。两者在服务的对象、内容、目标以及存在形式上都有着诸多差异，但他们在角色定位上又有着相似之处：他们都与幕主/家族没有隶属关系，都可以代替幕主/家族做出某些决策，都收取由幕主/家族提供的报酬。因此，在某些层面，家族办公室也许可以从师爷阶层学习到一些有用的经验。

1. 花时间培养属于自己的家族办公室人才

在清朝，成为一名合格的师爷需要学习相关知识和技能，这门学科叫做“幕学”。学习“幕学”，就是学习法律、财务相关的专门知识，其中法律尤其重要。如汪辉祖所言，“幕之为学，读律而已。”明清之际，地方的官员大多是通过科举考试进入仕途，他们为了应付科举所学内容不过是八股，一旦做了地方官员，那些做官必备的技能例如征收、判案、递奏章等等一概不会，因此他们需要师爷这样有经验的人士在旁帮衬，一来二去，自己也可以习得不少技能。这也是为什么幕主对师爷通常以礼相待并保持一种亦师亦友的关系。

幕学要学好，首先要有一定的素质基础，古代社会的士农工商四大阶层，基本上也只有“士”和希望成为“士”的人能够有一定的文化学识和学习能力。那些已经考取功名的人，自己做了官，自然没有动力也没有必要再去学所谓“幕学”。因此大量落榜的读书人选择了学幕，一来可以提前进入官场历练一番，另一方面他们也没有其他生存技能，做师爷倒是可以获得不错的收入，不失为权宜之计。

学幕多为学徒制。刚入门的初学者需要拜一名已经做上刑名师爷或钱谷师爷的人为师，由师傅推荐给自己的幕主，做些简单的书启师爷或者挂号师爷的工作，同时师傅手把手传授各项专业技能和经验，直到徒弟可以独当一面。因此，师爷成为当时社会中少有的读过书、有学问，同时又掌握律法、钱粮等实用技能的高级知识分子。

现如今，掌握各种专业技能的人才已经不是稀缺品，但是在家族办公室行业中，却仍然面临着人才战略和培养的问题，尤其是在家族办公室刚刚兴起的中国。

对于需要聘请或创设家族办公室的富豪家族来说，家族办公室的高管遴选绝对是一项挑战，为了避免给家族带来风险，遴选高管的过程需要十分的谨慎。家族办公室的高管不仅需要具有过人的专业技能和沟通能力，能够独当一面，而且应该诚实、值得信赖、认同家族的价值观，这样的人才可以说是稀缺品。

而关于家族办公室行业，目前并没有专门的人才培养机制，从事家族办公室业务的人员，或许在法律、税务、金融等专业领域拥有过硬的本领和素质，但这些都还只是最基本的要求，远远达不到为超高净值家族"掌舵"的程度。人才稀缺加上培养机制的缺失，导致家族办公室行业人才缺口非常之大，这与我国清朝师爷数量爆发，甚至产生绍兴师爷这样的"名牌"形成了鲜明对比。

其实，这个行业缺的并不是专业人才，社会中的知名律师、资深投资专家、移民规划专家等俯拾即是。我们缺的是拥有丰富的家族办公室运营管理经验、懂得构建合理商业模式、能够取得家族信赖的家族办公室高管。这样的技能并不是可以在学校或者培训中学到的。由此，我们不妨返璞归真，从师爷的培养过程中学习一些经验。

师爷培养的关键无非三点，第一，供选拔的人才来源于基础素质较好的科举落榜生（科举考试需层层选拔，考上不易，落榜也不意味着学习能力不好）；第二，由师傅推荐至官府实际操练，并亲自传授技巧；第三，不怕花时间。如今，基础素质体现在学历、语言、专业、经验等方面，由于社会分工以及学科划分越来越细，诸如法律、税务、管理等技能都包含在了基础素质当中，不必像师爷一样还要专门学习所谓"经世致用之学"，但家族财富相关的行业规则、经验法则、处世原则等仍然需要专门学习，这部分的学习则可以借鉴师爷的"导师"制。对于获得入门资格的人选，可以视其从事的专业领域，如投资、金融、财富传承、税务筹划、移民规划等等，分配分管该领域的前辈一对一指导。于此同时，还应当为初入门者提供交叉学习的机会，让其对其他领域的基础性知识和流程有通盘的了解。此外，人才的培养非经过一定时间的沉淀和积累不可，在我国家族办公室行业刚刚起步的阶段，更不应急躁，而应多花时间培养属于自己的、符合中国国情的家族办公室人才，要记住，自己培养的远比从别人处直接拿来的更符合实际所需。以这样的方式和理念，或许能够培养出家族办公室真正需要的人才。

2. 保持家族办公室服务的订制属性

清朝的师爷一般不会终身从幕于同一个主官，相反服务过的主官越多，越显得这个师爷有水平、很抢手。但是，一个师爷绝不会同时担任两个主官的幕僚。一方面是因为师爷赖以生存的除了自己的专业技能，还有幕主对其个人的信赖，同时在两家任职，将破坏幕主的信任度；另一方面，古代的交通、通信等条件限制，并不允许一个师爷同时在两家以上的官府工作。正因为如此，师爷为幕主提供的是独占性的、私人订制的服务，这样的好处是师爷可以全身心地为幕主处理相关事务，同时幕主也不用担心保密的问题。

现代的家族办公室其实自诞生开始，就是为单一家族服务的，门槛也相对较高，通常该家族的可投资资产规模应当超过 5 亿美元。高门槛、独占性服务，意味着更专业、更私密、更符合家族实际情况的财富管理服务。

随着市场需求的不断增加，开始出现了可同时为多个家族提供财富管理服务的家族办公室——联合家族办公室。联合家族办公室有着运营成本低的优点。缺点也很明显，那就是私密性较差，服务也更加标准化，难以让家族享受订制化服务。

如今两种形式的家族办公室都存在，很难说孰优孰劣。但基于家族办公室的定位，私密性和专属性是始终不能摒弃的属性。因此，联合家族办公室降低门槛，让更多的人享受到家族办公室的服务的同时，仍然应当注重保持家族信息的隐秘性以及服务的订制属性。要做到这两点，需要对家族办公室的服务内容进行通盘的梳理，对于同质化的、程序性的事务，可以制定通行的标准，提高效率；对于多样的、视家族具体情况而定的服务，则需要具体分析，提供定制化的服务。

3. 尽心尽言的要求

清代名幕汪辉祖从幕 33 年，是当时有名的刑名师爷，《清史稿》本传如此评论他："治事廉平，尤善色听，援引比附，律穷者，通以经术，证以古事……判决者皆曲当。”在他从幕最后一年，他的外甥因学幕向他请教，于是他将自己几十年的研究心得、经验写成《佐治药言》交给外甥阅读。又过了几个月，汪辉祖觉得意犹未尽，又在前面这本书的基础上进行了扩充，写下了《续佐治药言》，同样是交给自己的外甥作为参考书。后来，这两本书流传甚广，逐渐成为了学幕的教材。《佐治药言》中总结了许多做师爷需要具备的能力，对现在家族办公室仍然具有一定的参考意义。

尽心，即忠于幕主。汪辉祖认为，食君之禄，分君之忧，忠君之事，这是天经地义的。更不用说师爷的俸禄比起一般吏属要丰厚数倍。因此，这知遇之恩必当倾心相报，这是最基本的要求。

尽言，包含两个方面。一是幕主事务繁杂，在某些重大事项上，往往需要把精力放在主要方面，而对细枝末节的事务可能照顾不到。此时师爷应当事无巨细，通盘考虑，知无不言，尽量照顾到方方面面。例如，曾国藩与太平军交战连战连败，写奏章向朝廷请援，其中有“屡战屡败”一语，后经师爷点拨改为“屡败屡战”，虽仅移动一字位置事实未变，但用兵气概完全不同，曾国藩为此对这位师爷大加赞赏。二是幕主可能在处理事务时夹带私人利益或个人感情，师爷此时应当挺身而出，据理力陈，将利害得失梳理清楚，帮助幕主做出正确的选择。

尽心尽言，是师爷通常以个人对幕主负责的大环境下对师爷的要求。家族办公室作为一个机构，要说尽心尽言似乎有些勉强。但尽心尽言作为一项价值观，仍然值得家族办公室借鉴。

所谓尽心，与公司法中高管的忠实、勤勉义务有着相同之处。家族办公室作为家族财富的集中管理机构，同样应当做到尽心，但此处尽心更强调的是忠于契约。家族办公室应当严守契约精神，按照家族的需求最大化实现他们的利益。

尽言，即知无不言。家族办公室作为专业的财富管理机构，所提供的服务也该如此。超高净值家族需要的是对财富管理能够面面俱到，对自己家族决策面临的风险提供警示的专业机构，因此家族办公室同师爷一样，应当做到事无巨细，知无不言。

4. 补缺、正误的功能

汪辉祖认为，清朝的官场存在这样一种现象：一是部分统治阶层文化水平偏低，有的连字都不认识，更不用说治理地方治安问题。二是科举制度下，大多数出入官场的人，都没有处理政务的实际经验。因此，师爷需要弥补这两点不足，此为补缺。

正误是指，在处理公务的过程中，主官可能会因为被私利所拘束而发生误判，这时需要师爷告知利害，及时改正。

家族办公室同样需要具备这两样功能。例如某些家族企业主，可能对所从事的产业十分了解，对投资相关的事务也有一定的知识储备，但在婚姻关系、财富传承、海外移民等方面则相对薄弱，因此需要专业人员提供建议甚至代为决策，以最小的精力消耗，达到最好的财富保值效果。

另外一方面，对于客户的错误决定，家族办公室应当及时指出，若出现了不利的后果还应尽量弥补。这是亚太地区家族办公室开始兴起之后，尤其需要注意的问题。以中国为例，很多选择家族办公室服务的都是企业创始人，他们习惯了对公司享有绝对的控制权，因此倾向于自己成立家族办公室，并且处于控制地位，此时家族办公室中的专业人员只能充当建言献策的角色，很难保持独立。对此，现代家族办公室，尤其是中国的家族办公室或许应当参考师爷阶层补缺正误的功能，及时将家族扶上正轨，以保障家族的永续发展。

中国传统文化中有很多精髓，值得我们研究借鉴。中国近代师爷阶层对现代家族办公室极具参考意义。我们相信，中国家族办公室行业的发展不仅需要学习和模仿西方国家的先进经验，也需要一些能体现中国传统文化特色的创新。随着与日俱增的家族财富管理需求的迸发，中国的家族办公室行业必将迎来属于自己的春天。

分封制、宗法制和礼乐制对现代家族传承的影响

赵　光

宗法制、分封制与礼乐制，是西周管理思想以及亲亲、尊尊、长长和男女有别等影响后世的基本社会秩序的源头。其延续至今，对现代家族财富传承具有很深的影响和指导意义。

一、宗法制、分封制与礼乐制

宗法制、分封制与礼乐制是西周的基本政治制度，三者之间相辅相成，共同维护了西周政局的稳定。

宗法制是通过血缘宗族关系来分配政治权力，维护政治联系的政治制度。嫡长子继承制是宗法制的最大特点，并且，按照血缘关系的亲疏，形成了“周天子——诸侯——卿大夫——士”这样的宗法等级。因而，宗法制是维系分封制的血缘纽带，也是巩固分封制的重要手段，更保证了分封制的顺利推行和稳定实施。

分封制，就是周天子把土地和人民，分封给王族子弟、功臣、先代贵族，建立诸侯国，其目的是“封建亲戚，以藩屏周”，受封诸侯在封国内享有世袭统治权，也可以在自己领地里进行再分封，可以设置官员、建立军队和征派赋税，同时受封诸侯必须绝对服从周天子的命

令，对周天子定期进行朝贡，并提供军赋和力役。因而，分封制是建立在宗法制基础之上的，也是宗法制在政治制度方面的外在体现，两者缺一不可。

礼乐制是西周文化的主构架，周礼强调要尊崇上天和先祖，同时规定了君臣、父子、兄弟、夫妇、朋友之间上下的尊卑关系，不得有所逾越，周礼有吉礼（祭祀礼）、凶礼（丧葬礼）、宾礼（交际礼）、军礼（征战礼）、嘉礼（吉庆礼）。每个人从出生到死亡，从人事到祭祀，从日常生活到政治活动，都有与其身份相合适的礼仪规范。乐是辅从于礼的，乐以音乐节奏的艺术美，让等级规范、形式森严的"礼"具有了征服人心的感染力。西周礼乐制作为一种通过礼仪和艺术表现出来的外在文化，本身就体现了分封制、宗法制的内涵。本质上说，西周的礼乐制是保证分封制、宗法制稳定推行的工具，《礼记》中的所谓"礼不下庶人"，《荀子》中的所谓"士以上则必以礼乐节之"，就指出了礼乐制在维系分封制、宗法制方面的重大作用。

宗法与分封是西周政治制度的两大支柱，互为表里；在家中、族内的宗法制，上升到国家就是分封制；分封制是建立在宗法制基础上的，宗法制在政治制度上的体现就是分封制，保证了分封制的顺利推行和稳定实施。同时，为维系宗法分封制度，周公又制定一套完整、严格的等级礼仪制度，作为各级贵族必须遵从的生活准则，谁也不得逾越。分封制度、宗法制度和礼乐制度，三者互为表里，紧密相连，显示了周朝政治制度的成熟。

中国文化一脉相承，绵延 5 000 年，并且还在不断成长。深究之，重要原因，就是中国文明是"礼乐文明"——礼是制度，乐是修养。西周的分封制、宗法制、礼乐制对后世的影响是深远的。

政治上，分封制在周朝初期维护了周朝统治，根据宗法制和分封制，便形成天子、诸侯、卿大夫、士等各级宗族贵族组成的金字塔式等级制机构。各个等级之间的相互关系，既是大小宗关系，也是上下级关系。但随着时间推移，导致了诸侯"割据"，使国家分崩离析，其缺陷为后世所借鉴，随后 2 000 多年的发展一直在加强中央集权。时至今日，我国的主权结构形式为单一制而不是邦联或联邦制，便是为了防止分封制带来地方割据使得国家面临分崩离析的局面，从而采用郡县制，到近现代发展为单一制。

经济上，周朝分封制册封内容主要可概括为“授民授疆土”，地方拥有较高的经济自主权，到了后期，随着血缘关系的弱化，中央的“财权”掌控大为削弱。

文化上，宗法制和礼乐制的传统文化所形成的伦理典范很多流传、影响到当今社会。“家国同构”“家国一体”的理念影响深远，上至国家领导，下至市井百姓，都关心国家大事，大都有强烈的国家荣誉感和自豪感。宗法制注重家族文化，族谱很好地记录了家族的历史、延续情况，为历史研究提供了途径。

礼乐制的“尊尊”“亲亲”深入人心，重视“忠”“孝”。国人大都有尊老爱幼、爱岗敬业的美德。礼乐制中形成的一些习惯，如长幼有序、待客之道，也影响人们的日常生活和行为规范，使中国素有“礼仪之邦”的美誉。礼乐制对于古代音乐、文化的发展做出了贡献。

二、传统的家与国同构状态

在商代以前，随着社会生产力的发展，母系氏族开始向父系氏族转化，子女的男系血缘得以确认，一夫一妻制家庭逐渐产生。有了家庭的存在，出现更为细致的分工，人们也有了内心的依靠，家庭让人和人之间的联系更加紧密，基础更加坚实，随着夏朝建立了我国历史上的第一个奴隶制国家，家国观念由此产生。而到了周朝，西周实行宗法制。宗法制是周人把血缘纽带与政治隶属相结合的一种制度，更是将“国”和“家”紧密地结合起来，形成了家国同构，对我国历史产生了深远影响。

因此在中国传统文化里，家与国经常相提并论，所谓“修身、齐家、治国、平天下”，读书人时刻想着“齐家治国”，以至“平天下”。随着历史的演进，家、国、天下的观念起了变化，但中国人的家国情怀却一脉相承下来。用现代人的眼光来看，家是小国，国就是大家。因此，古人在治国上的经验，无疑会给家庭乃至家族的发展带来很大影响。

有国才有家，在中国人心目中，家与国是永远不分离，永远息息相关的。中国人永远将个人荣辱、家族前途与国家命运紧密联系起来，这是几千年传统文化的精髓所在，也是我们这个民族长远发展的基石。

在每一个中国人的心中有国之昌盛才有家之温馨，我们一直传承的家国观念就是源自于我们的传统文化、中华血脉。

同时，家国观念的发展与经济也有密切的关系。春秋时期小农经济逐步形成。小农经济是以家庭为单位，男耕女织，简单分工，因其生产单位是家庭，所以小农经济具有脆弱性与相对的封闭性，在生产力并不发达的古代，小农经济需要强大的中央集权来保护，例如治水、对外战争等公共事务。这样的农耕文明下形成了血缘组织与国家形态熔铸一体的格局。普通民众对家国同构的认同感逐渐加深，形成了有国才有家的价值导向。家与国的同构状态是中国古代社会的重要特征，它是中国古代特定历史条件下的产物。

古人的这种家国天下的情怀，直接影响了中国人的家族观念。家是小的国，国是大的家。中国古代是按照国家的宗法、分封和礼乐来治理小家的。

三、现代家族财富传承的基本需求

分析一下宗法制、分封制与礼乐制，总结起来，他们其实就是古人对家国天下所遵循的规则、秩序、责任和道德。那么它与现代家族财富传承有什么关联呢？我们先来研究一下现代家族财富传承。

现代家族传承通常具有以下几种需求。

资产管理：对于极度富有的家族来说，资产有效的管理是首要工作，然而要管理一个规模庞大且需永续经营的家产，除了有完善的资产配置外，更要确保资产的稳定增值。

税务规划：从家族成员的个人所得税到家族企业的营业所得税，都是税务规划所需要全面涵盖的范围，另外，还有包括家族间的继承和赠与等税赋问题，更是需要及早规划。

风险管理：家族资产的继承和分配最容易产生争论，一旦忽略事先统筹，直接的后果就是资产的快速流失；妥善的保险和信托的规划，可以降低此种风险发生的概率。

家族企业管理：每个家族都有其致富的本业，可能是贸易、不动产开发或是投资而来，未来将会遇到所有权和经营权是否分离、是透过专业经理人或是由家族成员来管理以及家族股权如何分配的问题，都需要提供相关信息来协助决策。

慈善基金会：慈善事业对于富有人士而言扮演着很重要的角色，不仅可以提升整个家族的名誉，也可借此增进家族成员的向心力，更可以回馈于社会大众；另外，还可以享受税赋减免的优惠。

家族关系管理：戏剧性的恩怨情仇总是频频上演于豪门之中，家族成员间和各世代间的人际关系，若不妥善处理将会损及整个家族的根基，而这或许也是家族办公室最具挑战性的工作。

家族后代教育和创业：永续经营是家族企业的终极梦想，协助培育下一代具有足以管理家族企业的能力，以及提供机会去学习如何处理相关事务的经验，是家族办公室重要的课题。

家族健康和养老：生老病死是规律使然，做好家族成员的健康和养老规划，使得全部家族成员得以比较健康地走完人生历程并且老有所养，是家族办公室的重要工作之一。

其他相关服务：有钱的家族仍有着许多不同种类的服务需求，从账单支付、日常起居，到旅行安排、不动产管理等，都是身为家族财富管家所需要发挥的功能。

上述这些家族传承，实际上就是以何种宗法制度、分封体系、礼乐制度来使得家族得以延续、家族财富得以发展、家族文化得以传承。当然，这里所说的宗法制度、分封体系、礼乐制度应当按照现代人的认知进行全新的诠释。

四、宗法制、分封制与礼乐制对现在家族财富传承的影响

首先，从规则上讲。规则，是运行、运作所遵循的法则，是规定出来供大家共同遵守的制度或章程。社会由种种规则维持着秩序，不管这种规则是人为设定的还是客观存在的，只要是规则，便具有制约性，因为规则都具有绝对的或相对的约束力。人的行为是一种在一定的范围内才能得到许可才是可行的行为，而不是一种完全的无拘无束的行为。这种许可包括自然界的许可、社会的许可、他人的许可。这就是规则的制约性的表现。在这种制约性中包含着个体切身的利害关系，因此规则的制约性是普遍存在的，也是不可消除的。

按照宗法制和分封制权利分配或者权利义务分担原理，现代家族需要制定一本家族宪法，来解决家族基本组织形式和管理架构。其最低应当包括：

①家族使命：家族和家族企业最终发展方向。按照中国人的价值观，应当是建设一个百年望族或者世家大族。②宗旨和目标。家族掌管家族企业的历史沿革，家族的重大事件等；家族和家族企业要达到的目标和策略。③家族“公民”标准，包括权利义务。④家族成员彼此的关系。家族成员之间的责任、义务；处理家族成员之间的分歧的方法和程序。⑤家族企业和他人的关系；独立的董事会的设立；董事会的权利义务和运作。⑥对企业的标准管理。即用何种模式、何种管理体制来进行家族和家族企业治理。⑦家族成员参与企业事务的程度。家族成员进家族企业工作的标准；法律程序设定要求；评

价家族成员业绩的方式方法以及奖惩制度。家族成员在企业中的角色定位等。⑧家族企业股票的所有权。家族企业拥有股票的条件；最终表决权的设置；分红制度；股票传承；对于那些在企业工作的和不在企业工作的家族成员的不同权利分配。⑨管理权的继承。选择企业下一代管理人的标准（是否需要在家族成员之外选择职业经理人等）；权利如何过渡；继承人的更换；管理人退休后的权利义务。⑩所有权、遗产和继承权。企业的股权、分红权的处置机制；企业的所有权和管理权的关系；遗产的确定和传承机制和办法等。⑪家族成员参与家族事务的权责和程序。处理家族成员的职责问题，包括参与公司决策的制定，对公司的机密信息保密，参与上述具体事务的程序等。⑫家族成员个人的发展的支持。家族财富用于家族成员的教育、愿望、经营理念及未来的发展的方法和路径。⑬家族理事会的运作原则。家族理事会的产生和权利义务、有限的决策权、理事会的权力、决策的程序，以及如何与企业的行政长官相配合等。⑭家族和企业间的关系。清楚地定义家族理事会和企业董事会的不同功能，并规定董事会成员该如何选出。在涉及到家族和企业关系问题时，可以采取单独制定协议的方式。

其次，从秩序上讲。秩序是有条理地、有组织地安排各构成部分以求达到正常的运转或良好的外观的状态。《辞海》的解释，“秩，常也；秩序，常度也，指人或事物所在的位置，含有整齐守规则之意。”从法理学角度来看，美国法学家博登海默认为，秩序意指在自然进程和社会进程中都存在着某种程序的一致性、连续性和确定性。本文所讲的秩序是指社会秩序。所谓社会秩序由社会规则所构建和维系，是指人们在长期社会交往过程中形成相对稳定的关系模式、结构和状态。

我们知道，宗法与分封制度互为表里，相互联系，都是主要以血缘、姻亲为纽带的政治制度，并严格按照宗法履行对天子的义务。现代家族的关系模式、结构和状态等与西周时期是一脉相承的，也是以血缘、姻亲为纽带建立起来的。

现代家族管控下的家族企业本身是一种兼容性非常强的企业组织形式，从刚刚创业的夫妻店、兄妹档，到沃尔玛、福特、三星、西门子这样的大型跨国公司都是家族企业。

(1) 家族控股。就像周天子的权威性一样，家族控股是家族式企业的一道底线，现代家族企业也没有超越这一底线，只是其股权已开始开放。初级阶段可以100%家族控股，中级阶段可以绝对控股，到高级阶段才相对控股。家族控股不是光为了自己有饭吃，而是使人人真正有饭吃的一种适合市场经济规则的企业体制，是最具活力的一种能够振兴中华民族工业的体制。家族控股是现代家族制企业的重要特征。

(2) 职业管理。周天子通过层层分封关系，建立起的一套管理制度其实就是职业管理。职业化管理是现代家族制管理模式的重要准则，即家族式企业职业化管理。职业化管理有两层意思：第一是引入和培养一批非家族职业经理人，组成一个强大的具有较高的专业管理素质的职业管理团队；第二是引入、消化、吸收国际先进的管理制度与体系，进行制度化、规范化、职业化的管理运作，家族企业要立稳脚跟，要做大做强，要永续经营，就必须引入职业经理人，将家族式管理变为职业化管理。认真考虑后，我们不难发现，世界上很多知名的家族企业之所以能够长盛不衰，很重要的一点就是实现了职业化的管理。经理人指的是非家族成员的职业经理人，他们都是某一领域的职业高手。

(3) 治理规范。周天子具有绝对的权威，但是诸侯在其封地里具有很大的管理权和独立性。这其实就是现代家族的董事长与总经理的关系。传统家族制企业一个人说了算，没有系统的、规范的治理结构和有效的科学治理机制。这样的企业不可能做强、做大，只能进行一些作坊式的加工，生产简单的产品。现代家族制管理模式，一方面引入西方先进的公司治理机制，一方面又吸引了国有企业和儒家传统文化中的道德治理和情感治理的一些思想和做法，同时在保证公司治理的前提下，将经营治理、家族治理有机地与公司治理融合起来，成为中国特色的一套系统、规范的治理机制。现代家族制管理模式的公司必须以法治为主，以德治与情治为辅，后者不能取代前者。

（4）交接顺畅。交接班已成为中国民营企业第一大热点和难点，成为关乎中国民营经济可持续发展的一件大事。宗法制里面的嫡长子继承制已经很好地解决了这个问题。当然，“立嫡以长不以贤”的模式已经不适应现代社会了。我们要学的是要建立起家族企业交接班制度。包括交接班成功与否，不仅关系家业长青，更关系到中国民族工业的振兴。交的是什么？是财富、是事业，更重要的是使命、是责任。现代家族企业要建立非常继任计划，建立正常的标准和程序，制定接班人的标准和遴选程序，更主要的是要建立一系列可以传承的规章制度，同时还要“扶上马送一程”。

第三，从责任上讲。责任是一种职责和任务，是身处社会的个体成员必须遵守的规则和条文，带有强制性。它伴随着人类社会的出现而出现，有社会就有责任。责任感是衡量一个人精神素质的重要指标。责任产生于社会关系中的相互承诺。在社会的舞台上，每种角色往往意味着一种责任。当我们在承担一项责任的时候，要付出一定的代价，但也意味着获得回报的权利。

诸侯尊奉周天子，周天子是名义上的天下共主，有号召天下、率领诸侯的权利。天子坐镇镐京，诸侯按时纳贡，还要随天子征讨四方。这其实就是规范了天子与诸侯的责任。

在家族企业中，家族成员所有权与控制权两权合一，家族成员既参与企业经营管理，又参与剩余索取权的分配，所以家族成员有为企业发展作贡献的责任，企业有为家族成员分配利润的责任。同时家族企业中家族成员之间形成了一个小型的团体，团体内部由于经常在一起沟通交流，使得内部成员的信息不对称性以及成员间的协调成本大为降低。不仅如此，由于血缘关系的维系，家族成员对家族高度的认同感和一体感，使其对家族产生了一种神圣的责任，这使得家族成员为家族企业工作都是“各尽所能，各取所需”，不计较自己付出的劳动和获得的报酬是否处于合理的比例关系，从而使企业成员间的交易费用大大降低。

另外，在家族群体内部还有一种选择性刺激制度，即家族成员必须努力为家族的发展而奋斗，如果某个成员出现道德风险和逆向选择，他就可能会被族长开除族籍。在这种压力下家族企业中的家族成员一般都会比较自觉，为家族企业和家族的发展而努力工作，这也是家族企业能普遍存在和顽强成长的主要原因。

当然还有社会责任。承担社会责任是现代家族制企业的一个重要标志，承不承担社会责任，这是现代家族企业与传统家族企业的分水岭。世界上有很多百年老店是家族企业，如果没有强烈的社会责任感，就不可能成为百年老店。企业归根到底是社会的企业，企业创造的财富最终也是社会的。

第四，从道德上讲。道德，是由思想行为所表现的、有一定标准的社会风俗和习惯。道德是后天养成的合乎行为规范和准则的东西。它是社会生活环境中的意识形态之一，它是做人做事和成人成事的底线。它要求我们且帮助我们，并在生活中自觉自我地约束着我们。假如没有道德或失去道德，人类就很难是美好的，甚至就是一个动物世界，人们也就无理性无智慧可言。我们应该清楚地认识到，道德的驱使才建立了人类的和谐社会；道德的要求才有了社会群众团体组织；道德的体现，使人们自尊自重自爱；是道德的鞭策，营造人与人的生活空间。

西周的这一套宗法制、分封制与礼乐制后来被上升为“周礼”，就是指引社会各个阶层表达自己对社会、对天人关系的哲学思考。周公旦还制定了一系列严格的君臣、父子、兄弟、亲疏、尊卑、贵贱的礼仪制度，以调整中央和地方、王侯与臣民的关系，加强中央政权的统治，这就是所谓的礼乐制度，孔子一生所追求的就是这种有秩序的社会。礼强调的是别，即所谓尊尊；乐的作用是和，即所谓亲亲。有别有和，是巩固周人内部团结的两方面。这其实就是西周这个“大家族企业”的企业文化。它属于广义的道德范畴。

因此，作为现代家族企业应当把企业文化看做企业的灵魂，是最高境界的管理手段，现代家族制管理模式的企业文化更具有伟大的愿景与使命和深入人心的核心价值观，成为全员的信仰，将个人价值、企业价值和社会价值紧密地融合起来，成为推动企业发展的第一竞争力。现代家族企业文化的最大特色是将小家文化转变为大家文化，大家文化是一种开明的文化、科学的文化、先进的文化、和谐的文化，是符合市场经济规则的文化，也是适合中国家族企业的最具竞争力的文化。

以古为新，古为今用。我们今天探讨的西周的宗法制、分封制与礼乐制，至今仍然有很好的借鉴作用。也希望能通过发掘古人的智慧来更好地促进我国家族企业的成长。

古代义庄制度对现代家族办公室的借鉴作用

赵　光

义庄是古代中国的一种社会风俗，是宗族所有之产业。义庄之中包括学校、公田、祠堂等等设施。比较有名的义庄有范氏义庄、怀海义庄等。

以范氏义庄为例。范氏义庄是历史文献上最早记载的义庄，也是具有典型特点的义庄，系宋仁宗时范仲淹在苏州用俸禄置田产所建，收取地租，以赡族人、固宗族，采取租佃制方式经营。

范氏义庄有八九百年的漫长历史，在中国历史上是独一无二的。范氏义庄的产生源于宋代经济、社会的重大变化，在大的时代背景下，慈善组织成为一种社会需求。

范氏义庄是范仲淹及其后人以自身力量体恤族人，以家族纽带解决一部分人的社会福利问题的尝试。抛开巩固宗族的目的之外，也是对政府济贫政策的支持。“修身、齐家、治国、平天下”是古代儒士的人生理想，家就是国，国就是家，治国以齐家为基础，范氏建立义庄不仅是对家族的保护，也是以服务社会、减轻国家负担为目的的。因此，义庄也受到了政府的欢迎、支持和保护。

范氏义庄以大量田地为财产基础建立。田地由范氏子孙捐助，所有权移交给义庄。义庄还有义庄管理条例和专门的管理人，独立运作，因此义庄具备了财团法人的基本特征。从设立目的看，义庄的受益者是范氏族人。八百多年来，只要是居住在当地的范氏族人，都可以从义庄受益。范氏族人可以从义庄领口粮、领衣料、领婚姻费、领丧葬费、领科举费、借住义庄房屋、借贷等。这里值得注意的是，凡是范家的族人，不分贫富，一视同仁，只要住在本乡，就有权利向义庄领取上述物资。而后世其他家族的义庄，只给贫穷的族人以经济资助，而不像宋代的范氏义庄发给每一个族人。

由于古代的家族范畴也远远大于现代社会的小型家庭，因此义庄救济的受益者的数量还是比较广的。范氏义庄以慈善为目的，是建立在独立财产基础上的，且通过财产运作来支持慈善，同时又具有相当的独立性。这些特点表明范氏义庄是一个初具雏形的基金会。

范氏义庄有着比较严密的运作机制。

(1) 范氏义庄有着严密的内部管理规范。义庄设有管理人，负责经营管理。管理人有权处理义庄事务，不受他人干扰。同时，管理人以工作好坏决定领取报酬的数额。族人对管理人的评价是其工作好坏的标准，具体由公众作判断。由此可见，义庄有一个独立的决策机制和与之相配合的监督机制。

(2) 在财产管理方面，义庄建立了一系列制度。例如：义庄以田租为财政来源。但是义庄不得购买族人自有的田地，也不许族人租种义庄的田地。另外，义庄还对受益人即族人有一些监督措施，对于违反义庄规矩的人，课以不同的处罚措施，比如罚款、取消获得救济资格、严重的送官等。

范氏义庄是中国慈善史上的典范，它是最早的家族义庄，更重要的是它是我国史料记载的第一个非宗教性民间慈善组织。它还创造了一个奇迹，虽然朝代更迭，历经战乱，但一直到清朝宣统年间义庄依然有田 5 300 亩，且运作良好，共持续了八百多年。

范氏义庄的成功，值得现代基金会借鉴，它的局限性也为现代基金会管理提供了反面的经验。

一、慈善业的发展要和适当的经济、社会背景相适应。

经济发展、财富积累、贫富分化、贫穷成为社会问题，这是慈善业发展的必要条件，几个因素缺一不可。官办慈善机构、民办义庄和善堂等次第出现，这种现象的产生和当时经济发展迅速、财富积累较快、同时贫富分化逐渐加剧等是分不开的，政府和有识之士都逐步认识到发展社会福利的重要性，而当时政府和民间也都具备了搞慈善的经济实力。

宋代以后下一个慈善业的发展高峰是在明清时代，而明清是中国经济发展的又一个高峰。就我国建国以后慈善业的发展来看，也是与国家的经济能力增长相配合的。社会财富增加，又有了慈善的需求，慈善业才有发展的空间，这不是由人的主观意志决定的。对现阶段来说，我国慈善业才刚刚起步，刚刚为人们所认识，还没有迎来大规模发展的时机。慈善公益事业尚处在摸索阶段。我们要善于抓住这个机遇的窗口期，做好发展的原始积累，可以起到事半功倍的效果。

二、范氏义庄所具备的财产独立、科学决策、民主监督等几个基本特征，是使义庄延续至近代的重要原因。

田地的捐献者制定了义庄的管理办法，另外由族人中选出独立的管理人负责实际的运营，管理人凭业绩的好坏获得报酬，而族人对管理人又有监督的权力。这套制度，使义庄的财产不容易受到侵害，义庄的管理者有积极性，义庄的救济也能做到公正，降低内耗。由此可见，对基金会这样建立在一定规模财产基础上的公益组织，有效的内部监督管理机制至关重要。如何采取一定的措施，既能鼓励管理层尽职尽责，又能防范管理层偏离公益轨道，是基金会管理中特别值得研究的问题。

三、在受益人管理问题上，义庄可以给后世提供有两方面的经验教训。

义庄对受益人的行为进行监督，对于抢夺、骗取不应得救济的族人给予严厉的处罚，这使得义庄的财产不被少数人滥用，救济更为有效。这提示了现代基金会在救助受益者的同时，还应当对受益者有所监督，应当要求受益者按照约定使用基金会提供的救济款物，否则收回救济，从而保证基金会慈善义举的实际效果。但是，义庄消极的救济思想，是基金会确立工作目标时应当反对的。慈善的目标应当更深远一些，不仅要帮助弱势群体解决眼前的实际困难，更应当着眼于提高他们的创造力，尽量帮助他们彻底地摆脱贫困。

四、范氏义庄对基本制度不断进行调整和改革，使它能保持旺盛的生命力。

这种调整和改革的精神，也是现代基金会尤其应当学习的。基金会应当向学习性组织发展，长变长新，才能有生命力。

五、范氏义庄与政府的长期合作也应当予以关注。

范氏义庄的设立目的从表面看是服务宗族，但实际上由于古代聚族而居的传统习惯，一个宗族的聚居就是一个完整的社区。因此，义庄发挥了服务乡里的作用。而政府的备案行为，既保护义庄的财产所有权，也保护义庄的种种内部监督措施可以落实。同时，义庄的成功运作也帮助政府安排了穷人的生活，排除了社会不稳定因素，它所造福的就不只是范氏的族人了，也成为当地政府很好的助手。因此，基金会等公益组织，确立目标和开展公益活动，都应当适应大的社会发展趋势，顺应国家宏观管理需要，与政府相配合，这样才能获得政府支持，稳步发展，从而实现组织目标。

六、范氏义庄的良好族风传承也是义庄长期生存之本。

范仲淹父子在义庄创业之初捐助了大量田产，使义庄有了很好的经济基础。但随着时间的推移，庄田必然受到侵蚀，逐渐减少。但是由于范氏父子注重良好家风、族风的培育，因此义庄的名声非常好，范氏子孙以此为荣，因此每当田地减少或有所败坏时，总是有后代人出钱出力竭力维护，使义庄能长盛不衰。可以看出，良好的文化传承必然导致公众形象的提升，是基金会等公益组织获得捐赠的保障，是宝贵的无形资产。

义庄是宗法文化的产物，其宗法性毋庸置疑。但是在宗法文化和家族政治的背后，义庄隐藏着士绅阶层对宗族利益的终极关怀，那就是谋求宗族的可持续发展，保障宗族的永续繁荣。范氏义庄的成功告诉了士绅们一个通俗易懂的道理，为子孙遗留钱财不如捐建义庄更具可靠性。因为祖宗的荣耀光辉要想持续扩大，需要牢固的经济基础，而义庄作为宗族只增不减的不动产，就具备切实的保族功效。

中国家族办公室发展桎梏待破局

王怀涛　林　海

家族办公室在西方由来已久，但在中国仍处于从概念向产品转化的探索阶段。从需求层面来看，由于改革开放造就的第一代富裕群体亟需接班传承，家族办公室的价值逐渐被发现；但从供给层面，家族办公室创立者所面临的重要问题，就是作为中国家族办公室的需求方——家族企业主抑或超高净值客户及其背后的家族，往往首先受到国内条件的限制。而如何识别与化解这些限制，成为突破家族办公室发展迷雾的关键。

一、家族办公室中国化的限制因素

目前国内，在法律、人才、制度、监管等方面存在制约中国本土家族办公室发展的现状。常见的有以下方面：

1. 国内私人财产保护相关规定仍不完善

国内金融风险事件频发，信用环境堪忧，同时家族办公室涉及业务的相关配套法律体制，如信托登记制度、税收优惠政策等仍不完善或缺失。国内移民潮——许多中国企业家都想通过投资移民的方式转移资产。这股热潮很重要的一个原因，就是担心如果国内税制改变，会使自己财富、预期的收益受到影响，因此，国内企业家希望把资产转移到私人财产保护制度相对完善的国家。

2. 从需方到供方，家族传承的市场观念未开放

国内家族企业主面对日益庞大和复杂的企业，然而自己的子女可能没有兴趣或缺乏能力去管理，这已经成为中国家族企业传承中所遇到的普遍问题。而国内对私人财富的保护力度薄弱加上我国传统保守的财富观念（财不外露、私人财产应交由自己或直系后代管理），使得家族企业主、超高净值客户无法放心委托家族外的人进行专业管理，导致本土家族办公室的需求不高，但企业主同时又面临接班人选择范围小的问题。而这一观念，随着市场经济及法治进程对旧体制的冲击，正在逐步改变。

3. 家族办公室发展的动力不足

企业经营过程中会涉及各种各样的税种，所以企业会投入很多资源来做税务筹划。家族企业这方面亦然，特别是有些税给家族企业带来的负担尤为重大。

对于家族企业而言，遗产税和继承法是其极其关注、重视的方面，而国内暂未开征遗产税，家族企业主没有高额遗产税的困扰，对于其家族财富的规划积极性必然不高，亦在某种程度上抑制了本土家族办公室的发展。

而在国外，甚至有严格规定后代继承比例的遗产分配制度，是阻碍家族企业在家族内传承的一个重要因素。

二、家族信托——家族办公室本土化的破题之道

家族财富传承和接班人培养，是家族办公室的两大核心问题。一个精心设计的家族信托，能对一个家族的财产与人事做出合适安排，可以成为永续家族宪章的雏形。虽然在内涵及功能等方面差别较大，但国内外一直以来都有对于信托的规定，使得信托成为中西方家族办公室的嫁接点。

1. 国内信托制度影响家族办公室发展的因素

家族信托、家族慈善基金、保险等管理家族财富的工具，在国内发展的时间较短，配套法律制度尚不完善。

首先，国内大多数家族基金会只能做公益慈善用途而不具备家族财富管理的功能，慈善信托更是法定要求必须将信托全部收益用于慈善，委托人或其家族无法获益。

其次，在监管合规层面，本土家族办公室帮助委托人设计设立国内信托难以保证家族企业主出于避免纷争、安全考虑而提出的私密性及隐蔽性需求。《信托法》第 10 条规定："设立信托，对于信托财产，有关法律、行政法规规定应当办理登记手续的，应当依法办理信托登记。未依照前款规定办理信托登记的，应当补办登记手续；不补办的，该信托不产生效力。"即在我国，信托遵循的是"登记生效主义"原则。2016 年 12 月 26 日，中国信托登记有限责任公司("中信登")在上海正式挂牌成立，即使在中信登成立之前，每一个信托计划也均须事先向银监局备案。信托财产需要办理登记手续，只有依法办理登记信托才能产生效力。就登记的基本内容从理论上而言，在我国，委托人以需要办理登记手续的家族财产设立信托，信托登记应当包括信托产品、信托收益权、信托财产等进行登记，即必须将其信托财产进行登记公示。因信托财产登记涉及到很多方面，如动产、不动产，有技术、监管和观念的问题，尚需要逐步推进的过程，故目前信托财产登记并不在中信登的业务范围。目前中信登公示内容包括首次申请登记日期、存续期限、信托功能、主要投向行业、财产运用方式、公示日期。

另外，国内在以下影响本土家族办公室方面的相关法律规定几乎空白：

1）公司法对于信托持有私人公司或上市公司股权方面的规定；

2）当出现财产纠纷时，信托或其他架构是否生效并发挥其风险隔离之功效（是否只能通过诉之法院确认）；

3）信托的保密性如何维系问题（如：不动产作为信托财产置入

信托架构中，因过户登记而使得基本信息被公开）；

4）婚姻法对夫妻间财产设立信托的规定；

5）税法对于信托财产的纳税规定；

6）继承法对于信托财产的相关规定；

7）《信托法》《慈善法》中均明确规定国家鼓励公益信托发展，但现阶段并未出台相应的税收优惠规定（信托行为并不等同于捐赠，目前国内相关税收优惠政策仅适用于捐赠行为，故有关慈善活动的税收优惠政策无法适用于慈善信托，而是适用“视同销售”的规则，即当前设立慈善信托并无税收优惠）；

8）慈善组织缺乏公信力问题等。

慈善基金角度：全国政协委员、香港永隆银行董事长、招商银行前行长马蔚华在2014年两会期间提交了《关于我国公益慈善基金管理制度引入信托机制的提案》，2004年国务院第400号令实施的《基金会管理条例》、于提案之后的2016年施行的《慈善法》等法规出台，为我国公益慈善基金发展构建了基本法律框架，促进了我国公益慈善事业的发展。但因缺乏独立的第三方托管和专业管理等信托机制，我国公益慈善基金管理仍呈现体制不透明、程序不清晰、管理不规范、社会公信力不高等滞后特征。

2. 向国内的家族介绍国外可借鉴的信托制度的优势

将信托安排与家族传承相结合。国外信托、家族信托、慈善基金会等，已有数百年的发展历史，有大量针对信托财产争议的司法判例，信托法体系成熟。另外，国外基金会能够在达到慈善公益目的的同时，还能适应富豪阶层家族财富管理的需求、帮助其家族企业更好地传承。

保证私密性、隐蔽性是家族企业主的首要需求，几乎没有富豪愿将自己为家族筹划的信托计划公之于众。故国内企业家倾向设立海外信托，因其隐蔽性强且受法律保护，允许信托公司不向任何机构、组织或个人披露信托内的财产及分配安排（信托上市公司股权需要披露但不披露股权受益人分配情况），另一方面可充分利用离岸地完备的信托法律体系实现财富管理传承目的，同时避开国内相关监管规定和法律政策的不稳定性，而且信托内的财产全部由离岸公司持有，离岸公司的股东和董事长又是不对外披露的。

3. 从改良慈善制度入手，推动国外现有信托制度的优化

将家族办公室本土化的目的，不是复制西方的家族，而是中国特有的家族的复兴。将慈善与信托相结合，将慈善信托合理地转化为一种商业模式，进而成为一种家族财富传承方案，是信托发挥中西方家族办公室嫁接点作用的重要方式。

我国在制定公益慈善法律法规时，有必要引入信托机制，从公益慈善基金管理制度的层面，充分发挥托管人和管理人的角色和作用，以促使公益慈善基金透明、高效、持续发展。

将信托机制尤其是独立第三方托管和专业化投资管理等机制引入公益慈善基金，充分发挥托管人及管理人的专业性，体现信托财产独立性和“三权”分离的特征。只有明确公益慈善基金作为信托财产的独立性，才能将公益慈善基金财产与管理人、托管人固有财产及其管理的其他财产隔离开来，赋予公益慈善基金财产在法律上的安全性保障。

此外，将公益慈善基金交由获得证券投资基金托管资格的独立第三方机构进行托管，由托管机构依据法律法规和合同的要求，履行公益慈善基金安全保管、资金清算、资产核算和信息披露等职责，通过市场化机制，解决公益慈善基金的全程监督和服务专业化问题；同时，允许公益组织在“确保资金安全”前提下自主选择管理人，对公益慈善基金进行保值增值的专业化管理，有助于提高基金运作效率。

三、超联合家族办公室——布局未来家族办公室市场的主要形态

我们都知道，家族办公室是财富管理皇冠上的明珠，对专业的要

求非常高，这就要求专业的人才。家族办公室的核心需要用到法律、财税、资管的人才，法律人才负责搭建架构，财税人才负责减少成本，资管人才负责增值保值。其中就需要律师、会计师、税务师、理财师等专业人士的参与和加入。通常除了上述人员外，还需要与来自银行、信托、基金、资管、券商、保险等领域经验丰富的专业人才保持良好沟通。换句话说，家族办公室不只是需要人才，更需要贴近市场的源头活水。

而在当前的中国，真正懂家族财富传承的专业人士并不多，个别先行者也仅是各自为政，组建小型团队，在极为有限的范围内开展研究和实践。这样的研究和实践，很大程度上无异于闭门造车，死水一潭。

移投行家族办公室在市场现有的单一家族办公室和联合家族办公室的基础上，创新采用新型的业态模式——超联合家族办公室。以此模式组建一个专门的顾问团来帮助家族筛选人才和顾问，这些专业人士分属于不同的机构，在法律、财税或资管领域有自己的专长，由家族办公室统筹纳入特定客户的“最佳匹配团队”，在互联网、人工智能的大背景下，更能为客户提供超越传统家族办公室的服务价值。是国内值得研究的一个创新型的家族办公室样本。

目前，移投行家族办公室已有来自海内外的专业律师、会计师、理财师等逾 150 名资深专家加入，我们期待更多的资深专家能齐聚一堂，在移投行平台教学相长，研讨合作，共同进步，共同推动中国家族办公室的发展！

四、律师如何在家族办公室事业中发挥作用

如上所述，家族办公室在中国本土化，首先要解决的是法律障碍。然而法律作为上层建筑具有滞后性，法律的更新是一系列社会经济基础变革的结果。律师接触到的实际案例更复杂，执业方向更

多元，更了解市场需求，从这个意义讲，律师是法律职业共同体中最“接地气”，也是用武之地最广的一员。有志于从事家族办公室的律师，首先要擅于发现能成为“家族”的客户，用值得信赖的法律服务把他们引导上“家族之路”，打破他们观念的桎梏，使之完成从家庭到家族，从个人财富积累到家族企业传承的蜕变。

在引导的过程中，律师的知识是有限的，因为法律知识一般只能解决行为底线问题，而财务规划需要理财师，税务筹划需要税务师，而如何科学合理地进行身份规划，更需要移民专家和国际化人才。律师有着客户的信任，有着把关底线与识别风险的能力，若加上组织控制的经验和提前布局的眼光，甚至甘做一根线，把家族办公室人才像珍珠一样串联成一个家族办公室机构，方能适应教育与人才的现状。

进一步讲，家族办公室的服务对象是长久持续的家族，理想的家族办公室应被愿景为百年企业，其本身的魅力应不亚于家族本身。西方的家族办公室从零开始逐渐发展，而中国家族办公室却有机会既面对广阔的市场，又站在前人的肩膀上，所以需要博览群书、博采众长，从起步阶段就以准金融机构的角色定位自身，在尚弱的监管中从严自律，设计良好的部门架构与进退机制、客户与员工的培养机制、标准化却能与时俱进的产品。这样的中国家族办公室，才能在不远将来的大浪淘沙中，不但生存下来，而且“弯道超车”，成为与西方媲美的家族办公室。

家族办公室出海之路

魏　明

国内家族办公室业务发展前景良好，各类金融机构、财富管理公司和专业服务机构都伺机欲动，准备进军并开发此业务。家族办公室的风口已经来了。

家族办公室起源于西方，所以中国的家族办公室业务也借鉴了西方的先进经验：譬如将资产进行全球化配置、将资产置于信托或基金会等法律架构之下。

想要为国内高净值客户和家族提供完整的解决方案，走出国门是必要的一步。因为，高净值客户肯定需要全球化的资产配置和管理。

目前，能从国内直接投资海外的金融产品，除了有限的 QDII 额度，渠道比较少。所以如何走出去是家族办公室必须面对的问题。

走出去第一站——首选香港。香港一直是全球金融中心，而且保持自由开放的金融环境，可以自由投资其他种类货币金融产品。很多国际知名公司都在香港设立了子公司并开展家族办公室业务。比如阿里巴巴旗下的云锋金融就在香港拥有 3 家子公司，其中的两家开展为高净值客户提供服务的业务：云锋资产管理有限公司和云锋金融市场有限公司。这两家公司都持有香港的资产管理类金融牌照，即 9 号牌；另外的一家最早系美国 SAC Capital 的对冲基金在香港开设的家族办公室叫 Point 72，在香港也持有 9 号牌。持有 9 号牌即可为专业机构投资者和高净值客户(门槛 100 万美金)提供股票、基金、债券等产品的投资组合服务。

获取 9 号牌是在香港开设家族办公室的必要条件，也是先决条件。因为香港证监会在《证券及期货条例》中明确规定，在香港开展相关的金融活动必须获得相关的金融牌照，否则即为违规，可能会面临刑事诉讼。资产管理类的金融活动属于第 9 类，必须先获得 9 号牌后才能展业。

当然，可能不同的家族选择在香港设立家族办公室时会有不同的考虑。目前，大部分设立在香港的家族办公室都持有 9 号牌。但有些也会根据自身的业务需要开展其他相关金融活动，并持有其他类别的金融牌照。比如，如果开展证券相关业务，就需要 1 号牌，如果开展期货相关业务，就需要 2 号牌。

9 号牌的获取一般有两种方式：申请或收购。申请即自己在香港成立公司，然后委托中介公司来整理编写申请文件，并提交到香港证监会 SFC(Securities and Futures Commission)。一般情况下 SFC 在 2 周内会给出初步批复。然后会有 5～6 轮问询，中介咨询公司也会帮忙问答这些问题，如何有技巧的回答问题是能否拿到牌照的关键点。顺利的话，问询结束后 SFC 会批复牌照。整个周期大概需要 6 个月。

第二种方式是收购，即收购一家目前已经有 9 号牌但是打算转让的公司。收购后需要向 SFC 做大股东变更申请，申请通过后即完成收购。收购的成本会更高，但是也有周期更短及能收编现有团队等优势。

不同的高净值客户的需求也会有分别，很多还会从子女的教育及培养出发来设立海外家族办公室。比如子女在澳洲或者美国留学并考虑子女会长期在当地发展，就可以考虑为子女在当地设立一家家族办公室。当然，家族办公室采用的工具可能会有区别，有的会用信托，有的会用基金，有的会用基金会，还有的会各种工具混合使用。

在和国际的家族办公室同行交流中得到一个比较有趣的并值得借鉴的经验。他们有的会鼓励家族的新生代去做一个风险投资型的家族办公室，就是家族办公室下面持有 VC，然后去投一些最新的热点产业，比如区块链、人工智能等。这样做很有可能是高风险、低回报，但是能使家族的新生代，也就是未来的家族接班人得到很好的历练，并对新兴产业有深刻的认识，这样在未来的发展中就不会落后于其他家族。此种情况下，对富豪家族来说，投资回报率并不是最重要的，最重要的是对下一代的培养和历练。保证下一代对新兴行业有足够的敏锐度以避免家族发展错过新兴行业的风口，另外也是确保下一代有足够的经验来承担接班的重任。

在海外设立家族办公室会涉及很多不同的司法辖区，具体选择哪个地区或国家得看不同客户的需求。主要需要考虑客户的子女所在地、资产所在地及业务所在地，以及开设这家家族办公室的目的。

从为下一代谋划未来出发，就主要根据下一代所在地或者未来长期发展所在地来选择家族办公室的设立地点。譬如，移投行家族办公室有客户因为考虑下一代在澳洲上学及将来在澳洲发展，便为下一代在澳洲设立了一家家族办公室，因为业务需要也申请了澳洲的信贷牌照。还有，有客户考虑子女在美国，便会在美国的特拉华或者传统的离岸中心比如 BVI 或开曼设立一家家族办公室。把资产至于信托或基金会架构之下。

BVI 或开曼一直都是离岸中心的首选地，是基于普通法系下信托法最为健全和灵活的司法管辖区。很多上市公司会采用 BVI 或开曼的离岸公司和信托架构，同时家族办公室也会选择这两个司法属地作为离岸家族信托的首选地。有多方面的原因：无公司所得税、信托架构灵活等等。

BVI 和开曼信托法的一般原则源于英国信托法，通过成文法的补充，提供了各种灵活且便于使用的信托结构。在 BVI，家族企业一般会选择能保留对公司有一定控制权的 VISTA 信托和 PTC 私人信托公司。在开曼，常用的是 STAR 信托和 PTC 私人信托公司。

另外，开曼也是离岸基金设立地的首选。很多家族办公室也会帮助家族客户在开曼设立家族基金，便于全球投资。有些瑞士的私人银行能提供全方位的家族基金设立服务，开曼也是首选的设立地。

也有客户从家族资产的全球化配置的角度及个人对所选目的地的喜好程度来选择。有客户会喜欢欧洲，从家族企业业务层面来看，可以通过收购欧洲本地的中小型高科技企业来达成全球化的战略布局并引进先进技术保证自身产品的领先性；从个人及家族爱好的角度，可以在当地收购交通便利的城堡或者核心区域的住宅，用于个人和家族的短期度假和长期的资产保值及传承。如果选择欧洲的话，那么在瑞士设立家族办公室肯定是首选。瑞士主要优势有：永久中立无战争风险、政治经济稳定、私人银行业发达、汇率稳定、税率低、工业技术发达利于收购海外技术等。全球信托中心列支敦士登公国就在瑞士中间，设立信托方便。瑞士紧邻德国也是很大的优势，德国有很多中小型家族企业，规模虽然不大，但是所掌握的技术是世界领先的，相关产品也是品质一流。这样有利于中国家族企业进行海外高科技并购，并不会花费很庞大的资金来收购高科技技术，然后借助中国庞大的市场需求来进行大规模产业化。譬如，IBKFO 有协同瑞士合作方一起帮助一位国内客户收购了一家德国的汽车配件行业的高科技家族企业。该客户的家族一直从事于汽车配件行业，在国内细分市场已经处于领先地位。为了进一步开拓汽配行业的横向发展，就打算收购一些德国的高科技汽车配件行业公司来获取技术。其在 IBKFO 的协助下选定了收购标的范围，然后逐一进行谈判，最后落地成功。

近期来很多中国企业把业务也布局到了发展潜力巨大的非洲市场。20 世纪 90 年代也是很多中国生意人去非洲淘金的高峰期，他们当中的一部分人现在已经成为当地富豪和侨领。布局非洲的家族企业,一方面是通过早年开拓非洲市场成为富豪的家族,另一方面,是为了家族企业的业务进一步全球化在近几年初步进入非洲。中国家族扎根或立足于非洲的数量会越来越多。如果考虑在非洲的产业和资产的长期规划设立家族办公室,首选毛里求斯。

毛里求斯近期来一直发展离岸金融,已经成为新兴的重要的离岸中心。而且毛里求斯有上百万人口,支柱产业还有制造业、旅游业等。所以本地的制造产业及当地消费需求的支撑,是毛里求斯有别于其他离岸中心的特殊优势。而且毛里求斯还有自身的人才资源优势、灵活的立法及低税率,而且针对家族办公室及家族信托给予特有的法律保护。所以这些都是毛里求斯吸引非洲乃至全球富豪家族设立家族办公室的优势。

出海之路,是国内家族办公室必须要走的路。首先要考虑目的地的选择,一般也是遵循"就近原则",根据家族自身成员或未来长期发展所在地,来就近选择有利于家族办公室的司法辖区。目的地选定之后需要考虑所设立的家族办公室会适用于哪些法律及金融架构以及是否需要申请当地的合规金融牌照,避免出现合规及法律上的风险。其次,国内家族办公室和国外相关服务提供方(比如信托公司,基金公司,三方财富,家族办公室)的协同合作也是相当重要的。因为国内家族办公室的优势是了解国内高净值客户的需求以及深受客户信任,但是具体在海外进行相关家族办公室附属金融业务时还是需要当地的家族办公室的相关服务方来支持,这样才能利用双方资源优势进一步为客户提供高效专业的服务。

归根到底,国内家族办公室的业务需要家族办公室的从业人才来开发和执行。但家族办公室在中国是新兴行业,不仅客户缺乏了解,最主要的行业痛点还是缺乏相关全能型专家人才。近期在一次家族办公室行业峰会上,各位家族办公室的领头人一直认为:目前国内严重缺乏家族办公室人才,特别是兼备西方国家办公室人才的专业素养及深入了解中国客户需求且能将相关业务落地的中西结合的国际化人才。

移投行家族办公室旗下的保富商学院有志于为家族办公室行业培养人才。主要为从事家族财富管理和规划的专业人士及家族企业提供培训服务。2018 年以来，已经开展了多次游学及实务培训研讨班，深受业内好评。

移投行家族办公室也一直和海内外家族办公室服务机构保持紧密沟通，致力于给国内客户提供全球化的服务。为客户量身定做全球化的家族财富规划及传承方案。

过去几十年，中国的家族企业跟随全球化经济浪潮及中国经济腾飞也走上了飞速发展之路，积累了大量的企业财富和家族财富。近年来，由于英国脱欧和美国发起的贸易战，全球化之路被蒙上阴影。现阶段正好是家族企业传承高峰的时间点与中国经济转型升级的时间点相遇。“变”或者“不变”，“走出去”或者“向下深挖县城万亿市场”是摆在家族企业面前的难题。

穷则思变，变则通。每个家族面对当下的困境或者有不同的思考和想法。我们坚信“走出去”是家族企业发展或者家族财富管理传承的必选之路。移投行家族办公室致力于为家族企业“走出去”贡献微薄之力，也致力于为家族财富在全球的传承、规划及管理献上锦囊妙计。

黄昏或许会到来，但相信未来，明天会更好！

家族办公室在中国本土化的发展之路

王怀涛　林　海

就业务层面而言，如果说并购是投行中“皇冠上的明珠”的话，那么家族办公室当之无愧是财富管理中“皇冠上的明珠”。笔者作为上海市律师协会并购重组业务研究委员会委员，在从事多年并购业务的实务操作和理论研究后，看到家族办公室在中国蓬勃发展的趋势，并经过了第一线的实证研究，终于从投行的“明珠”跳到了尚在起步阶段的财富管理“明珠”上。

从 2017 年至今，笔者组建了英国的家族办公室、香港的家族办公室和中国大陆的家族办公室，同时帮助了一些朋友和客户组建了自己的家族办公室，也曾到一些三方财富机构或有意向转型到家族办公室的金融机构做实务分享讲座，在该领域积累了较为前沿的实践经验。笔者与国内 100 多名志同道合的律师、理财师等专业人士组建的移投行（IBKFO）专家智库，已经成为家族办公室领域的后起之秀，笔者从导师引进、会员筛选、课程设计、教材编纂等均亲力亲为，使之俨然成为一所家族办公室业务的培训学校及理论研究阵地。

基于学以致用的考虑，特撰文介绍笔者本人的一些粗浅的认识和见解，以期为同行和专家交流提供借鉴。

一、家族办公室的渊源

早在久远的中世纪，家族办公室的前身大“Domus”（家族管家）就广泛存在，约100年前，一些财富急剧爆发的金融大佬就将金融专家、法律专家和财务专家等专业人士集合起来组成智囊团，研究如何管理和保护自己家族的财富和商业利益，为其家族提供法律、财税和资管的综合性服务。这类机构在国外被称为“Family Office”，中文直译为“家庭办公室”，因其服务对象的特殊而更多地被译为“家族办公室”，是为富裕家族的财富管理提供支持的私人机构。

根据美国家族办公室协会（Family Office Association）的定义，家族办公室是“专为超级富有的家庭提供全方位财富管理和家族服务，以使其资产的长期发展符合家族的预期和期望，并使其资产能够顺利地进行跨代传承和保值增值的机构。”

以洛克菲勒家族办公室为例，1882年，约翰·D·洛克菲勒建立了世界上第一个家族办公室，代号“5600房间”，被誉为整个家族运行的中枢，如今已经传承到第六代继承人手中。它为洛克菲勒家族提供包括投资、信托、法律、会计、家族事务以及慈善等几乎所有服务，并根据家族成员的特定需求提供不同的投资顾问服务。

家族办公室因具有跨行业的顶级专家帮助，可以作为顶层设计和决策中心，具有极大的优势，也为众多的海外顶级富豪家族所采用，如默多克、比尔·盖茨、希尔顿、巴菲特、罗斯柴尔德等家族，都设立了自己的家族办公室。

但家族办公室的模式，并非只有欧美等西方国家才有。我国古人也经常使用，古代将帅出征，治无常处，以幕为府，故称幕府，其佐治人员则统称幕僚。早在古老的春秋战国时代，在分封制和宗法制的封建法制下，就有很多诸侯、贵族招募门客，为其提供政治、法度、财务、会计等幕僚服务，笔者认为，这也是家族办公室的雏形。

以最负盛名的孟尝君为例，根据《史记》中的《孟尝君列传》记载："孟尝君在薛，招致诸侯宾客及亡人有罪者，皆归孟尝君。孟尝君舍业厚遇之，以故倾天下之士。食客数千人"。根据《战国策·齐策》中的《冯谖客孟尝君》记载，在孟尝君兴旺之时，其具有高瞻远瞩的宾客冯谖为其焚券市义、树立威信，传输家族财富管理的理念："狡兔有三窟，仅得免其死耳；今君有一窟，未得高枕而卧也。请为君复凿二窟。"经过冯谖高明的设计，"孟尝君为相数十年，无纤介之祸者，善始善终"。狡兔三窟的典故流传至今。

以盛于明清代的师爷阶层为例，师爷指地方官署中的主管官吏（主官）聘请的帮助自己处理刑名、钱谷、文牍等事务的无官职的佐理人员。师爷靠自己具有的刑名律例（法律）、钱粮会计（财会）、文书案牍等方面的专门知识和才能辅佐主官，称为作幕、佐治或佐幕。

综上可知，家族办公室由涉及不同领域行业的专家组成，在提供广泛的高度专业化和定制的服务方面有着悠久的历史，它像管家一样，监督及管理整个家族的财务、法律、风险管理等状况，以协助家族获得成功以及顺利发展为服务目标。

二、家族办公室和基金管理公司的关系

如果说投资银行、券商、资产证券化服务机构、信托公司等金融机构代表的客户是卖方的话，那么，家族办公室和基金管理公司更多的是代表买方。换句话说，一个代表的是融资方，一个代表的是投资方。

在国外，信托公司更多的是代表买方，即为投资者提供信托配置的资管服务。但在中国，信托公司的定位主要是为实体经济服务，沦为实体经济的附庸，成为挥之不去的影子银行。所以，国内的信托也被称为"反向信托"，即先找好拟投资的资产，然后为资产去募集匹配的资金。在信托实务中表现为：某个企业想融资了，找到信托公司，

企业拿资产作抵押或引入担保，信托公司则根据企业情况量身打造融资方案，然后向投资人发售信托产品募集资金。当然，中国信托业协会也多次发声，呼吁信托公司提升主动管理能力，回归信托本源，受人所托、为人理财，回归代表买方的本职工作，回归资产管理、财富管理的应有之义。有专家认为，2018 年 4 月 27 日出台的资管新规，会进一步倒逼信托公司回归本源。

从法律关系来看，基金管理的法律关系本质上是一种信托关系。因此，基金管理公司代表买方，受人所托、为人理财，就很容易理解了。基金管理公司和家族办公室都代表买方利益，但其也存在区别。基金管理公司主要提供标准化产品，面向成千上万的高净值客户人群，而家族办公室主要提供复杂的非标准化、定制类产品，面向少数、私募的超高净值客户和富有家族。

为了进一步说明，笔者以近两年呈燎原之势发展的国内私募基金管理人为例。私募基金管理人的主管单位中国证券投资基金业协会成立于 2012 年 6 月 6 日，截至 2013 年 11 月 1 日，基金业协会的会员仅有 555 家。但在 2014—2015 年两年间，基金业协会的会员井喷式增长，截至 2016 年 2 月，会员达到约 2 万家。后协会出于行业规范考虑，引入律师提供尽职调查。在这一时代背景下，笔者有幸最早接触到了这一领域，在 2016 年至今已为国内上百家私募基金管理人、准私募基金管理人提供了法律服务。

中国的私募基金制度很大程度上参考了美国的相关制度，而观察美国投资公司协会（ICI）的统计数据，截至 2017 年 5 月底，美国的私募基金管理人约 2 800 家。而根据中国证券投资基金业协会的最新数据，截至 2018 年 3 月底，已登记私募基金管理人有 23 400 家。其中管理基金规模在 100 亿元及以上的有 210 家，有管理规模的共 20 122家，平均管理基金规模 5. 98 亿元。

根据美国法律规定，无论是私募基金管理人还是家族办公室，均需要在投资公司协会（ICI）登记，但根据《多德-弗兰克法案》规定：如一家家族办公室符合条件则可以豁免登记：(i)除家族客户外无其他客户；(ii)为一个或多个家族成员所直接或间接排他性地控制；(iii)未以投资顾问的身份对外昭示。这说明了私募基金管理人和家族办公室都归属于美国投资公司协会(ICI)管理，其业务性质没有本质的区别。

据笔者了解，美国的家族办公室(family office)约 2 000 家，欧洲的家族办公室约 1 500 家，而中国的家族办公室却不到 1 000 家。可见，家族办公室具有与私募基金管理人类似的业务，但无论与中国的私募基金管理人在规模上的对比，还是与美国的家族办公室在数量上的对比，中国的家族办公室仍方兴未艾，将进入黄金发展期。

三、中国家族办公室调查

今年 4 月 21 日，在一次私募行业的论坛上，中国基金业协会会长洪磊表示：据不完全统计，在北京、上海、深圳三地工商注册的名称中带有“投资管理”和“资产管理”字样的投资类企业超过 12 万家，但尚有超过 10 万家的投资公司或基金产品，从未在协会履行私募基金登记或备案手续，积聚了非法集资的巨大隐患。协会将与工商部门之间建立工商注册与登记备案协调机制，推进信息共享与信用核查，从源头防范私募基金沦为非法集资的工具。同时，敦促已完成工商注册但未完成协会登记备案的私募基金尽快履行登记备案手续，对长期未登记备案的私募基金予以清理。此言一出，网络上一片哗然。孰是孰非，我们不做评价。但也可以看出一个问题，即有一些名称中带有“投资管理”和“资产管理”字样的投资类企业也在从事家族办公室业务。

如果一家家族办公室的名称是“某某家族办公室有限公司”，相信是最正宗、最符合监管的称呼了。以笔者组建的“移投行家族办公室(广州)有限公司"为例,这样的公司在中国注册在籍的不足30家。经查询最新数据,在青岛注册的家族办公室共有11家;在宁波注册的家族办公室共有1家;在深圳注册的家族办公室共有2家;在霍尔果斯注册的家族办公室共有1家;在广州注册的家族办公室共有14家。在国内的其他省份,尚未查询到家族办公室有限公司。

从这些家族办公室的背景来看,主要有两个方向,一个是从以律师、咨询公司为主的咨询行业、事务性行业,转型希望提供专注于家族财富管理服务甚至管理资产;一个是从以三方财富、资管公司为主的资管行业,转型希望提供包括全方位咨询、事务性管理在内的服务。

后者比较典型的有,宜信财富在青岛设立的青岛宜信家族办公室有限公司、笔者的客户联投集团在广州设立的联投(广州)家族办公室有限公司。前者比较典型的就是笔者在广州设立的移投行家族办公室(广州)有限公司了。除此之外,尚未发现有其他律师或咨询公司在工商部门注册设立家族办公室有限公司。

当然,这并不意味着其他家族办公室在提供家族财富管理和咨询服务上不专业,相反,据笔者观察,盈科律师事务所李魏律师组建的米兰贝拉家族办公室和张大钧律师组建的和丰家族办公室,也已在行业内深耕数年,在家族财富管理做了深入的研究和实践。

然而,以上列举的样本,仍不能算是真正意义的家族办公室。正如前面所讲,家族办公室本质上是一个智囊团,其中必须要有法律专家、金融专家和财税专家。资管背景的家族办公室普遍缺乏法律专业和财税专业能力,而律师或咨询背景的家族办公室普遍缺乏资产管理能力。这是中国家族办公室的现状,在国内亿万富翁如雨后春笋般破土而出的现阶段,能够提供综合性服务的家族办公室仍属于凤毛麟角,仍处于群龙无首、野蛮生长的早期阶段。

笔者长期从事于并购和私募基金第一线的法律服务,时刻密切关注中国的金融市场和政策变动,曾在去年资管新规尚未正式出台仍处于征求意见稿阶段时，应广发私募商学院邀请，向来自银行、信托公司、私募机构、期货公司等资管机构的从业人士解读资管新规的征求意见稿，已经深切地感受到资管领域的巨大市场。数据显示，财富管理的市场在100亿～150亿元人民币，成千上万的从业人员如过江之鲫求知若渴，笔者有感于当前既缺乏经验丰富的导师，也缺乏像样的学习教材，已经于今年和志同道合的合作伙伴组建了移投行(IBKFO)专家智库研究院，以期培养中国家族办公室业务的综合性人才。

四、中国的家族办公室必将大发展

古语有云，究天人之际，通古今之变。纵观欧美国家先例，笔者分析，在当前的中国，有以下因素在催动家族办公室的迅速发展：

(1) 从当前国家经济发展看，国家的迅速崛起，造就了越来越多的富有家族和高净值人群，根据胡润研究院2017年度的数据，目前高净值人士在197万左右，主要集中在北京、上海、深圳、杭州等地。高净值人群的发展造就了私募基金的迅速崛起，数据显示，目前中国有23 000多家受监管的私募基金管理人，在私募基金管理人的数量上已超过美国，同样作为私人财富管理机构的家族办公室，中国的家族办公室数量却不到美国的5%。

(2) 从中国的财富管理规模上看，资管新规出台后，资管产品分为公募产品和私募产品，意味着大资管时代的来临。中国财富管理的规模有多少呢？私募基金50万亿元、公募基金12万亿元、信托20万亿元，算上其他资管计划，总规模超过100万亿元，其中蕴含了大量家族办公室的市场空间。

(3) 从客户群体来看，很多大的家族，实际上是上市公司实际控制人、上市公司前十大股东、被收购公司的股东等。当前中国股市大约 60 万亿元的资金规模，与美国股市的资金规模相差了六至七倍。按目前每年数百家的 IPO 速度，大概 5～10 年后中国的股市和美国规模相当，那时候将会有众多从上市公司获得收益的大股东、牛散、前十大股东需要资产的个性化管理，需要财产的保护和传承，这些也都是家族办公室的业务。

(4) 从社会学上看，中国的人口高峰在 1987 年，1987 年出生的人已满 31 岁，正到了财富传承的时间点，这正是家族办公室要解决的问题。有数据表明，中国目前的基尼系数在 0.73，发达国家大概在 0.15，贫富差距较为严重，一般来说基尼系数超过 0.3 国家就需要征收遗产税，但中国目前还没有，可以预见不久之后存在较大概率开征遗产税。此时不光超高净值人群，可以说普通家庭也势必需求合理避税的工具，保险、境外信托、身份规划、基金会等都属于考虑范围，必将促进家族办公室的发展。

(5) 随着中国诚信体系进一步完善，个人征信越来越对个人产生正面或负面的影响。在中国，如果做一个老赖，被法院加入黑名单，不但飞机、高铁坐不了，而且很难再继续开展后续的生意，这是非常无奈的。不久前，浙江法院出台了限制老赖使用驾照的新规定。包括芝麻信用等对个人信用评价体系的建立和完善，使得违法成本越来越高，这些也会促使商人将企业资产与个人或家庭隔离起来，而如何操作，就是家族办公室的要解决的问题。

(6) 全球化趋势，CRS 和 FACTA 的全球征税，导致全球的避税格局不得不改变，影响最大的是哪类人？一定是最有钱的那类人，这些人就需要马上行动起来，做出适应和调整，这些也是家族办公室的业务范围。

(7) 中国的中产阶级热衷于炒房和炒股，还热衷于买海外保险，这些都是海外资产配置，但随着财富的增长，会不会考虑在海外设立基金会和家族信托呢？可以预见社会发展到一定程度，家族办公室必不可少。

五、移投行家族办公室在做什么

据不完全统计，作为国内较少的具有法律背景的家族办公室和拥有上百名律师的家族专家智库，作为一个家族办公室的样本，笔者分享一下移投行（IBKFO）正在做的业务。

古人云："儒有合志同方，营道同术；并立则乐，相下不厌"，移投行始终欢迎其他从事家族财富管理和传承工作的个人和机构的合作，并不视其为竞争对手，相反却认为是志同道合、共同砥砺、共同进步的合作伙伴。基于这样的认识，移投行家族办公室在伦敦、香港、上海、广州等地设有公司，并已经联合了国内外众多的家族财富研究机构，在国内重庆、成都、昆明、青岛、宁波、江西等地都设有运营中心。

同时，为了加强国内外的交流合作和学习借鉴，我们对接了全球数十个金融中心和离岸地的家族办公室、信托公司、律师事务所等从事相关服务的机构。移投行（IBKFO）专家智库研究院，以培养家族办公室第一梯队人才为目标，讲师团队、智库黑卡、学习课程、培训教材均已陆续完备。

从具体业务上，移投行（IBKFO）主要从事三大块的理论研究：离岸合规、跨境合规、境内规划；从事的业务包括四个版块：移民地产、教育培训、研究咨询、金融投行。具体服务或产品，包括国内资产配置、国籍身份规划与移民、海外家族信托、私人基金会与传承规划、海内外保险规划、境内慈善信托和基金会管理、境外资产配置、家族治理、财税服务、海外医疗与健康管理、私人定制等。具体内容，可在IBKFO专家智库平台做相应了解。

最后，以古代智者黄石公的一句话与各位专家共勉，"贤人君子，明于盛衰之道，通乎成败之数，审乎治乱之势，达乎去就之理。故潜居抱道以待其时。"家族办公室研究的学问正是如此。

家族办公室的治理

王逸群

根据2017年11月中信银行与胡润研究院联合发布的《全球视野下的责任与传承——2017中国高净值人群财富管理需求白皮书》，家族办公室已成为中国企业家第二偏好的传承规划模式，仅次于自建团队。当然，这里的“自建团队”应该可以理解为包括高净值家族自建的单家族办公室，而国内市场上一般所说的家族办公室则是指第三方创建运营的多家族办公室。

值得注意的是，虽然中国家族办公室这两年发展较快，但和国外的家族办公室比较起来，在理念、从业人员专业度和运营模式等方面仍然有不小的差距。尤其是，国内大多数打着“家族办公室”旗号的机构，其业务依旧偏重于为高净值人群提供财富管理和资产配置服务，与传统的私人银行和其他财富管理机构并无实质差异。

应该说，家族办公室和一般私人银行或财富管理机构一大区别在于家族办公室需要将其所服务的高净值家族的利益放在首位，以帮助所服务家族实现多代际传承目标为己任，在此过程中必然需要落实有效、良好的治理实践。而家族办公室的治理具体又可分为家族办公室和所服务家族这两个层面的治理问题。

一、家族办公室的治理

家族办公室本身的治理问题和一般企业的公司治理很相似，良好的治理需具备透明性（transparency）和问责性（accountability）等特点。

不管是单家族办公室还是多家族办公室，通常都会组建为一个独立法律实体。虽然也有在家族企业内部组建、通常由首席财务官领衔的非正式团队兼管家族办公室事务的所谓内嵌式家族办公室（Embedded Family Office），但越来越多高净值家族出于隐私保护、风险隔离及税务合规等方面的考虑，开始将家族私人财富从家族企业分离出来，并通过独立于家族企业的家族办公室进行管理。

传统的单家族办公室往往不会对其本身作为企业所涉及的公司治理问题给予足够重视，但当其需要服务更多代家族成员，面临更复杂的家族内部人际关系和利益分配问题时，就会需要通过有效的制度安排尽量避免因一些匆促的决定或厚此薄彼的做法导致家族成员间关系紧张甚至产生敌意。而就多家族办公室而言，可以进一步区分为由多个家族联合建立的不向其他家族开放的封闭式联合家族办公室和对外开放服务的商业性多家族办公室：前者由于其服务的家族利益并不完全一致，同样需要建立良好的公司治理结构，而后者所面临的公司治理问题则和一般企业类同。

单家族办公室和封闭式联合家族办公室所面临的特殊治理问题主要有以下几方面：

1. 董事会

良好的公司治理通常离不开一个高质量、有效运作的董事会，尤其是其需具备协助家族办公室决定聘请、辞退 CEO 及监督公司管理层工作的职能。但即使在家族办公室行业发展较为成熟的西方国家，不少单家族办公室和封闭式联合家族办公室并没有配备董事会，部分家族办公室配备的董事会欠缺独立性或并没能通过定期开会有效运作，也往往碍于CEO和决定聘请其的家族高级成员（尤其是大家长）间的私人关系，难以对其工作进行有效监督或要求将其辞退。

2. 独立董事

大多数单家族办公室和封闭式联合家族办公室出于保护隐私的考虑，其董事会主要由家族成员构成，但聘请家族成员以外的对家族办公室事务更为专业的独立董事，往往可以就家族办公室的管理运营提供更客观、理性的意见和建议。

3. 咨询委员会

对于觉得将家族财务信息和外人分享勉为其难的家族办公室，也可以先建立一个咨询委员会作为变通解决办法。咨询委员会可以帮助提高家族办公室的管理专业水平，还能协助家族办公室逐步适应或确定愿意和外部专业人士分享的信息，并在未来适当时候建立有效的董事会。

4. 参与长期战略制定

家族办公室要考虑的并不是几年内的发展战略，而是两三代甚至更多代的传承规划。家族办公室董事会，需要基于对家族现状及未来多代际传承目标的清楚了解，帮助制定家族办公室的长期战略计划。

5. 家族办公室的传承计划

即使在海外，大量单家族办公室都是近十几年间创立的，目前在这些家族办公室掌握话语权的仍然是"创一代"，而且由于很多"创一代"对下一代财富管理能力缺乏信心，担心其会挥霍家族财富，因此往往并不愿意让后者获取太多家族财务信息或参与家族办公室事务。如何为下一代提供适当的支持和学习机会，分享家族办公室相关信息，甚至让其逐步参与家族办公室相关工作，以帮助其在时机成熟时以适当的方式接手家族办公室，是董事会需要认真考虑的问题。

另一方面，家族办公室管理层成员的更替和交接，也是一个需要提前计划却容易被现任管理层有意无意忽略的问题，需要董事会予以关注并帮助规划。不少家族办公室采用的解决方案是，安排其总裁/CEO在离任后转为担任公司董事长，以便其在一定的过渡期间继续为家族办公室的管理工作提供顾问和指导，甚至可以安排其在职期间就开始培养接班人。在有兴趣接手家族办公室管理职责的年轻一代家族成员尚不具备相应能力的情况下，聘请非家族成员的专业人士担任过渡期的家族办公室负责人也是一个不错的方案。

此外，家族办公室应当备有应急预案，以便在家族办公室关键管理人员因突发状况无法继续履职时采取相应措施，安排其他管理人员临时担当相关职责并协助物色接替的管理人员，以确保家族办公室运营管理可平稳过渡，不受影响。在这方面，有良好合作关系的不同家族办公室间有时可以互相施以援手。

而对商业性的多家族办公室而言，除了一般的公司治理问题，由于其提供的服务往往包括投资管理和资产配置，因此还需要注意其是否在设立地需要作为私募基金管理人、投资公司等取得相应牌照并符合相关政府监管要求，这其中通常也会涉及公司治理方面的要求。在不少国家，对于单家族办公室甚至服务家族不超过一定数量的多家族办公室，是有牌照及监管要求方面的豁免规定的，但商业性多家族办公室往往不符合豁免要求。

二、家族的治理

家族治理是家族办公室服务内容的重要组成部分。尤其对多家族办公室，由于每个家族有着独特的治理需求，其所服务家族的治理结构必然是和家族办公室本身的治理结构相互独立的。家族办公室在帮助家族建立治理结构时主要需考虑以下几点：

1. 了解家族现有决策机制

家族办公室在为所服务家族建立家族治理结构时，首先需要了解该家族现有的决策机制。有些家族习惯采用非正式、较为随意的决策方式，而其他家族更倾向于按照更严格的决策程序形成并记录决策。家族规模越大、成员越多、关系越复杂，就越适合采用更为正式的信息分享和决策流程。另外，不同家族进行决策时掌握话语权的人也不尽相同，尤其在年轻一代家族成员已经开始参与家族决策甚至掌管家族事务的情况下，更有必要清楚了解家族目前的决策方式。

2. 良好家族治理实践的标志

良好的家族治理实践除了同样需要具备透明性和问责性特点，还应具备参与性。

进行家族治理的目的是为了实现跨代际传承目标，因此通常应该至少有家族两代人参与家族治理。在一些失败的家族办公室案例中，由于没有让家族年轻一代参与家族宪法或其他治理规则的制定，当传承到下一代时，他们也就没有强烈意愿继续遵从这些规则。

此外，将家族治理制度完全交由家族外部人员制订同样会存在难以得到长期有效执行的问题。家族成员共同参与家族宪法及其他治理文件制订的整个过程，可以令他们获取合作决策的第一手经验，由此制定出来的治理文件也比较容易令家族成员觉得和自己密切相关，从而更好地发挥家族“粘合剂”的作用。但是家族外部的专业顾问可以为家族制定家族宪法及其他治理文件的整个过程提供指导，协助完善文件内容。

3. 家族治理制度建立程序

由一位家族外部人士引导整个家族治理制度的建立过程的优势，是已经被世界各国的很多家族通过实践所验证的。这是因为如果由家族成员担当唯一角色，很容易因家族各成员间的动态关系影响到最终产生的家族治理制度的有效执行：如果是老一代大家长主导，其他家族成员可能因为习惯服从其决定而并无参与感；如果是同辈家族成员之一主导，又可能遭到其兄弟姐妹的排斥。

在由家族外部专业顾问引导整个建立程序的情况下，通常外部顾问首先需要与每位家族成员私下面谈，了解家族内部情况和可能存在的问题。然后，外部顾问需制作书面报告，指出可能需要解决的问题，由家族与其共同决定需要放到议事日程上，召开正式家族会议商讨的问题。

4. 家族宪法的制定

正式家族会议上首先需要解决的其中一个问题是确定家族是否想成立家族理事会，另一个重要议题则是家族宪法的制定。

一个有生命力、能得到有效执行的家族宪法一般具备以下三大重要特点：

（1）家族成员高度参与家族宪法的起草和制订；

（2）家族定期温习、回顾家族宪法内容，并根据家族动态变化情况适时进行修订；

（3）家族宪法内容可以逐步补充完善，无需一开始就制定得非常复杂、烦琐。

对于家族宪法的制定一般没有特别的时间要求，但建议由一个委员会或咨询团队甚至是家族理事会负责推进其制订过程。

家族宪法可涵盖的内容非常广泛，包括但不限于家族愿景或使命、家族核心价值观、家族战略规划及继承/传承规划、家族成员责任、家族治理规则、家族成员培养、家族事业及资产的产权安排和利益分配机制、家族理事会和各类专门委员会的构成和职能/职责、利益冲突和道德政策、家族争端解决机制、设立单家族办公室的计划（包括家族办公室董事会和家族办公室治理的规划）等。

有效的家族治理可帮助加强家族内部的统一和凝聚力，以及使家族实现家族领导层一代代平稳过渡的目标，有利于家族的长期可持续发展。对于多家族办公室而言，除了需要关注自身的公司治理问题，也可以作为外部专业顾问，引导、帮助所服务的家族建立良好的家族治理制度，但要注意，对于具体内容的制订仍应以家族成员需求和意见为主，切忌越俎代庖或错误引导家族直接套用其他家族的家族宪法。

·第二部分·

家族成员的身份规划

在家族财富管理中进行身份规划应注意的问题

王怀涛　林　海

在家族财富管理的情境下，身份规划，本质上是准备改变一个家族成员的司法管辖地，因其通常持有账户、股权、不动产等资产，身份改变将极大影响财产关系的法律适用。因此，在家族财富管理中应当首先考虑身份规划问题。通俗来讲，移民可以理解为获得了一个外国户口或暂住证，但移民影响的远非身份本身。由于移民涉及到税务居民身份、司法管辖、法律冲突等国际法问题，一旦没有妥善规划，将会产生难以预料和无法挽回的影响，需要慎重对待。在国外，近 99%的移民申请都是由律师或法律人士办理的，国外更有专业的移民律师这一细分职业。而在国内，此业务被移民公司所垄断。如果仅仅是为了子女教育或国际行走，不考虑家族财富管理和传承问题，通过移民公司进行身份规划或办理并无大碍，但如果涉及资产的保护和传承，由于身份规划牵一发而动全身，最好通过专业律师办理方为上策。

笔者从事身份规划和移民服务多年，近年来更是前往十多个目的地国家亲自考察，与东道国总统、大使、移民局等行政长官会晤洽谈，深入了解当地的文化、法律、风情，对身份规划和移民有第一线的实践经验，对于家族财富管理中身份规划所起到的作用有较为深刻的认识。

身份规划的必要性自不必多言，无论是基于轻松便利的国际行走、优质开放的子女教育，还是税务优惠、外汇自由，或者单纯享受境外的另一种异国风光，移民都是一件充满吸引力的事情。但一旦将身份规划置于家族财富管理的高度，就更是一件严谨的专业事务，有很多需要注意的方面。笔者将结合当前国内和国际形势变化、移民行业市场和我国的法律制度等角度，提供如下分析，以供从事家族财富管理和传承的专业人士参考。

一、身份规划宜选择拥有移民法案的国家

在全球200多个国家和地区中，拥有移民法案的国家却并不是很多，尤其是针对护照的法案。笔者根据多年的实践经验观察，目前拥有移民法案且政策稳定的国家中，以下八个国家可以通过投资获得公民身份：圣基茨和尼维斯、多米尼克、格林纳达、安提瓜和巴布达、圣卢西亚、塞浦路斯、马耳他、瓦努阿图。

如果希望移民到小国且获得其护照，这些国家是较为稳定的。以圣基茨和尼维斯为例，该国位于美国南部的中美洲区域，属于英联邦国家，于1983年建国，于1984年开始启动投资移民计划，投资40万美金或捐款25万美金并符合一定的条件即可获得其荣誉公民身份，且投资移民有其宪法保护。笔者曾前往该国会见过其总统哈里斯先生，并对此做了一定的了解，该国目前尚未与我国建交。如果需要配置该国身份的人士还有海外架构、私募基金等金融方面需求，BVI、开曼、百慕大等离岸金融中心距离该国仅有半小时内机程，都近在咫尺。

又如，马耳他是欧洲地中海中心的一个极小的国家，因其高度发达的金融业被称为“南欧瑞士”“南欧新加坡”，该国与中国关系友好，通过捐款65万欧元并符合一定的条件即可获得其国籍，通过购买25

万欧元的国债或购买一定金融的房产(27 万欧元或 32 万欧元)并符合一定条件即可获得其绿卡。笔者曾应其驻华大使卓嘉鹰先生邀请参加其建国周年庆典,并亲自到该国考察,环境极其优美,经济高度发达,其国绿卡身份,适合在欧洲居住或读书的人士持有。如用于家族财富管理,其护照可作为身份规划考虑,但移民该国需捐款 65 万欧元且经过较为严格的审核,也是不得不面对的问题。

选择拥有移民法案的国家,身份规划的实现才有法律保障。曾有贪图便宜或所谓办理高效的人士为了快速获得护照,选择了申请非洲等欠发达国家且没有法案保护的国籍,这一点我们并不推荐。因一旦该国法律变动,该护照下持有的不动产、股权、银行账户等资产就有无法收回的风险,此为家族财富管理中身份规划的大忌。

二、申请移民更需防止被诈骗

据不确切的信息,在东南亚,可以用低廉的价格买到制作假证照的机器,已经是市场上公开的秘密。这说明什么?显而易见,制作假护照在东南亚的猖獗程度超出我们的想象,在东南亚的黑市,很容易花费 1 000 美金买到一本制作精美、质量很好,可以以假乱真的护照。

故意购买假护照用于不法企图,固然构成违法犯罪。但如果因为寻找的移民公司不专业或存在蓄意诈骗,收取费用拿到的却是假护照,因为不知情而使用,轻则损失钱财,重则面临牢狱之灾,甚至严重影响国内的生意、工作,是非常可悲的,可谓是:赔了夫人又折兵,交的学费有点高。

又曾听说有人因为轻信了友人有直通法国议员的关系,可以办理法国护照而被骗的例子。法国并非移民国家,一般不能很快速地办理护照。委托代办者明知是不走寻常路,代办者更是没打算能办成,最终在一次又一次索要办理费用后,交给委托代办者一份东南亚黑市护照。结果可想而知,委托者获得护照后在一次入境法国时被拘捕,才发现上当受骗。

三、出入境应严格遵守我国法律规定

2018年3月,我国十三届人大第一次会议通过国务院机构改革方案,将公安部的出入境管理、边防检查职责整合,建立健全签证管理协调机制,组建国家移民管理局,由我国公安部管理。其主要职责为协调拟定移民政策并组织实施,负责出入境管理、口岸证件查验和边民往来管理,负责外国人停留居留和永久居留管理、难民管理、国籍管理,牵头协调“三非”外国人治理和非法移民遣返,负责中国公民因私出入国(境)服务管理,承担移民领域国际合作等。此安排,预示着我国对身份规划和移民的重视已经上升到空前高度。但目前看,移民局里更多的是移民警察,尚没有移民官,说明目前仍是侧重于监管和行政执法,行政许可的工作并不太多。而且我国仍是不承认双重国籍的国家。在这种法律框架下,身份规划更要重视法律,不能触犯法律。

据笔者研究,在身份规划和移民过程中,稍有不慎就可能涉嫌违法甚至构成犯罪,本来是为了家族财富保护和传承,非但没有达成目标,却因不慎触犯法律面临处罚,好事变坏事,实在不应该,不得不察。

办理移民的客户或协助办理移民的公司,最容易触犯的罪名主要有以下几个:组织他人偷越国(边)境罪、提供伪造、变造的出入境证件罪、出售出入境证件罪、运送他人偷越国(边)境罪、偷越国(边)境罪和伪造、变造、买卖国家机关公文、证件、印章罪。以提供伪造、变造的出入境证件罪为例,刑法第320条规定:为他人提供伪造、变造的护照、签证等出入境证件的,处五年以下有期徒刑,并处罚金;情节严重的,处五年以上有期徒刑,并处罚金。再以偷越国(边)境罪为例,刑法第322条规定:违反国(边)境管理法规,偷越国(边)境,情节严重的，处一年以下有期徒刑、拘役或者管制，并处罚金。再如，个人购买伪造的护照的，即便没有使用，也涉嫌构成刑法第 280 条的买卖国家机关证件罪。

实践中就不乏名人或富商因为不懂法律被处罚的案例，也有一些不懂法律的年轻人因滥用护照被处罚，甚至有一些富豪也因护照使用不当面临刑事指控。例如，某新加坡籍富豪因护照被扣押，乘船偷渡进入越南，隔天向新加坡驻河内大使馆求助，谎称弄丢护照，申请补发旅游证件。大使馆通知他须向越南移民当局报到，解释他如何在没有通过移民检查站的情况下进入越南。他不愿照做，决定非法出境，花钱购买了一本假冒的中华人民共和国香港特别行政区护照。其证件造假行为被新加坡当地司法机关发现，他因此被判入狱服刑数月。

四、身份规划要结合家族财富管理的目标统筹考虑

如果仅仅为了子女教育或海外度假方便或其他单一因素的考虑，而办理了第三国身份，还达不到身份规划的高度。我们所谓的身份规划是和家族财富管理这一终极目标相结合的。

目前，家族财富管理可以分为三个层次或阶段。一是钱生钱阶段，目前国内绝大多数的资管机构、基金公司、财富管理公司等都在从事这一阶段工作，让资产增值保值，这可以说是最基本的诉求，主要由理财师、投资专家负责；二是资产的保护和传承阶段，一旦资产规模足够大，就需要考虑将资产放入法律架构和金融工具之中，进行多角度保护，国内外保险、海外信托、基金会等都可以作为工具考虑，同时要防止税务筹划不当、家庭成员的挥霍、个人债务追索、代持违约等风险，主要由家族财富管理的律师、会计师负责；三是慈善公益和个人价值的实现，通过设立慈善基金会或慈善信托或信托和基金会的双轨制来实现。

家族财富管理最好的方式不是占有财产，而是放弃财产的所有权，转而寻求控制权。使用错综复杂的法律架构和金融工具、眼花缭乱的司法管辖区和离岸金融中心、擅长于法律的律师和精于投资的专家，对资产进行多角度的保护和传承，以实现家族资产基业长青的最终目标，在每一个阶段，针对每一个诉求，都可能需要不同的身份规划方案，都要统筹考虑。

五、身份规划仅是家族财富管理的一个工具

家族财富管理主要通过法律和金融工具来实现，很多工具从律师的视角看属于法律工具，从理财师的视角看属于金融工具。比如，保险就是如此。在这块领域，只有法律、金融、财会等专业人士的通力合作，才能达成客户复杂的商业诉求。

正如本文开始所讲，身份规划本质上是改变自然人的司法管辖地，属于法律问题。正如数学中的标尺，一条数轴划好后，其他的实数才有地位。身份规划正如数学中的数轴，是需要预先做好的。身份规划完成后，才能使其他更加复杂的工具有用武之地。

基于我国仍处于社会主义初级阶段，资本市场追求钱生钱目标的公司如过江之鲫，家族财富管理的实践和理论却刚刚破土而出，整个法律和金融市场对此仍十分陌生。但随着我国经济的快速发展，按照目前我国 GDP 的增长速度和 IPO 的审批速度，相信在未来的 3～5 年内，家族财富管理将成为在金融和法律领域崛起的一个巨大市场，身份规划业务也将演变成为家族财富管理的成熟形式——家族办公室服务的重要组成部分，吸引更多的专业人士投身其中。所以，建议相关行业的有识之士们先行动起来，抢占理论高地与市场先机。

注销中国国籍的法律后果

吴兴鑫

在写这篇文章之前，我想到了2017年很火的一部电影——《战狼2》。相信看过这部电影的朋友们对电影片尾那句“中华人民共和国公民，当你在海外遭遇危险，不要放弃！请记住，在你身后，有一个强大的祖国！”都印象深刻。虽然真正的中国护照背后写的并不是这句话，但是从这句话或者这部电影中，我们也感受到了祖国的强大以及令人安心的归属感，感受到了这部电影传达给我们的一个讯号：只要你是中华人民共和国的公民，只要你拥有中国国籍，那么祖国永远都是你最坚强的后盾。

但是随着目前人们生活水平的提高，越来越多的高净值客户出于各种不同的需求而移民国外。众所周知，中国是不承认双重国籍的国家，根据《中华人民共和国国籍法》第九条规定：“定居外国的中国公民，自愿加入或取得外国国籍的，即自动丧失中国国籍。”也即，一旦加入或取得外国国籍并定居国外的，则自动丧失中国国籍。虽然实践中，加入或取得外国国籍并不代表立即丧失中国国籍，仍然有许多加入外国国籍并定居国外的华人秘而不宣地持有着中国国籍。但是2018年2月中国驻英国大使馆发出的一则外籍华人不注销中国护照将被拒绝入境的警告再次提醒了我们，中国不承认双重国籍！从这则警告以及目前的实践来看，强制要求定居国外并取得外国国籍的华人注销中国国籍，应是一个未来发展趋势。所以在确定移民之前，我们必须要充分了解注销中国国籍的法律后果，从而做到未雨绸缪、有备无患。

通过百度搜索注销中国国籍、放弃中国国籍的后果等关键词可以发现，网上有许多人在关心这个问题，关心注销中国国籍后的财产处置、婚姻关系以及继承等是否会受到相应的影响。本文通过实践中的案例以及查找的相关案例，对注销中国国籍的法律后果进行了简单的分析，以供参考。

注销中国国籍总体而言会影响到我们生活的方方面面，下文将选取三个方面详细阐述注销中国国籍的法律后果。

一、身份

不言而喻，注销中国国籍最直接的法律后果就是身份上的变化。从法律上来讲，注销中国国籍后将不再是中国公民。而我国宪法规定的“中华人民共和国公民有言论、出版、集会、结社、游行、示威的自由”，注销国籍后，这些公民应享有的包括但不限于选举权、被选举权等权利，从严格意义上来说也不能再享受。同时，我们的身份凭证——户口簿和身份证也将不能再使用。

由于身份上的变化，可能导致注销国籍者在国内，例如办理电话卡、去银行开户等行为都会受到限制。出行坐火车时不能在自助取票机上取票，只能去人工售票处取票。无法顺利入住需要身份证登记的酒店、无法使用信用卡、无法去需要身份证实名买票的旅游景点。在某些特殊情况下，很多的文件公证、证件续签发、亲属证明都会因为身份的转变受到限制，当然，随之而来的，很有可能甚至无法证明“你就是你”。

二、婚姻

根据《最高人民法院关于适用〈中华人民共和国涉外民事关系法律适用法〉若干问题的解释(一)》第一条之规定，当事人一方或双方是外国公民、外国法人或者其他组织、无国籍人的，可以认定为涉外民事关系。因此，夫妻一方(或双方)为非中国大陆公民的离婚案件系涉外案件。也即注销中国国籍并加入外国国籍后，婚姻关系即变为了涉外婚姻。

对于涉外官司，一般法院处理是“先打管辖权，再打时效问题和法律适用问题，最后才会谈事实和法律”。根据我国法律规定，离婚案件主要依据被告住所地(经常居住地)、婚姻缔结地这两个标准来判断法院是否具有管辖权。而由于各国法律对于离婚的规定均不相同，因此注销中国国籍后，很有可能面临离婚方面的困扰。

举个实践中发生的例子来说，小 A 和小 B 二人常年定居在意大利，后二人在意大利结婚并领取了结婚证，且在意大利生活期间小 A 取得了意大利的国籍并注销了中国国籍。但在随后的生活中二人因感情不和要求离婚。根据意大利法律规定，离婚必须先分居三年。二人由于想要尽早办理离婚手续，因此回到了中国并在中国提起离婚诉讼。但是由于二人婚姻缔结地和经常居住地均不在中国，因此国内对该案也没有管辖权，导致二人如果要离婚，就必须分居三年才能办理。

由于各国对于婚姻关系的规定均不相同，受理法院准据法的制度及国内法制度也各不相同，这些都会直接影响到当事人的权益，因此注销中国国籍之前，必须考虑好可能出现的各种问题。

再如，婚姻变动中经常涉及的财产处置和监护权问题，有许多国家例如英国和澳大利亚等英美法系国家实行夫妻分别财产制，也即在婚姻关系存续期间各自所得的财产归各自所有。而在中国大陆则实行夫妻共同财产制，一旦结婚，即出现夫妻共有财产。由于在离婚案件中，财产是否被认定为夫妻共同财产或者个人财产是至关重要的，因此注销中国国籍并加入外国国籍在离婚时，很有可能面临财产处置上的矛盾。

三、继承

注销中国国籍经常面临并且也是经常有人咨询的第三个问题就是继承问题。举个实践中发生的例子来说说继承中经常出现的问题。小C在美国读书工作后加入了美国国籍并注销了中国国籍，而后数年，小C父亲去世留下了巨额遗产。小C和其姐姐协商同意将父亲留下的巨额财产变卖，在变卖过程中买方要求做财产公证，就在公证时却出现了问题。小C在入美籍的时候已经把名字改成了英文名D，现在无论是资料还是护照上都只有他的英文名，因此在公证时，要证明小C就是D，成为了无解的难题。正如第一部分提到的身份问题，一旦注销中国国籍，在国内工作和生活时，总会面临许多涉及身份的问题，于是，如何证明现在“英文名”的自己和放弃国籍前“中文名”的自己是同一个人，就成了注销国籍的人的难题。

再如，此前看到的一个案例，某企业家的儿子小E，在国外读书工作时取得了外国国籍并注销了中国国籍。时隔数年，企业家由于年事已高且家中无人接管企业，遂让小E回国继承家业。当企业家准备将股权赠与小E时发现，原本企业是一家在中国注册的有限责任公司，而若将股权赠送给外国国籍的小E，那么企业性质将变成外资企业。随之而来的相关法律、税收等政策都将随之变化。而在这个案件中，企业家开设的这个企业所经营的部分业务，又恰巧属于禁止外资进入的行业领域。因此，原本计划好的家族企业的传承，因为小E没有中国国籍而出现了问题。

在写这篇文章并搜集相关资料过程中发现，由于越来越多的人选择移民国外，因此双重国籍的问题也经常被人时不时拿出来讨论。此前也有不少人包括政协委员提议中国应当放开双重国籍的关卡。但是从目前来看，放开双重国籍还是比较漫长、遥远的事。正如1955年亚非会议期间，周恩来总理对华侨团体解释说，“过去中国弱，那时虽也存在着‘双重国籍’问题，但没有人拿这个来制造国际间的纠纷。现在中国强起来了，有的国家就从中挑拨，说你们这样的大国，有1 000多万华侨待在海外，是不是想搞颠覆活动”，因此也可以看出，中国采取双重国籍制度从目前来看，还为时尚早。所以，这就需要我们在移民其他国家时，选择专业的移民律师以及移民团队，慎重考虑及规划财产关系以及身份关系。

为什么近年来不少人放弃美国国籍

吴兴鑫

据统计,近年来,美国公民放弃国籍人数正在逐年增加。而自特朗普上台后,这一数据再创历史新高。有人形容美国国籍就像是围城,外面的人想进去,里面的人想出来。接下来本文将从五个方面,简要分析为什么特朗普上台后越来越多的人放弃美国国籍。

一、移民政策的不稳定性

众所周知,美国是个移民国家,汇集着来自世界各地不同肤色的人群。在特朗普竞选总统期间,移民制度改革便一直是特朗普的主打议题之一,他曾就移民问题发表了很多措辞强硬的言论,主张以保护国家利益和美国人民就业为重,对移民严加控制。

据近期海外媒体报道,美国移民和海关执法局将不再执行奥巴马时期对有移民倾向的孕妇实行的自动释放孕妇无证移民的豁免政令。也就是说,美国政府现在对到美国生孩子的无证人员将实行拘留羁押的政策。并且在新修订的法案中详细规定了“公共负担”的福利项目,即如果申请人享有了“公共负担”中规定的公共福利项目,那么你的移民申请就可能遭到拒绝。由于“公共负担”的福利制度涵盖方方面面，如果你想要移民或者正在等待排期，那就还需要决定是否为自己的子女使用健康保险补贴，或者是否申请本有资格获得的税收抵免。在特朗普上台后，除了被强行驱逐的非法移民人数达到历史新高外，美国政府还对移民申请政策设定了种种限制。例如，要求美国大学的毕业生提交经过认证的成绩单和毕业证明等其他资料，来证明他们已经接受了一定程度的教育等。

由于不稳定的移民政策，导致了许多想要移民美国的人不得不选择放弃移民。同时，一些已经移民美国的人也由于这些不稳定且多变的移民政策而放弃了美国国籍。

二、高额的税费

如果说严格的移民政策给外面想进来的人关上了通往美国的大门，那么高额的税费，则是驱使里面的人想出去的原因之一。

正如美国建国先驱本杰明·富兰克林所言："人的一生唯有两件事不可避免：死亡和纳税。"2010 年 3 月，美国财政部和国家税务局制定了《海外账户纳税法案》，也即我们常说的"肥咖法案"。2014 年 7 月，肥咖法案正式生效。肥咖法案主要目的在于加强对美国人(包括美国公民和绿卡持有者)的海外投资税收征管，防止美国人通过海外账户逃避纳税。其中，账户余额五万美元以上的个人、外资企业将成为美国政府重点关注对象。肥咖法案要求外国金融机构必须向美国税务部门报告美国人账户信息，否则外国金融机构在接收来源于美国的付款时将被扣缴 30%的惩罚性预提税。

自肥咖法案一出，高额的税费使得许多人选择放弃美国国籍。例如 Facebook 联合创始人爱德华多·萨维林因美国的高额税费而放弃美国国籍成为新加坡公民。另外，除了肥咖法案以外，其他形形色色的税种，也迫使许多人选择放弃美国国籍。例如：打工有收入税，出资赚了有资产盈利税，卖东西有销售税，买东西有消费税，买房有房产税，身后要留遗产给子女还有高额的遗产税。

因此，高额的税费和严格的税收政策是许多人放弃美国国籍的重要原因之一。

三、难以融入的文化认同感以及种族、民族歧视

杰斐逊晚年的时候，曾用饱含着对美国的热爱、同时对美国未来深感恐惧的复杂心情，在给一位友人的信中写道："上帝在给予我们生命的同时，也给了我们自由。当我们漠视这个信念（即上帝给了所有人以自由）的时候，难道一个国家的自由还是有保障的吗？每当我想起上帝是公正的，他的公正是不会永远休眠的时候，我就为我的国家颤抖。"

提到美国的种族、民族歧视，可以说是由来已久的历史遗留问题了。2017 年 8 月中旬，在《独立宣言》起草者、美国前总统杰斐逊的故乡——弗吉尼亚州小城夏洛茨维尔发生的白人至上主义集会发生暴力事件，造成死伤。集会者以反对当地政府决定移除南北战争时期南方联军司令罗伯特·李将军铜像为由，举行大规模抗议示威。示威集会很快演变成种族主义者与反对者之间的严重暴力冲突。一名极右翼分子驾车蓄意冲撞反对者人群，造成 1 人死亡、20 多人受伤。除此之外，暴力事件还导致数十人不同程度受伤。美国总统特朗普在事发两天后才发表声明，虽然对暴力行为予以批判，但并没有明确指责"白人至上主义"者。由于特朗普的这番言论，引发了纽约万人游行，高喊"特朗普下台"。自 2016 年大选以来，特朗普毫无掩饰的排外和种族歧视言论挑起了美国境内的种族仇恨情绪。正是由于特朗普上台后的这些种族歧视言论，也导致了许多人选择放弃美国国籍。

由于难以融入的文化认同感以及种族歧视，即使你拥有美国国籍或拥有绿卡，但依然没有美国人会认为你是美国人。在他们的心

中，你永远只是外来者。而这些无法融入的情感以及难以磨灭的文化认同感，都是促使人们离开美国、放弃国籍的原因之一。

四、美国优先政策的弊端

特朗普自上台以来，便一直推行美国优先政策。而所谓美国优先，也即一切以美国人的利益为主，优先考虑美国和美国人的利益，在贸易、税收、移民、气候等重大政策方面，都将以美国是否获利为逻辑起点。

以特朗普上台以来所实施的一些重大政策来看，2017 年 1 月 23 日，其宣布美国退出跨太平洋战略经济伙伴关系协议；同年 1 月 25 日，签署行政命令，下令在美国和墨西哥边境兴建围墙；1 月 25 日，暂停对收容非法移民的避难城市的联邦拨款；1 月 27 日，命令 90 天内禁止来自利比亚、伊朗、伊拉克、索马里、苏丹、叙利亚、也门等伊斯兰国家的公民入境美国，其中叙利亚的期限为无限期；3 月 28 日，签署《能源独立》行政命令，推翻奥巴马执政期间多条有关缓减气候变化、管制碳排放及开采煤矿的行政指令，其中包括被视为奥巴马气候政策核心的清洁电力计划；6 月 1 日，宣布美国将会退出巴黎协定。这些大大小小的政策变动，均严重影响了美国和其他国家的关系。

在"美国优先""力量促和平"思想的引导下，美国四处炫耀武力，动辄以武力相威胁或实施军事打击。以叙利亚事件为例，2017 年 4 月，美国以叙利亚发生化学武器攻击事件为由，使用"战斧"巡航导弹攻击了叙利亚沙伊拉特空军基地。2018 年 4 月，美国再次以叙利亚发生化学武器攻击事件为由，对叙利亚连续发射了 100 多枚导弹。5 月 10 日，美以战机空袭叙利亚之后，驻叙利亚美军被不明武装伏击，至少有 20 多名美军在战斗中死亡，另有 30 多人受伤，8 辆军车被摧毁。在特朗普"美国优先"战略思想主导下，美国正一步步由国际秩序的主要缔约国和维护者，退化为国际规则的破坏者和地区动乱的制造者。

由于这些美国优先的政策，不仅使得美国的国际信誉急速降低，也使得越来越多的人由于无法认同这一“美国优先”政策而选择放弃美国国籍。

五、美国的枪支管控及治安引发的安全问题

2018 年 5 月初，美国发生了一起校园枪击案。这一事件一出，立刻引起了社会各界的关注。据统计，这已经是 2018 年美国发生的第 23 起校园枪击事件了。在移民人群或者拟移民人群的印象中，美国一直以来是一个治安良好的国家。经济发达、治安良好、人人平等是许多人对于美国的初印象。然而令人震惊的是，在社会日益发展的今天，美国的故意杀人案的发生率正在不断地增长，自 1993 年以来，这一比例上升了近 50%。自 1983 年至 2011 年间，发生枪击事件的平均时间为 200 天，而 2011 年以来已经缩短为平均 64 天。

有人会说，许多国家都持枪，但是并不表示这些国家不安全；也有人会说，杀人的是人，而不是枪；甚至还有人会说，即使许多国家不准持枪，但是杀人案件仍然比比皆是。然而，即使世界上允许公民持枪的国家很多，英国、法国、德国、意大利、西班牙、比利时、奥地利、日本等国家都允许。但是，却没有任何一个国家像美国这样枪击案频发。

由于美国枪支泛滥并且对于枪支管控方面的不完善引发的社会治安等问题，也促使了部分移民人群放弃了美国国籍。

总体来说，自特朗普上台以后，不管是移民政策还是所谓的美国优先，都给整个国家的政治、经济带来了众多的不确定性。而这种不确定性，都给即将移民以及已经移民的人带来了或多或少的影响。在这种影响下，越来越多的人出于以上不同的例如商业、生活等方面考虑，而放弃了美国国籍。

律师办理移民业务若干问题浅析

潘宇东

海外身份规划是家族财富传承的一项基础工具和业务，笔者作为一名办理移民业务的律师，试图结合当下移民业务的实践和案例，对业务办理中的若干问题做些粗浅的梳理，不足和谬误请方家斧正。

一、移民群体的认定

今年是改革开放40周年，40年来我国经济建设取得举世瞩目的巨大成就，随着人民物质生活日益富裕，“日益增长的美好生活需要”逐步替代了“人民日益增长的物质文化需要”。回顾历史，自20世纪70年代末以来中国大约经历了三次移民潮。第一次是20世纪70年代末至80年代，国门初开，中国与西方发达国家之间巨大的经济差距使得一部分有海外关系的人成为第一批吃螃蟹的人。大约在20世纪80年代末至90年代，以留学生为主体的知识精英，掀起了第二波移民大潮。第三次移民潮通说认为在2010年左右兴起延续至今，主要依据是胡润发布的《中国私人财富管理白皮书》披露了大量富翁移民的信息，当然有人对于时间的认定持不同意见，但不可否认的是这波移民的主体是财富精英。简而言之，目前中国移民的主要群体，就是财富精英和积累了一定财富的知识精英。

二、移民群体的区分

从资产角度来看，净资产千万以上的中产家庭对投资移民的需求比富豪级别的家庭相对旺盛，原因在于富豪家庭在移民方面已经先行一步，而且由于财富较多，富豪级别的家庭对子女教育和居住环境的要求比较容易实现。同时，目前移民呈现轻移居重资产配置的趋势，也就是说，向往蓝天白云的人少了，重视投资期望获取经济发展红利的人多了。即便是前面讲到的中产家庭，更关注的也是子女的教育和当地房地产的行情。

从目标群体来看，二、三线城市甚至四、五线城市由于移民信息和移民服务业的滞后，反而成为投资移民业务的处女地。例如浙江、江苏一些县城，经济发展迅猛，许多家庭的财富仅以金融资产的方式配置，投资移民对他们来说是安全可靠的渠道产品，我们推出的服务（产品）如何符合这些潜在客户的需求？进一步来讲，我们为客户提供的服务（产品）与其他移民中介、海外留学中介有何区别？这都是值得我们从事移民业务的律师思考的一个课题。

三、客户需求的界定

作为移民律师，笔者认为首先应对于客户的需求加以分析，切忌随意推荐移民国度，或仅按客户要求来确定移民国度。

我们可以先简单看一个案例：某人于 20 世纪 90 年代末留学某国，之后在该国工作。期间结婚生育，配偶亦在该国工作，子女未成年尚在读书。三人均为中国籍，已取得该国永居权。因在该国期间投资房地产获利颇丰，考虑今后经商，故全家欲通过投资移民方式取得第三国国籍，但不移居。

那么客户的需求究竟是什么？我们能否满足客户需求？从客户

信息来看，其需求是不移居而取得第三国国籍。因此我们先要排除的是对保留身份规定居住时间要求的国家，也就是通常所讲的有“移民监”的国家。同时需要注意，客户取得第三国国籍是为了今后经商做筹备。因此，最好是移民到税收优势明显的国家。所以我们可以得出结论，需要为客户安排一个无移民监、税收优惠的投资移民国家，这样就大大缩小了样本国家的范围。这里需要指出的是，对于不移居而存在商业需求的客户而言，移民国度对投资移民是否有法律保障，对于客户今后的资产配置安全至关重要。最终我们向客户推荐了一九八四年将投资移民写入公民法案的圣基茨和尼维斯。客户在该国投资大约四十万美金左右的酒店公寓项目即可获得国籍，而且该国公民无海外赋税，在境内也无直接税赋。该国护照免签 158 个国家和地区，是非常理想的离岸公司注册地，方便今后的商业和资本运作。

四、移民路径的设计

在帮助客户厘清需求，确定好移民国家后，就需要为客户进行移民路径的设计。移民路径的设计必须围绕申请文件来展开。延续前面的案例，移民圣基茨的客户需要准备十八项申请文件。通常客户遇到的问题往往是资产类证明文件的开具。但案例中客户遇到的困难却是通常我们认为最没有难度的工作证明。这与客户目前的生活和工作状态有关。客户在某国已经生活了十余年，这个十余年意味着在中国国内存在空白。那么这些文件究竟是在某国开具还是在中国开具？不同的地区开具对移民项目是否存在风险？这是我们移民律师需要认真对待和思考的，也是移民路径设计中的重点，是我们移民律师智慧和价值的体现之处。由于客户告知目前某国的工作单位无法开具用于移民的工作证明，这使得我们当时陷入了僵局。

需要强调的是，作为移民律师要秉承对客户负责的态度，移民律师可以根据移民国家的法律和项目的政策为客户进行身份规划，但不可纵容在申请文件上弄虚作假，因小失大。笔者曾遇到过一个案例，一位非常优秀的大学毕业生，因为中介机构在澳洲雇主担保移民项目上提交的工作年限存在瑕疵而未通过澳洲方面的审查，虽然中介机构全额退费，但是今后能否再移民澳洲甚至其他国家就大有疑问了。因此，我们从合法合规角度，建议客户延长办理移民的时间，先进行商业上的规划，设立相关公司且在相当长的一段时间内进行营运，待时机成熟后以自营业主身份取得相应证明就顺理成章了，关键是整个过程要求真实、合法，能够通过移民国家的调查。当然，移民路径的设计，很多时候还需要根据客户的长远规划，进行一些税务的筹划和境外账户调整等，这也是非常重要的。

综上所述，在办理移民事务中会遇到许多实务问题，也会发现一些新的趋势，期待进一步向同行学习和交流。最后，本文引用的案例来自于笔者和移投行王怀涛律师的合作，在此感谢移投行和王律师的大力支持！

多米尼克移民主要申请材料介绍

王怀涛　林　海

多米尼克(Commonwealth of Dominica)属于北美洲，位于东加勒比海向风群岛东北部。1978 年 11 月 3 日独立，现为英联邦成员国。1993 年，多米尼克颁布实施投资入籍法案，以对该国经济做出贡献为条件，授予申请人及其家人多米尼克国的公民身份。近年来，多米尼克大力发展离岸金融业，成为投资移民的重要目标国家。

根据 2016 年的数据，多米尼克人均 GDP 为 7 144 美元(按国际汇率计算)，通用语言为英语，面积 751 平方公里，人口 7.4 万。其护照的申请相对较为容易，申请条件为向国家经济多元化基金捐款 10 万美元，无需解释资金来源，无移民监居住要求，办理周期一般为 2～3 个月，附属申请人应为四代移民。

多米尼克投资移民申请人的申请程序及资料信息，均将受到严格保密。拥有多米尼克公民身份的优势在于，能免签 130 多个国家，能速获英联邦护照。若拥有英联邦护照，申请在英联邦国家(包括英国)的学校，无需提供雅思、托福等语言成绩证明，且学费和学校所在地生源的标准一致。

此外，多米尼克允许双重国籍，对其公民海外资产不征收消费税、增值税、流转税等；且多米尼克距离开曼群岛(著名的离岸金融中心和“避税天堂”)较近，经过家族办公室等专业团队量身定制的筹划，能最大限度发挥多米尼克身份的避税、避险等功能。

现有市面及网络上的公开材料，多数一般为了移民机构业务宣传的需要，对于多米尼克移民的介绍，多是局限于申请条件及随行家属、申请的流程、投资金额及方式、移民法案等方面的大概介绍，目的是引导客流，然而对于移民申请最关键、最具有实际操作意义的内容，即移民申请文件及注意事项等细节，却缺乏相应的说明。

为了让读者更全面地了解多米尼克移民的条件，评估自身投资移民的可能性与必要性，本文根据多米尼克的相关规定（Commonwealth of Dominica Citizenship by Investment Regulations，2014），将多米尼克移民主要的申请材料，进行列举、说明及解释。

需要说明的是，本文的介绍来源于移投行及其合作伙伴在为客户办理业务及接受咨询过程中的经验及体会，而移民规定、政策和窗口意见随时可能发生变化，故本文的内容，仅供读者进行参考。若您需办理相关业务，建议亲自向正规移民机构的移民顾问咨询及核实。

一、个人信息表（DISCLOSURE FORM）、申请表、个人详细履历表。

以上材料均需要原件。用于客户信息确认，应由客户填写。若不止一位申请人，需每人自行复印 1～2 页后另行填写，每一项务必完整填写。

申请人需如实向多米尼克政府披露规定的信息，包括以下内容：

（1）申请人资料（Personal Information）。需填写姓名、性别、出生日期、国籍、手机号码、婚姻情况、家庭电话号码、家庭传真号码、曾经参加过的职业培训（如 EMBA 等）。

（2）家族成员资料（Information about Your Family）。家族成员指父亲、母亲、配偶（若有）、子女（若有）、兄弟姐妹（若有）。需填写各家族成员的姓名、性别、出生日期、出生城市、婚姻状况、现居地址(若已去世,亦应标注,但仍需提供完整的出生日期和出生城市)。

(3) 申请人居住、教育及工作情况(Work, Business and Source of Wealth Information)。

需填写过去十年的居住地点,格式为从何年何月至何年何月、在何具体地址(国家、地区、街道,详细到门牌号、邮编)。若出现两个及以上的居住地,居住时间必须能够连接上,期间不能有断档。

需填写学历及专业资格(从何年何月至何年何月、学校名称、所在国家或地区、学历及专业)。请务必完整填写申请人的过往学历,包括小学、初中、高中、大学及以上(若有),必需要素为起止时间、学校名称、学校地址、学历及专业名称。

过去十年工作经验,格式为从何年何月至何年何月、担任的职位、工作单位名称、单位运营类别(比如投资、科技等)及详细地址、所在的国家或地区、工作性质。

(4) 主要联系人姓名及方式。包括主要联系人的姓名、手机号码、座机号码、传真号码、电子邮件地址、通讯地址等。

(5) 声明(Declarations)。主要进行“是”或“否”的勾选。关注的重点在于申请人是否曾受到刑事、民事方面的处罚或存在其他的不良记录,并对申请人的政党背景、企业经营、税务状况、国籍等事实进行摸底问询,并留有专门位置,让申请人填写补充需要声明的事项。

二、指纹+照片表(Fingerprint and Photograph Verification Form)、体检表。

以上材料均需要原件。申请人应配合采集指模,并对此承担相应法律责任。指纹+照片表由两部分组成,第一部分由申请人填写,除了填写基本身份信息外,还应贴上 38 mm×45 mm 的个人照片。

第二部分由采集指纹的官员在采集当场填写，既包括该官员的姓名、职务、签章等，也包括申请人左右共十个手指的指纹录入信息。

体检表包括的检查有：艾滋病测试、血液＋尿液测试（血常规/尿常规）、预防针记录（白喉、破伤风、肝炎）。若不能提供预防针记录，须签署声明书。

三、投资表格、各种宣誓书、声明书等。

以上材料均需要原件。若有申请人不满18周岁，应由主申请人代为签署相关文件。

投资表格（Investment Agreement），是多米尼克移民申请的重要文件，投资表格只能由主申请人提交，包括以下两部分：

（1）主申请人的主要信息。包括全名、居住地址、居住国、性别、出生日期、护照的号码和签发日期，以及主申请人的家族成员的全名、出生日期、与主申请人的关系等。

（2）投资信息的确认。包括具体的投资金额，以美元作为币种。内容有"本人同意在到多米尼克政府批准本人投资移民申请之日起三十日内，全额支付在投资表格中确认的投资金额，支付方式是将投资款汇入由多米尼克国财政部开立并负责监督的第三方托管账户，而本人知悉对该账户内汇入资金不享有任何利息等收益"，并由主申请人签名并附日期。

各种宣誓书、声明书等，同样也只有英文的版本，需用英文填写，且涉及的填写内容及出具方式均较为专业，建议可咨询移民顾问。其中较重要的是忠诚宣言（Oath of Allgeiance or Affirmation），内容有"宣誓忠诚于多米尼克、切实遵守多米尼克法律，并履行作为多米尼克公民的法律义务"，并由申请人签名，由多米尼克当地官员对签名行为的真实性进行见证。

四、法定声明（Statutory Declaration）、无犯罪记录声明（Police Record）。

以上材料均需要原件。无犯罪记录声明还需要经过公证。出具无犯罪记录声明的国家或地区，可以是出生国、国籍国、现居国或过去10年内居住超过6个月的地方。

五、证件及个人信息材料。

包括护照、出生证明、身份证、驾驶执照、结婚证（若有）、离婚证（若有）、服役或退役证明（若有）、曾用名等。

以上材料均需提供彩色复印件和公证书。其中，护照至少应提供信息页及曾用名页。出生证明需要提供两份。身份证需正反面复印。结婚证（若有）、离婚证（若有）均需要整本复印。

六、个人照片、住址证明（Proof of Residential Address）。

照片要8张，其中4张背后有认证（认证可委托给律师及移民顾问完成），护照格式为38 mm×45 mm。住址证明，需附最近三个月内任何一张水、电、气、物业管理、政府官方单据（如税单）。

七、最高学历证书、工作证明。

若不能提供最高学历证书，须签署声明书。

工作证明分两种情况，若受雇于他人的企业，应提供由该企业出具聘书的原件，内容至少应包括职位、工作内容及入职年份，且该聘书不能由本人签署。若自主创业，应提供营业执照、审计报告、商业牌照(若有)等证明材料,且全部内容需经过有资质的机构进行英语翻译,加盖翻译公司的英文公司章。其中,营业执照应为彩色复印件,应记载有企业最新的年检结果,审计报告应为最近12个月的审计,商业牌照亦应记载有最新的年检结果,且为彩色复印件。

八、专业人士推荐信(Professional Reference)、私人推荐信(Personal Reference)、银行推荐信(Bank Reference)、银行流水单(Bank Statements)。

以上材料均需要原件。其中私人推荐信至少需要两封。银行流水单需提供原件,包含最近12个月的流水,且必须有结余;可用定期存款证替代。若不能提供银行流水单,须签署声明书。

如何做好家族传承中的下一代教育规划

赵路云

“父母之爱子，则为之计深远。”——《战国策·触龙说赵太后》

战国时期，秦国趁赵国政权交替之机，大举攻赵，并占领赵国三座城池。赵国形势危急，向齐国求救。齐国要求赵威后的儿子长安君做人质，才肯出兵。赵威后溺爱长安君，执意不肯，国家危在旦夕。触龙说服了赵威后，让她的爱子到齐国做人质，终于化解了危机。

在这个故事中，赵威后觉得自己爱长安君（儿子）胜过爱燕后（女儿）。可触龙不这么认为，他为了说服赵威后，对她说：“父母之爱子，则为之计深远。您把长安君的地位提得很高，又封给他肥沃的土地，给他很多珍宝，而不趁现在这个时机为国立功，一旦您去世之后，长安君凭什么在赵国站住脚呢？我觉得您为长安君打算得太短了。”一席话说得在情在理，赵威后终于心服口服，同意让儿子做人质。

其实不光是国君或位高权重者，我们所有为人父母者，都要为孩子作长远打算，让孩子经受磨练，让他们获得今后干大事的资本，方能让他们处于不败之地。

对于中国的第一代的企业家们，需要为之计深远的，不只包括下一代子女，还有艰苦奋斗创下的家业、长期经营建立的家族品牌、家族财富和社会资源。过去这一年，我通过喜马拉雅专辑《哈佛学霸赵路云教你财富管理与传承》研究了世界各国名门望族的案例，结合十多年前从摩根大通私人银行开始服务中国家族企业的实践，总结出一个家族要成就百年基业、甚至成为千年望族，需要从家族教育、家族品牌管理、家族治理、企业治理、财富管理、慈善公益六大模块做好传承规划，这其中最核心的就是家族教育。

家族教育是传承规划的重中之重，只有不断增强家族的人力资本和智力资本，家业才能长青。那如何培养“青出于蓝胜于蓝，能带领家族持续发展”的家族后代呢？本文将从以下几个方面，与大家探讨家族传承中的教育规划。

一、塑造家族文化

回顾历史，为什么有的家族绵延数十代、兴旺千百年，而有的家族却在辉煌中悄然谢幕？古人云：“道德传家十代以上，耕读传家次之，诗书传家又次之，富贵传家不过三代。”传承不是金钱的交付，不是物质的扩张，而是文化的延续。比如传承了130年的李锦记家族，经历两次家变，发现“守业是守不住的，只能不断创业、创新”。于是，两次从负资产的困境中走出来的第三代传人李文达提出了“永远创业”的家族文化。在“永远创业”的观念指引下，李锦记家族从最初起家的酱料行业发展到健康产业，把中国中草药健康产品传播到了全世界。为了实现创业文化的延续，李家现在还坚持举行家族传统的创业纪念仪式，并将此不断正式化和制度化，以持续激励后代的创业热情。

每一个家族都要有自己的文化，而且要联合几代人，实现文化的延续。方太集团创始人、家业长青学院院长茅理翔先生对家族文化的解读中，提到：“家族文化传承是几代人的生命经验，是这个家族独有的DNA。”在家族治理的结构设计中，我们通常协助家族成员制定家族宪章，像这样把家族文化形成文字和准则记载下来，意义在于让后代知道家族文化是什么，家族在意什么。再用一些制度来规划，比如共同制定家训家规、定期举行家族活动，家庭会议等等。这些小小的仪式同时也是一种强烈的心理暗示，让家族成员更认真、更用心，也能增进家族成员彼此的亲近和信任。家族宪章作为一种具有仪式感的表达，如同把思想和语言变成一粒珍珠，让它永远不会消失，对后人的影响世世代代。

二、培养后代追求卓越的精神

十多年前在哈佛商学院读书时，发现一个很有意思的现象，来这里求学的很多家族背景显赫的同学，比如一些国家的王室后代、首富子女，比任何人都积极努力。哈佛图书馆凌晨四点半还在读书的学生里有他们的身影；每周工作时间超过 80 小时、最苦最累也最难被录取的华尔街投行面试里也有他们的身影。在常人眼中，含着金钥匙出生的他们应该是过着衣食无忧、非常优渥的贵族生活，可他们却不远万里来到哈佛，和大家一起面对颇有压力的 10%末位淘汰制和冷叫制度（即每节课开始老师会随机抽取一位同学把课前发的案例讲一遍，讲的内容要达到老师把六块黑板写满的要求方可坐下，一般被点到的同学都会浑身发冷而被称为冷叫）。

我曾经问他们为什么这么拼，他们告诉我，这是家族对他们的要求，勇于追求卓越、挑战最难的事。这几年我研究家族传承，发现那些背景显赫的家族确实对下一代的要求非常严苛。比如他们会在家族宪章中约定：家族后代必须毕业于某些权威机构公布的排名全球前十名的大学，才可以成为家族接班的对象；在进入家族企业前，必须在世界五百强企业工作五年以上并获得升职证明；如果一个家族能由接受过全世界最优秀的大学教育、在全世界最优秀的公司工作过的下一代接班，经过几代人的沉淀，能不成为一个显赫的家族吗？在这样一个充满变革、竞争的时代，每一代人也只有超越上一代，才能维持家族的兴旺。

三、注重后代金钱价值观的培养

前段时间《哈佛商业评论》对如何给孩子进行金钱教育做了非常完整的梳理，我非常认同以下几点：父母应该在孩子价值观形成的阶段和他们谈一谈节俭、预算、储蓄、慷慨、借贷这样的金钱价值观，父母要让孩子参与到“工作”当中，培养他们自力更生创造财富的能力；父母要教导孩子：金钱是工具，不是玩具，要超越物质本身，看到用钱买不到的东西，并真正理解金钱影响、改变世界的力量；父母要让孩子加入到慈善和志愿者活动中，让他们享受到给予的美妙感受，从而更乐意付出，而非索取；父母要让孩子认识到，无论时间还是金钱，都不是无限的资源；财富和家业光靠守是守不住的，只有不断创业，才能不被淘汰。

对后代的金钱价值观培养，美国内阁中首位亚裔女性、时任美国运输部长的赵小兰女士的成长历程能给予我们很多启示。赵家父母认为“由俭入奢易，由奢入俭难”，父母不能给予孩子太多的物质财富。在赵家，华而不实的东西不能买。女孩子在外面的花费，要拿收据回家报账。赵小兰念大学的学费，曾向政府贷款，暑期时打工赚取生活费。但在精神层面，赵家则是“富养”女儿。每个周末赵家父母会带着孩子去户外长知识，每年暑假和圣诞，赵家也会带着孩子例行远游，以增长他们的见识。针对女儿的兴趣爱好，母亲不计成本去培养。赵小兰如今弹得一手好琴，高尔夫球、骑马、溜冰这些所谓的贵族运动对于她来说都不在话下。通过这样的物质穷养和精神富养的结合，赵家四女都很有出息，他们让女儿从小培养了良好的自律精神、高尚的道德品质，并带给她们开眼看世界的机会。赵小兰父母对四个女儿“物质穷养，精神富养”的做法很值得借鉴。

四、给子女爱和肯定，信任与放权

无论是父母对子女基因的遗传、价值观的建立，还是家族企业领导权、所有权的传承，家族财富的分配，都需要父母的爱和肯定。如果子女感受不到父母的爱，那么父母就难以要求子女承接家业。有一篇文章讲的是如何捕捉一只蝴蝶。是用手直接捕捉？或是用网和笼子？还是建造一座美丽的花园，吸引蝴蝶，让蝴蝶不愿意离开？显然最后一种方法最有效。如果下一代是一只自主型的鹰，他需要的就不是美丽的花园，而是让他能够展翅高飞的自由天空。例如李嘉诚筹谋30年的接班规划，给大儿子李泽钜的其实就是一座花园，让他能继续打造父辈的实业资本。给二儿子李泽楷的就是自由的天空，让他能够利用金融资本，走出一条和现有家族企业不同的道路。李嘉诚在安排孩子接班的过程中，也用爱的思维教育孩子，要求他们对人以宽以诚，保持自己的信誉，并且乐于助人，尽量去体恤和关心下属员工。

说到信任与放权，方太集团创始人、家业常青学院院长茅理翔老先生跟儿子的传承故事也非常值得借鉴。1996年其儿子茅忠群以和父亲共同成立方太的方式接班，提出来三个条件：1. 不要在老厂接班，要重新搞一个新的项目；2. 不要在乡下，要在城里开发区搞一个新的厂区；3. 不带老厂的人，他要重新招聘。茅老都答应了。茅老说："我在传承过程中发现下一代的潜力无限。下一代受过良好的教育，拥有先进的理念，我们不能小看他们，要点燃他们心中的使命之火。"如今的方太在茅忠群总裁的领导下被打造成一家在现代管理制度下高效运行的优秀企业。在茅老对待儿子的故事里，我看到信任与放权是两代人交棒、下一代带领家族迈向发展新高度的动力。

五、用"善过三代"打破"富不过三代"的魔咒

林则徐先生曾说过："子若强于我，要钱有何用，贤而多财，则损其志；子若不如我，留钱有何用，愚而多财，益增其过。"从这点而言，无论子孙是否比自己强，都没必要给他们留太多的财富。那把财富用在哪里更有意义呢？慈善，是一个值得关注的方向。

我去哈佛商学院读书时，曾得到过南京金陵饭店创始人陶欣伯老先生给的奖学金。陶老在八十岁高龄时创立陶欣伯教育基金会，出资近 1 000 万美金资助了 80 多位中国学生留学哈佛；陶老在九十高寿之际创立了江苏陶欣伯助学基金会，出资 1 亿多元人民币资助近 6 000 名高校大学生完成大学学业，前几年还出资 1 亿美金成立了家族创业基金会，本着"助学创业、立己达人"的精神，将基金会一部分资金投资在大学生的创业项目中。陶老通过这三个项目，建立了慈善生态版图，造福了很多学生，但他对自己的子女，则要求他们艰苦朴素。陶老的外孙女和我在哈佛有过交集，当时我在读研究生而她在读本科。哈佛所在的波士顿地区冬天很冷，陶老的外孙女想买一辆车，第一年陶老给她买的是辆自行车，第二年给她换了辆二手的甲壳虫，再之后，就要靠她自力更生了。

在陶老身上，我看到财富与慈善碰撞的力量。因为慈善，陶老把他的家族后代凝聚在一起，每年和学生们一起聚会，传递家族向上向善的文化。因为慈善，陶老的第三代接触到很多可以学习的榜样，他们也个个很有出息，纷纷毕业于哈佛大学和斯坦福大学，现在有的创业，有的在世界五百强企业工作，事业做得很好。因为慈善，陶老自己也很有福报，现在已经 101 岁的他身体健康、家庭和睦，家族产业也很兴旺，在他身上，我看到善过三代、家业长青的祝福。

六、关注家族无形资产的传承

家族传承给下一代的资产包括无形资产和有形资产，在传承过程中我们更要关注无形资产的传承，包括家族品牌、家族思想、家族人脉等。

家族品牌。每个家族在传承中，都会面临是否把所有权和经营权传承给下一代的选择，但即使家族出售股权、邀请职业经理人经营公司，家族品牌仍旧会被世人所记住，比如迪斯尼家族就是一个很好的范例。家族在传承过程中，最重要的是把家族品牌传承给下一代，让他们能记住家族品牌的历史、其中所蕴含的家族精神、下一代需要延续的家族使命等等。

家族思想。李嘉诚先生曾经说过："播种思想，决定行为；播种行为，决定习惯，播种习惯，决定性格，播种性格，决定命运。"每个家族能够成功，都离不开家族思想，这包括家族经营的理念、家族处事的方式、家族的价值观等等。我们需要传承给下一代的正是这些家族思路，引领他们延续家族的繁荣发展。

家族人脉。众所周知，人脉在每个国家、每个社交圈层都有着非常重要的作用。耶鲁大学最神秘的精英组织"骷髅会"里走出了 3 位美国总统、2 位最高法院大法官，还有无数美国议员以及内阁高官。经过 185 年的繁衍生息，从美国白宫、国会、内阁各部、最高法院以至于中央情报局，骷髅会的成员几乎无所不在。这就是人脉和圈子的力量。除此之外，香港科技大学范博宏教授曾经说过，家族传承的路障也是人脉，这说明要传承人脉并非易事。要做好家族人脉传承，要尽早让下一代参与到家族人脉的积累中，比如李嘉诚先生让孩子从小就列席董事会，其目的不止在于让孩子学习企业经营，也让他们参与到家族人脉的积累中。人脉通过时间的沉淀会越发有价值，成为下一代非常宝贵的资产。

在这个世界上，不会看到两片相同的叶子，也不可能经历两个一模一样的人生。每个家族都不可复制与效仿，每个人的性格、经历不同，内心所追求和向往的必然不同，但相同的是，在不同的道路上，每个人去往的都是内心所追求与向往的地方。

心之所向，素履以往。在家族传承的安排中，每个人都可以跟随内心追求真正的声音，并辅以工具以到达向往的诗和远方。但教育永远是核心。正如赵小兰母亲赵朱木兰女士所言："教育是父母给女儿最好的嫁妆"。希望我们每一代都能通过教育，提升下一代的能力和发展机会，同时推动家族后代青出于蓝而胜于蓝。

·第三部分·

家族财富治理与传承

企业传承的隐形需求与法律对策

段逸超

当今财富的主要载体是企业，包括独资企业、合伙企业、有限责任公司、股份有限公司等，财富主要集中在有限责任公司和股份有限公司，而财富拥有的方式是持有有限公司的股权和股份有限公司的股份。因此，企业传承的核心是公司传承，为便于表述，本文所述“企业传承”主要是指“公司传承”，有时二者通用。

公司承载着企业家的心血与梦想、股东的追求以及利益相关者的利益。因此，公司传承与房产、字画等实物传承有明显的区别，公司传承是动态的，其前提是公司存续，并且能够持续发展。若公司不能持续发展，公司传承的效果大打折扣，甚至失去意义。

企业传承的隐形需求：指无法清晰地表达需求或无法公开表达的需求，隐形需求往往是企业家心目中的一种渴望或痛点，是内在本质的深层次需求，是需要深挖一层甚至多层、依靠外力推动、通过专业人士运用法律工具构建系统解决方案并实操落地才能满足的需求。本文要讲的隐形需求，是通过与一些企业家密切沟通后的一种感悟和归纳，其中有一种强烈的感觉，那就是企业传承这件事，是需要通过企业外部强有力的推动来实现的！很多企业家其实从现实条件和客观需求来讲确实应策划企业传承，而且夜深人静时会隐约担心，但由于公司经营本来就忙甚至很疲惫，还腾不出时间和精力来做这个事情，再加上财富传承还刚刚起步，甚至无国内经验可循，更使得此种隐患感、焦虑感和迫切感油然而生。

企业传承的隐形需求，大致归纳有以下几种情形。

隐形需求之一：企业家隐隐约约感觉公司有某些问题存在，但找不到解决的方法或者不知道如何决策，比如公司存在一些不规范的经营行为，但风险到底有多大，如何应对？

【案例分享】

张三是A公司的实际控制人，注册资本1 000万元未到位，但张三从个人账户或其他账户汇入2 000万元，又从公司划款到自己账户或其他账户3 000万元，公司财务显示均是往来款。另外公司年营业额5 000万元，但3 000万元的业务未开发票。当前尚未发生什么问题，张三心里隐隐约约有些担心，感觉这里存在问题，但难以决策，又找不到可以信赖的人说这个事情。

【法律对策】

对于张三来说有两个问题：一是关于注册资金到位问题以及个人与公司之间往来款的问题。这里涉及对注册资本的认识问题。现行《公司法》在1993年12月29日颁布后经过三次修正和一次修订，其中关于注册资本方面作了很大的改动，即可以认缴注册资本，一般公司不要求验资。但这个问题也让很多人产生了误会，以为注册资本根本不需要到位。其实根据《公司法》规定和公司章程的约定注册资本一定要按时到位的。如果不及时到位，那其他出资及时到位的股东可以追究未到位股东的违约责任。同时注册资本未到位，公司遇到债务追讨时，股东应该在未到位部分范围内承担责任。本案来看，其实张三有资金进入公司，但是财务做账时没有明确款项是注册资本到位，这里说明公司财务很重要，合格的财务应当提醒老板张三在汇款时明确为注册资本金，同时公司做账时明确为资本金。财务人员误以为资金的进与出反正都是老板的，其实这种想法显然是错误的，因为会涉及债务承担与法律责任的问题。此外，张三与A公司账务往来频繁，都是往来款，其实是有法律风险的，即股东个人与公司财务混同，这不仅是不规范的问题，还会给张三个人带来债务风险。张三个人账户与A公司之间的账务往来有可能违背了股东与公司分离原则，可能会被法院否定A公司法人人格：财产混同，股东的资产与公司资产模糊不清，互为所用，公司财产与股东财产难以分辨，属于财产混同，公司丧失独立性，若公司有债务被追诉，法院从保护债权人利益的角度出发，会认定张三滥用公司法人独立地位，判决张三承担连带责任。

二是公司经营中有3 000万元未开发票，这里明显存在税务风险，应该请专业人士进行及时处理和税务筹划，做到规范经营。

以上问题在现实生活中大量存在，公司传承必须解决这些问题，促进公司稳健发展，这是公司传承的基础性工作和前提条件。

【律师提示】

公司传承的基础和前提是公司本身有价值且能够持续发展，如果存在缺陷甚至毁灭性的隐患，公司传承则失去意义。同时，公司传承反过来促进公司稳健发展，这也是公司传承的基本要求及其积极推动的正面效果。

隐形需求之二：客观上有需求甚至很紧迫，但自己还没发现或引起重视：比如股权代持，股权代持会遇到很多法律问题，直接影响到公司传承。

【案例分享】

由于某银行章程规定法人股不能转给个人，周先生让F公司代持其银行的股权。后来F公司所持有的股权全部被多家法院查封，周先生提起诉讼要求确认其股权但败诉。

【法律对策】

一些企业家因为种种原因将自己的股权让自己的亲友代持。代持会产生的问题很多，需要法律预先做些处理。

（1）代持协议的内容、形式是否齐全完善且合法有效。很多代持协议内容过于简单，甚至有些根本就没签代持协议，从而代持的效力会产生分歧。

（2）代持人自身的债务会牵涉到股权的安全。如果代持人有债务，被法院查封其代持股权，那被代持人的利益直接受到影响，上述案例中的周先生将股权让F公司代持，而F公司背负很多债务，其代持的股权也被查封了，最后周先生无法实现自己的股权了。

上述风险难以化解。只要有代持，从代持那天起风险就已存在。当然我们律师从专业角度会绞尽脑汁想很多办法，可以起到一些作用，但无法做到风险全免。

其中方法之一是让代持人将代持股权质押给被代持人，避免代持人的债务问题导致股权被其他债权人查封。但这个策略并不一定能奏效，因为股权质押也涉及登记问题，登记可能还会有障碍。

方法之二则要求代持人出具不可撤销的委托书，这也是一种降低风险的方法。被代持人可以要求代持人通过出具不可撤销的委托书方式，委托被代持人代为行使股东权利。并提前安排代持人签署好行使股东权利必备的文件，股权转让合同等。

在进行企业传承策划时，若遇到股权代持问题，必须进行处理。

【律师提示】

（1）应该签订好股权代持协议。这里提示一下，很多朋友喜欢问我们律师要范本，其实范本是不能解决问题的，甚至范本可能反而会耽误事情。有些朋友会自作聪明地去网上搜，以为省了钱，其实是因小失大。应尽量完善股权代持协议，做到量体裁衣，根据个案详尽规定条款，而不能偷懒，草率了事。更不要自作聪明，照抄自用。有些内容必须写进去，比如代持人未经被代持人同意不得擅自处分（转让、设定质押）代持股权，而且要明确该行为的法律后果；还要约定代持人不予配合被代持人行使股东权利的后果。这些内容要约定明确。

(2) 除了双方代持的法律关系外，还必须通过法律文书明确与公司的关系、与公司其他股东的关系。股权的问题不是双方签一个股权代持协议就了事了，股权必须处理与其他股东之间的关系，包括其他股东同意的问题与放弃优先购买权等问题。必要且可行时，被代持人可以提前让公司其他股东签署“同意股权转让同时放弃优先购买权”的声明。

隐形需求之三：有些需求是明确的，但表达不出来，说不明白的：比如公司发展不错，但面临传承，谁来接班？子承父业？女婿接班？

【案例分享】

某上市公司市值 60 亿元，实际控制人 56 岁，大儿子 30 岁，对公司业务不感兴趣，无接班意愿；小儿子 18 岁，尚在中学读书。其他亲人也无适当接班人，谁来接班？大儿子不愿接班，是否等小儿子过 10 年到了 28 岁再接班？假若小儿子也不愿意接班怎么办？

【法律对策】

据统计，中国上市公司创始人平均年龄为 56 岁，在未来 10 年内，上市公司将出现交接潮。现在交班的方式有三种，其中子承父业，比如传化集团的徐冠巨从父亲徐传化手中接管了企业后经营得很好并成功上市。这是子承父业模式下最理想的结果。此外，引用职业经理人和内部员工提任也是企业传承的模式。

然而，子承父业的模式可能行不通，只能启用别人，即引用职业经理人或者内部员工提任。引用职业经理人也好，内部员工提任也好，关键是通过什么样的程序来做这件事？

说起传承，应该提到日本，日本有一些经验值得借鉴。日本是全球家族企业密集度最高的国家，百年企业超过 25 000 家，全球最长寿的 20 家企业中也有半数来自日本，他们有的甚至已经历经千年，传承了数十代人。在日本，第一个孩子享有按照法律或传统习俗继承全部资产的权利，排除年幼兄弟姐妹的继承权。若日本家庭没有儿子，会选择女婿，如果不喜欢儿子或者不喜欢女婿，则接受外来的人加入到这个家族，然后继承家族产业。但前提是女婿或者说外人必须改姓。

从上述日本经验看，子女接班不是唯一选择，还可以选择女婿、外人。那接下来是如何选择接班人，这是一个大难题。

美国管理学大师中的大师德鲁克著有《卓有成效的管理者》，传播到全世界130多个国家，成为全球管理者必读的经典。德鲁克在1994年出版的《巨变时代的管理学》一书中，专题讨论家族企业的管理问题。

德鲁克根据自己对于家族企业的认识，提出了家族企业成功管理的原则。

第一条原则：家族成员必须与非家族的雇员一样有能力、一样工作努力，否则不应该进入家族企业。

第二条原则：不管管理团队中有多少家族成员，也不管这些家族成员多么能干，至少要有一位高管由家族外的职业经理人担任。

第三条原则：家族管理的公司越来越需要由非家族的职业经理人担任关键岗位。

根据以上三条原则，企业传承应该是一个开放的模式，即传承要成功，必须要开放，引进外来人员进入关键岗位。体现在法律对策方面，一定要根据这些原则设计相应的制度，保证外来人员的权责利，而不是将外来人员边缘化或者当成摆设。同时又要保证控制权不受影响，根据个案具体处理。

【律师提示】

关于企业传承涉及的接班人的问题，应该在企业管理、人力资源、法律规划三个方面统筹考虑，建立一套符合企业管理规律、人力资源要求的制度体系，包括选拔的原则、程序规则，要求切实可行，保证其综合性、统筹性、前瞻性，其基础要求是合法性，要从公司法与证券法要求角度，考虑公司治理结构体系及其设置与人员更替的法律程序。

隐形需求之四：有些有需求但不方便表达出来，如婚前协议、婚内协议。这里包括企业家自己的婚内协议，也包括子女的婚前协议与婚内协议。也包括其他股东的婚前婚内协议。

【案例分享】

A、B、C三位好朋友于1999年共同投资300万元开了一个公司，稳健经营了十八年，从300万元年利润到2017年3 000万元年利润，A占50%、B占35%、C占15%。18年下来按平均年1 500万元利润计算，18年来A分得利润13 500万元，B分利9 450万元，C分利4 050万元。这三位股东都在公司设立之前已婚且小孩现已成年。请问这里有什么需要策划的吗？其一，公司业务发展挺好，还需要继续经营，但三位股东均55周岁，是否有传承的需求？怎么传承？把三位子女都叫来经营公司？不可能，三位小孩全留学美国或加拿大，小孩没有接班的想法，那怎么办？其二，三位股东都有配偶，但配偶在公司均没有进入股东名册，也没有参与经营。假若有一天某事打破平衡，股东的配偶主张权利怎么办？怎样才能摆平？其三，三个子女都面临谈婚论嫁，这里有无需要提前准备的事？

【法律对策】

其一，公司需要继续经营，如何传承？由于公司业务好，不能关停，还希望继续下去，现在三个股东是黄金搭档，当然继续搭档5年或10年是有可能的，但总要考虑5年后或10年后怎么传承。在2016年曾建议上创业板，但至今尚未启动上市流程。公司盈利这么好，公司又要往前走，又不想上市，年纪又一天一天大了，那传承的路径一定要考虑。经过多次沟通，确定了方案的第一步，即适当时将公司与其他公司合并，寻求长期发展之路。当然这只是第一步，接下来要解决股权架构的问题，这个要与合并之路同时考虑。

其二，股东的配偶在公司的权利怎么来处理？首先配偶不是公司的股东，也未参与经营，那配偶有无权利？当然有，公司的股权，配偶可以享受一半的财产权，如果离婚还可分一半股权。关于这个问题实在无法启齿，不要说他们自己，连我都无法直接说："你们三对夫妻都分别签一份夫妻财产协议吧"，这句话我一直未说出口，因为太突兀了。后来我想只有在公司并购过程中，在公司股权架构、公司章程以及股东协议以类似于土豆条款等来处理。

其三，三个子女面临婚姻的问题，可否让其与即将结婚的对象签婚前财产协议以及婚后的财产协议？这里也会面临如何体现的问题。如果能够签订婚前财产协议和婚内协议，则可通过条款明确要写的内容，目的是明确这些股权对应的权利及以后子女与其配偶之间的关系。

【律师提示】

婚前协议与婚内协议的签订，其实是理性的体现，不管是男方还是女方都应该理性对待。如果不签，会有很多麻烦。当然这些麻烦并不一定会发生，但如果能签订这两种协议，会预防很多麻烦。

隐形需求之五：企业家知道自己有公司传承的需求，但不知从何下手。

【案例分享】

龙湖地产董事会主席吴亚军和其丈夫蔡奎运用信托工具妥善解决婚姻风险，可谓经典案例。根据《2012胡润女富豪榜》和《2012胡润全球白手起家女富豪榜》，吴亚军以380亿元第二次成为全球白手起家女首富，同时也是中国女首富。2012年11月20日，龙湖地产董事会主席吴亚军与其丈夫被证实离婚。离婚案件涉及577亿港元的财产分割，直接影响到上市公司的融资以及后续发展。但在龙湖地产2009年上市时即以搭建信托架构避免了婚变带来的风险，这无疑归功于事前规划。在香港上市前，吴亚军和蔡奎即在开曼设立了龙湖地产作为上市公司主体，龙湖地产的股权由三家BVI公司持有，分别为吴亚军控制的Charm Talent（持股58.59%），蔡奎控制的Precious Full(持股39.06%)和代表公司雇员股权激励计划的Fit All（持股2.35%）。吴亚军通过设立全权信托，由HSBC International Trustee全资设立的由Silver Sea 100%持有Charm Talent，受益人为吴亚军家族成员及Fit All。蔡奎也通过设立全权信托，由HSBC International Trustee全资设立的由Silverland 100%持有Precious Full，受益人蔡奎家族成员及Fit All。通过设立信托，吴亚军和蔡奎都不再直接持有和控制龙湖地产的股份，而成为各自信托的受益人之一。二人于2012年11月20日离婚，但吴亚军与蔡奎夫妇已就未来继续保持一致行动，维护公司权益达成共识。对于离婚所涉及财产分割，由于二人之前已就持有龙湖集团的股份成立信托，龙湖地产的股价没有受到太大影响，实现平稳过渡。

这个案例就是提早规划的经典成功案例。当时策划是理智的、英明的、成功的。

中国企业传承，存在很多风险包括健康风险、婚姻风险、企业经营风险等，但究竟从哪个方面着手确实很迷惑。上述案例给企业家们就婚姻风险的提前规划提供了成功的示范。

【法律对策】

(1) 企业传承首先应该检视企业的顶层架构，从顶层架构入手进行企业传承的整体规划。上述成功案例，就是在上市公司的股权架构上做了成功的顶层设计，利用了海外信托VIE架构，有效地避免了上市公司因婚变分割财产即股权分割而导致控制权受影响。

(2) 利用章程条款设计和股东协议，完善公司股权架构与公司治理的规则。企业传承不仅涉及企业，还涉及家族和家族成员及其他关联方的利益平衡。要想家族和谐、企业成功，还应当将家族和企业相结合，制定全面、系统的家族企业传承双重规划，实现家族企业永续传承。

(3) 依靠法律协议包括股东协议、婚前协议与婚内协议,实现与其他有关法律文件配套对接。

(4) 对于多子女的企业传承,设计股权架构时应当确保股权的集中度,安排部分子女继承股权,安排一人控股,部分子女继承股权外的财产;或者设立家族内部的股权收购制度;或分别掌控不同的企业,彼此之间可交叉持股,但又各自控股。

【律师提示】

(1) 企业传承是系统工程,应当以法律为主线,遵循企业发展规律和企业管理规则,综合利用各种法律工具,提早筹划和逐步落实,并不断完善。

(2) 企业传承应该重视制度建设。修订企业章程,制定家族与企业的战略规则,保持家族与企业的良好沟通;设立家族理事会,与企业股东会和董事会等对接。

(3) 企业传承的核心是文化传承。因此,企业发展到一定程度,应当梳理企业文化,树立统一的企业价值观和企业文化,描绘企业愿景和发展规划,创立家族宪法,使企业文化系统化、可操作化。

隐形需求之六:企业传承是一个系统工程,仅靠自己的力量是不够的,一定要借助外部力量。如何借助外部力量?

【案例分享】

德鲁克在论述家族企业的管理问题时提出的第四条原则:如果在坚持了前文提到的上述三条原则,仍然可能因为管理传承而陷入麻烦,这说明企业的需求和家族的需求发生了冲突,那么就要启动第四条原则,就是家族要把传承决策交给外人,这个外人既不是家族成员也不是公司员工。

被家族赋予传承决策重任的外人都是家族成员共同信任的专家或名流。本杰明·迪斯雷利(Benjamin Disraeli),英国保守党政治家、作家和贵族，曾两次担任首相。正是这位英国伟大的首相本杰明在 19 世纪 80 年代为罗斯柴尔德家族力劝家族选择第四代即 Viennese Leopold 成为实际控制人，为罗斯柴尔德家族的企业传承做出了重要贡献，也为企业传承提供了宝贵的经验。

【法律对策】

家族企业的传承是一个全面系统工程。家族企业传承包括财富传承、事业传承和精神传承三个维度，传承涉及到家族系统和企业系统的同步变革，必须用系统思维和立体思维来看待传承。传承人选的决策权在一定条件下交给外人处理，更加理性、理智、客观、合理。

实现安全过渡模式需要以下几个条件：

其一，提早让专业人士介入，出现危机后才临时让外面的专家参与往往已经太晚了，矛盾难以处理；

其二，防患于未然，在矛盾产生之前提前规划；

其三，充分发挥外部传承顾问的作用，或者邀请其他专家来进行研讨后再做出决策更为合适和稳妥。

【律师提示】

根据西方的成功经验，企业传承应该充分发挥外部的力量提升财富传承的科学性、前瞻性、客观性，避免发生盲目性、局限性、主观性的错误，提高企业传承的成功率。借助外部力量可以有以下几种形式：

(1) 聘请外部传承顾问。外部传承顾问可以发挥沟通者、倾听者和调节者的作用，得到家族和企业的主要成员的信任和认同，通过专业知识和服务获得大家的尊重和信赖。德国家族企业的家族宪法规定，如果家族内部的意见分歧造成无法决策的时候，把决策权交给外部顾问。

(2) 聘请传承大使。传承大使是帮助两代人甚至三代人改善沟通和自我认知，对于企业传承获得共识，从而促进企业早日进入传承进程的专业人士。从外人对于企业传承过程的介入时点和介入程度来看，传承大使应该比传承顾问发挥作用的时点更早，介入更深，其影响也更为深远。

在会计、法律、金融、管理咨询等领域积累丰富经验的基础上享有崇高威望和社会影响力的专业人士，应该积极主动承担传承大使的重任。

（3）聘请“家族办公室”机构全面介入企业传承。有人将2015年定义为中国家族办公室的发展元年；未来10到15年，家族办公室会在中国成为一个富有前景的行业。家族办公室（Family Office）以其“家族全能管家”的卓越管控能力，有与家族共同演绎荣耀辉煌的独特地位，是实现家业长青的最佳途径和最优选择。李嘉诚、马云、王健林都成立了自己的家族办公室。1882年约翰·D·洛克菲勒建立了世界上第一个家族办公室，洛克菲勒家族跨越数百年长盛不衰，是成功运用家族办公室保护家族财富的经典案例。根据美国家族办公室协会（Family Office Association）的定义，家族办公室是“专为超级富有的家庭提供全方位财富管理和家族服务，以使其资产的长期发展符合家族的预期和期望，并使其资产能够顺利地进行跨代传承和保值增值的机构。”

当代中国家族财富管理之刑事风险与防控

尹志金

家族强则族内家庭兴旺，地方蒙其恩泽，国家视之为栋梁。改革开放以来，中国以经济建设为中心，让一部分人先富起来的号召，几乎使得全社会都展开了对财富的追逐，国家、社会以及家族的财富迅速累积，富裕家族蓬勃涌现。与此同时，人们也在短暂的岁月里不断见证潮起潮落，领略了家族及家族财富的兴衰成败，许多案例惊心动魄，真可谓“其兴也勃焉，其亡也忽焉。”其中，刑事犯罪造成的家族财富衰减、崩解在当代中国已经成为很常见的社会现象、经济现象、文化现象。相较于市场风险、政策风险或者自然风险来说，刑事风险导致家族财富衰竭的案例更显悲怆，但是，如果家族财富管理者主观上足够重视，刑事犯罪导致家族财富衰竭的后果却应该比其他风险更容易防范和控制，也很值得从事家族财富管理的人们重视、研究和应对；家族财富所有者及其管理者充分认识刑事风险及其表现、原因和防控事项也极为必要。

一、当代中国家族财富面临刑事风险的共性后果和特殊后果

家族财富可以理解为：具有婚姻血缘关系的群体在继承家族文化传统、家族资产或者共同创业基础上形成的财富集群，以家族内各

个个体财富、各个家庭财富、各个企业或者企业群体财富等形式存在。财富，一般指物质财富，如货币存款、设施设备、土地房产等，也可泛指一切对于人有价值的东西，包括自然财富、无形财富，如著作权、专利权、商标权、科技成果权和发现权等，也包括文化才艺、技术技能、远见卓识、信念信仰等精神财富。家族，一般指在婚姻、血缘关系基础上结成的社会群体，包括同一血统的多代人与家庭。

当代中国家族财富具有以下特点：1. 一般都是改革开放后形成的新兴家族，传统大家族在中国已经严重分枝散叶，凋零没落，或者演变成新兴家族；2. 新兴家族文化传承底蕴薄弱，其中不少家族的财富价值观有待积淀升华；3. 初期的个体经营或者家庭经营导致家长制经营模式固化，家庭财产与公司财产混同；4. 改革开放是不断冲破陈规陋习的过程，财富积累也容易涉及一些违法甚至犯罪问题，许多财富既面临被刑事犯罪侵害的风险，也面临自身被刑事执法查处的风险。

财富的刑事风险，是指财富群体因外部刑事侵权、内部刑事犯罪、财富所有者或者管理人自身涉嫌刑事犯罪导致的财富所有权灭失、损毁、权利中止、终结以及其他相关权利危害的现实可能性。

当代中国家族财富在刑事风险中面临的共性后果是：1. 财富所有者或者管理人失去继续管理财富的能力和机会；2. 财富所有者或者管理人信誉、信用的消解；3. 财富本身被采取没收财产、罚金刑、保全、冻结措施或者办案机关的先行处置；4. 财富本身被转移所有权、占有权、使用权、收益权，或者灭失、损毁。

当代中国家族财富积累过程的特殊性和执法、司法的一些习惯，也给家族财富在刑事风险中带来一些特殊的刑事风险。比如：

第一，财富在刑事受害中难以得到足够补偿。刑事附带民事诉讼与单一的民事诉讼的审判组织不同，使用不同的审判程序，承担刑事责任情形下的民事侵权责任与不承担刑事责任情形下的民事责任使用不同的赔偿标准。另外，在许多经济类犯罪中，侵权人在前期的行政处罚程序和刑事侦查、检察、审判程序中，往往经历了查封、冻结、没收、罚款甚至早期资产处置等措施，其后已经没有能力对真正的受害人承担民事赔偿责任。即使受害人的损害已经被确认，但实现既定民事权利的过程，一般也会经历无可奈何的长期调解程序，并可能被要求放弃大量利益，否则不予执行或者很难按照判决全额执行。

第二，财富很难通过破产程序自保。在经历刑事程序之前与之后，如果没有援助力量，财富所有人或者管理人因刑事争议程序而遭受到的麻烦一般会被拖延至死亡为止。面对刑事侵权或者自我涉嫌犯罪，财富持有人或者管理人在身陷囹圄或者没有能力、资源和机会来继续管理和经营时，一般都有破产保护的愿望，但法院一般是不予立案，与国有企业破产改革适当处理甚至大量削减、废除债务的做法不可同日而语。不予立案的理由也很正式，比如，破产立案容易引发债权人或者职工闹事，容易引起社会不稳定和其他问题，私人企业不规范破产有逃债之嫌，等等。如此一来，财富持有人或者管理人一般是直接面对各种合法形式与不合法形式的索债。这种情形下，家族财富已经很难自保，更谈不上发展。

第三，免于被查处的侥幸心理形成的刑事风险。改革时期的重要特点是打破许多规矩，其中有合理的打破，也有不合理的打破，但有的打破情形是特定条件下的犯罪。一部分违法者轻信自己能够避免被查处，即使被查处也归咎于运气不好，使得财富所有人和管理人对待法律的禁止性规定逐步麻痹，为了生存发展以及竞争优势，不得不舍弃追求合法性的公平，甚至轻蔑合法性公平，竞相争取违法性优势。然而，一旦被执法部门盯住，就有可能被从严惩处。

第四，刑事诬告陷害风险。实践中，有一些刑事案件的爆发似乎不是基于正常的自首、举报或者依职权发现，而是基于最终不能认定的举报、控告，最终没有人被处以诬告陷害，但被举报者却因此被采取强制措施，羁押并审讯出其他问题，被以其他事由坐实犯罪，尤其是经济犯罪，即使最终认定没有犯罪或者不构成犯罪，但经历刑事程序后，相关人及其家族成员一般也是事业损毁，意志消沉。在程序和实体上机械地将被举报人锁定，这种案件即使是冤案其推翻程序也很漫长。

这些刑事风险的降低或者避免，有待于依法治国的深入推进、法律的完善。但这种现象在现阶段的存在，还难以完全避免，其特殊的风险应当引起足够重视。

二、当代中国家族财富涉及之刑事犯罪危害类型

家族财富涉及的常见刑事犯罪类型，主要表现在三个方面，即家族财富的外部刑事犯罪侵害、家族财富的内部刑事犯罪损害和家族财富所有者代表自身涉嫌刑事犯罪损害。这种分类方式是基于较大的发生频率，并不具有绝对性。以往人们谈企业家刑事犯罪一般仅针对企业家自身涉嫌刑事犯罪而言，即家族财富所有者代表自身的刑事犯罪，但家族财富管理方面的刑事风险危害不仅来自于企业家自身，也来自于家族内部其他人员，即除财富所有者代表以外的人员所进行的刑事犯罪所造成的侵害，以及来自于家族外部人员（包括外部单位团体）针对特定家族财富进行刑事犯罪所造成的侵害。这三方面的刑事犯罪风险构成了对家族财富的立体性刑事威胁。

第一，家族财富的外部刑事犯罪侵害

对于家族财富的外部刑事犯罪侵害一般有：

(1) 强行截取或者秘密窃取类犯罪侵害。包括抢劫、抢夺、聚众哄抢、强迫交易、敲诈勒索，以及盗窃、侵犯商业秘密、非法使用窃听窃照专用器材、破坏计算机信息系统等。

(2) 诈骗类犯罪侵害。包括普通诈骗、合同诈骗以及各类金融诈骗犯罪，如集资诈骗、贷款诈骗、票据诈骗、金融票证诈骗、信用证诈骗、信用卡诈骗、有价证券诈骗、保险诈骗、虚假广告等。

（3）损害类犯罪侵害。包括故意毁坏财物、破坏生产经营、损害商业信誉和商品声誉、假冒注册商标、假冒专利等。

（4）渎职类犯罪侵害。包括国家工作人员普通的滥用职权或者玩忽职守对家族财富的侵害，以及特殊的渎职侵害，如：滥用管理公司与证券职权、非法处置查封扣押冻结的财产、报复陷害、刑讯逼供、暴力取证等。

第二，家族财富的内部刑事犯罪损害

家族内部刑事犯罪是指，家族内部人员，包括家族企业内部人员，特别是家族内各类形态财富的管理人员实施犯罪所带来的财富损害。一般有：

（1）侵占挪用类犯罪损害。包括侵占、职务侵占、挪用资金等。

（2）贿赂类犯罪侵害。包括公司企业人员受贿、对公司企业人员行贿、为亲友非法牟利。

（3）竞争类犯罪损害。如非法经营同类营业。

（4）危害公共安全类犯罪损害。如放火、失火、决水、爆炸、投毒等，以及造成重大事故的犯罪，如重大责任事故、重大劳动安全事故、危险物品肇事、工程重大安全事故、教育设施重大安全事故、消防责任事故等。

（5）破坏市场经济秩序类犯罪损害。如生产销售伪劣商品、生产销售假药劣药、生产销售不符合卫生标准的食品、生产销售有害有毒食品、生产销售不符合标准的医用器材、生产不符合安全标准的产品、生产销售伪劣农药兽药化肥种子、生产销售不符合卫生标准的化妆品等以及走私类犯罪。

第三，家族财富所有者代表自身涉嫌刑事犯罪损害

财富所有人或者管理人自身涉嫌刑事犯罪一般有：

（1）贿赂类犯罪损害。如行贿、受贿、公司企业人员受贿、对公司企业人员行贿、介绍贿赂、单位行贿等。

（2）税收类犯罪损害。如偷税、抗税、逃避追缴欠税、骗取出口

退税、虚开增值税专用发票、虚开用于出口退税或抵扣税款发票、伪造或出售伪造的增值税专用发票、非法出售增值税专用发票、非法购买增值税专用发票、购买伪造的增值税专用发票、非法制造或者出售非法制造的用于骗取出口退税或者抵扣税款发票、非法制造或者出售非法制造的发票、非法出售用于骗取出口退税或者抵扣税款发票、非法出售发票等。

（3）破坏环境资源类犯罪。近年来，国家加大打击该类犯罪，一些大的企业因此停产、关闭、遭受巨额罚款并承担刑事责任，包括：重大环境污染事故、非法处置进口的固体废物、擅自进口固体废物、非法捕捞水产品、非法占用耕地、非法采矿等。

（4）金融类犯罪。如非法集资、非法吸收公众存款、高利转贷、骗取贷款、票据承兑、金融票证等。

有些财富持有人或管理者也可能涉嫌其他刑事犯罪，但频率较低，如：非法获取公民个人信息，伪造公司、企业、事业单位、人民团体印章，伪造、变造、买卖国家机关公文、证件、印章等，家族财富因此衰减灭失的实例亦有所见。

三、当代中国家族财富涉及刑事风险的原因

各类型的刑事犯罪有其共性原因和个性原因。当代中国家族财富涉及刑事犯罪风险的现象具有普遍性，其原因也有其普遍性，而且这些普遍性原因本身也是家族财富面临的巨大风险的潜在根源。

第一，当代中国存在蔑视法律的潜氛围，害人害己。

如果承认社会有潜规则，这种潜规则就共振出一个大的潜氛围。法律适用在当代具有潜规则，其中蔑视法律的特性就是这种潜规则共振出的潜氛围。改革开放的一种体现就是不断改变原有法律和规定。一些违反当时法律大胆进取的人发财了，成功了，而相关的法律后来废止了，这些人就成为敢于改革的弄潮儿被社会肯定和赞扬。

但实践中，这些事例则被一些人误解为要敢于以身试法。这种误解进而形成了一种潜氛围，那就是蔑视法律者被潜规则尊奉，遵守法律者被潜规则轻贱。“法律必被信仰，否则它将形同虚设”。对于大多数人来说，这种潜氛围害他人、害国家、害集体，最终也害自己及自己周边的人，而对于蔑视法律的人来说，这种氛围正是其蓬勃成长的天然氧吧，求之不得，大力维护。

第二，当代中国存在个体和群体性的刑不上自己的侥幸心理。

法不责众的思维，在当代中国仍然根深蒂固。改革开放需要宽松的投资软环境，各地为了招商引资，在打造软环境方面也是下足了功夫。有时功夫下过了头，具体表现为对于特定人，比如投资商，过于宽松的执法、各种打招呼生态下的执法，有人形象地表述为“先繁荣，后规范”。因此，违法者一般会选择相信自己不可能是那个倒霉者，又或者是认为，即便被惩处了，只要具有财富也比守法的普通人幸运和幸福。有时一些部门机关的违法操作，如一些地方政府或个别领导人允许土地未批先用、放任企业污染环境、协助地方垄断等行为，也使得人们对违法的经济行为存在侥幸心理。

第三，当代中国存在着一些政商非正常合作的现象，迷信保护伞。

以前特别是近几年国家反腐败行动中，一些高官落马，顺带着毁灭了许多因为官商勾结而富裕起来的家族。可以说，当代中国存在官商勾结的潜在激励机制，这种结合能够给双方都带来巨大利益而不太担心受到法律制裁，因为法律和官员手里的权力就是一堵保护各种财富的围墙，打破围墙攫取财富是最直接便利的发财之道，如此一来利益相关者便无须辛勤劳动，甚至无需学习研发，无需科技知识，无需资金资源，只要有官方关系。

当代中国还存在对保护伞的迷信，一部分人认为中国是人情社会，执法者与违法者都有各种千丝万缕的联系，帮助逃避法律制裁时有千变万化的说辞，即所谓法不外乎人情。于是，迷信当官者，迷信亲友圈中的当官者能够保护到自己，当事者直到迷信被摧毁才会如梦方醒。

四、当代中国家族财富管理必须采取的刑事风险防控措施

避免刑事风险是家族财富管理的重要内容，防范和控制刑事风险可以从多方面着手，但至少应该采取以下措施：

（一）家族财富管理必须强化家族尊法守法意识

一般人都会信奉以往的成功经验，包括通过违法手段获取财富，在他们遭受法律惩处之前，他们一般也会迷恋并持续使用这种手段，因为这种手段在他们的成功历史和现实中已经证明卓有成效，尚未遭受处罚的情形容易被理解为他们的所作所为不会被轻易发现、即使被发现也轻信不会受处罚，或者自己轻信能够避免，因而进一步增强了他们的这种判断和信心。但是，事实一再证明，刑事犯罪总有那么一天会受到国家机关的惩处，或者会受到被伤害一方的报复。特别是当今中国正在全面实施依法治国，各行各业会越来越规范，法律会越来越严密，执法会越来越严格，侥幸心理没有稳定的未来。

为了长治久安，家族财富所有者和管理者必须有很强的法律意识，从自身做起，为家族成员树立表率，将遵法守法基因注入家族文化。人们会发现，有些企业家，包括家族财富创始人在法律面前非常漠然、不以为然，甚至嗤之以鼻，这种法律虚无的意识就是刑事犯罪的主观基础，对其所创造的家族财富来说不是福音，对别人的家族财富来说也是悲讯。也有些企业家或者家族财富所有者为人宽厚谦卑，行事情理分明中规中矩，他们自强不息以厚德载物，敬畏法律和社会规则，这样的人一般不会招惹刑事风险。

（二）家族财富管理必须引入财富刑事隔离机制

家族财富管理的目的是实现家族财富的安全积累、保值增值、实现人生价值，如果家族财富涉入刑事案件，所有这些目的不仅无法实现，而且会走向反面，家族正常生活都难以保证。有些家族中的个人、各个家庭、各个企业事业单位的财产混同、业务混同、主体混同，财产产权关系不清晰。一个人或者一个单元出事，所有家族财富都被牵扯其中，遭受灭顶之灾或者刑事程序的漫长煎熬。

家族财富的刑事隔离就是要将家族内各个体、家庭、企业实体财产边界清晰化，各自管理主体行使财富权力的边界清晰化，做到刑事责任的主体清晰化、责任清晰化。一旦某个个体涉嫌刑事犯罪问题，承担刑事责任的财富范围因这种主体责任与财富边界的清晰化而有所限定，不至于殃及全部。这种隔离通过财产的有效登记、协议安排、资产主体和资产结构配置、拒绝混同等风险防控机制设计来实现。

（三）家族财富管理必须引入刑法合规审查机制

合规是当代中国发展市场经济对经济主体的必然要求，也是经济主体自身健康发展的正确途径。其目的是确保经济主体主动避免违法违规事件发生，主动发现并采取正当措施纠正已经发生的违法违规事件，为此设计特别的工作流程要求切实遵循。

家族财富管理中引入刑法合规审查，是指在家族中或者家族成员中建立犯罪预防、发现、报告、应对机制，从而在设定和落实工作项目、目标、计划、措施、方案时，通过上述机制的有效运转，达到避免、终止、防卫外部和内部刑事犯罪行为危害，能够合理解释或者减轻、免除自身可能涉嫌刑事犯罪的责任。刑法合规审查机制应当因地制宜、因时制宜、因事制宜、因人制宜，具体问题具体分析，根据不同家族类型、财富类型、主体结构、主体性质、主体规模、运行方式、文化习惯、目标追求等的不同而有所区别，即设计的审查机制与特定家族的特点相适应，便于接受、便于落实，便于求得实效。

（四）家族财富管理必须引入刑事风险预案机制

现实中，一旦某个家族的中坚人物涉嫌刑事问题被采取措施，一大家族马上乱作一团，是否构成犯罪、构成何种犯罪、可能的刑期等等尚未确定，其家族财富、事业、家族信誉、家族成员的危机处理能力就已经被判了死刑。特别是不了解刑事程序的家族，此时最容易误入歧途，听信没有法律根据的各种所谓忠告、关心、帮忙，简单的事情复杂化，单一的事情全盘化，直至延误时机，病入膏肓，覆巢之下无完卵。

刑事风险预案有别于刑事合规审查，重点在于其针对性、处置性，针对的是已经发生涉嫌刑事犯罪或者具有发生涉嫌刑事犯罪的现实可能性时，家族内部的应急组织管理指挥机制、应急法律服务机制、综合协调支持机制有效运转，确保维持家族稳定或者动态稳定，确保正常生产经营生活的继续运行，确保刑事案件处理遵循正确的法律程序，维护自身合法权益。

（五）家族财富管理必须引入统一协调机制和专业服务——家族财富办公室

有效的家族财富管理是一项复杂科学的系统工程，目前中国大多数家族沿袭传统的家长制模式，一家之长说了算。问题在于，经历了社会重大变革洗礼的新兴家族未必具有深厚的家族文化底蕴，家族事业往往毁灭于创始人或者其继任者的以下几种情况：1. 身不配位，身体不行；2. 心不配位，想不开放不下；3. 灵不配位，兴趣缺缺；4. 德不配位，失去人心；5. 能不配位，能力与理想差距大；6. 人不配位，没有团队。这种情形下的家族，经不起刑事风险的冲击。

当代中国家族财富管理非常复杂，规模较大的家族财富涉及内容非常广泛。比如国内资产配置、境外资产配置、境内慈善信托、海外家族信托、海内外保险规划、海外医疗与健康管理、国籍身份规划与移民、财税服务、私人基金会、家族治理等，其中，许多事项一旦违规就可能涉嫌刑事犯罪，家族财富管理需要统筹协调这些方方面面事务和人际关系，都需要专业人士提供服务。因此，家族办公室有针对性地培养家族管理综合性人才，宣传和教育家族财富管理理念、知识和技术，应当也能够为家族财富管理提供系统设计、执行、反馈、完善等方面的服务。

综上所述，重视刑事犯罪问题研究是家族财富管理的重要课题，家族财富管理需要培养和配备提供刑事风险防控解决方案的法律服务人员，为客户提供专项服务，为当代中国家族的健康发展提供强针对性的社会帮助。

中国金融“三叠纪”和互联网背景下的家族财富管理

陶　钧

首先，我们把民间金融（借贷）称为“原始金融”。民间金融是早在西周春秋时期就存在的金融形态，《周礼》有记载“凡民之贷者，与其有司辨而授之，以国服为之息。”同时，可以把商业银行主导的间接金融体系阶段称为“近代金融”，而把券商等投资银行机构主导的直接金融阶段称为“现代金融”。

美国经历了“原始——近代——现代”的金融发展路径，而目前我国民间金融高度发达，银行统帅的正规金融部队依然势力强大，由投资银行主导的大资产管理行业刚刚起步，看来似乎是兼具了原始、近代和现代金融三种阶段的特征和表现。

由此，目前我国的金融正处于三种阶段并存、叠加作用的“三叠纪”时期。

在我国，金融业是以商业银行为核心的。以银行体系为主的间接金融体系深深地影响了中国的金融生态。近年来，对银行的监管日趋严格，尤其是对资本的约束加强，导致影子银行体系的其他机构纷纷跳上舞台，争相充当银行的影子，为银行逃避监管提供各种通道，以赚取微薄利润和所谓资产管理规模以求生存。

最近的几年里，企业债券、公司债券，尤其是短期融资券、中期票据以及非公开定向债务融资工具等固定收益产品市场发展迅速，直接金融的比重逐年提升。但是仔细检视这样的直接金融背后的市场逻辑，固定收益市场的发展仍然是以商业银行为主导的短期融资券、中期票据为主，通常它们的承销发行基本也由银行进行，券商仅是少数参与，几乎可以忽略不计。而投资者基本也是由银行构成或主导的。这样的直接金融比例的提高，并没有使中国的金融体系发生本质变化，也没有对提升中国金融的治理能力有多大的作用，只是收益和风险在银行体系内的再分配而已。

直接金融的本质应该是市场化的治理，是在于资源配置权力的分散，在于金融市场的开放，在于各类金融机构的自由竞争。

但是，目前中国信用体系未完备的情况下，全面开放银行业将带来的道德风险和可能产生的社会问题，是监管层所无法预料的。在短时间内，开放银行业彻底改变这种交易模式还不现实，这可能在中国金融体系市场化完成时才能实现。

美国资产证券化的发展历程有个重要的现象就是金融脱媒，以及在这种形势下固定收益类型资产管理行业的兴起。而这样的兴起，是真正让资金摆脱银行业的过度依赖，将风险和收益交还给整个社会。

在中国，融资性担保公司、小额贷款公司等中国特色的准金融机构发挥着重要的阶段性作用，而互联网金融如火如荼的盛景也与此有密切的关系。

由于金融市场化程度不高，可供中国投资者（包括机构投资者）选择的金融资产或产品相对有限。加之我国个人居民投资者的储蓄观念强烈，思维方式的独立性相对不高，从而让普通老百姓的投资风险意识处于较低的水平，更多的是抱以投机、侥幸的心理，尤其在股票投资方面。

在这样的人文环境下逐步发展起来的中国资产管理行业遇到了很严重的问题，即资产管理人无法仅仅履行资产管理职责，还迎合为资管项目提供显性或隐性的背书，也就是“刚性兑付”。

“刚性兑付”是解决信息不对称引起的风险问题的“简单粗暴”的方法。市场治理、中介治理、层级治理，都没有刚性兑付来得直接、有效。老百姓购买的银行理财产品，虽然是“非保本”的，但通常均保本，而且基本保收益；高净值人群购买的信托及其他资管计划，绝大多数情况下，遇到项目方违约时，作为管理人的信托公司和证券公司往往会先行垫付。金融机构之间的同业业务也充斥着各种“刚性兑付”，承诺兜底、抽屉协议、阴阳协议等等，为的是迅速达成业务，做成规模。

刚性兑付是个典型的“囚徒困境”问题，尽管包括从业者和监管方在内的所有人都意识到，刚性兑付必须破，只有这样才能实现真正的市场化的风险定价。但是在最近的资管新规（《中国人民银行、中国银行保险监督管理委员会、中国证券监督管理委员会、国家外汇管理局关于规范金融机构资产管理业务的指导意见》，银发［2018］106号）正式出台之前，却几乎没有一个人或机构主动真正地跳出来打破该局面。原因就在于，要破局，必须所有机构一起来破；不然有人破，有人不破，不破的机构必定得利，而破除刚兑的机构可能因投资者有损失预期而流失用户。

而参照美国，联邦层面的1933年《证券法》和1934年《证券交易法》就有相应的投资者的保护条款，对相关产品的信息披露极端重视；各州也有针对投资者适当性的特别要求。而中国的金融市场几乎完全是由国有经济来主导的，民营经济处于极度边缘化的地位。这样的二元格局也形成了金融资源价格的双轨制。国有企业和民营企业巨大的融资成本的差异，一方面是风险溢价产生，另一方面是金融市场的二元性导致的价格双轨。

由于主体信用相对不高，民营经济体很难从银行等正规金融渠道满足其融资需求，且前述银行主导的固定收益市场同样也是大型企业的乐园，所以民营经济体只能依赖民间借贷市场。而民间借贷所能提供的金融资源供给极其有限，从而价格高昂，甚至远远超过企业的业务毛利率。这种情形与美国有很大的差异。美国资产证券化技术和业务的成熟，使得主体信用不佳的小企业可以将具有稳定现金流的资产通过结构化、证券化的手段出售，从而得到融资。

就在上述“三叠纪”时期的中国金融土壤上，积累了庞大的高净值人群和家族财富管理服务需求群体。同时，互联网又悄然渗透到生活的方方面面，每个人都无法置身事外。中国客户已养成线上支付的习惯，奠定数字财富管理的转型基础。早年间，阿里、腾讯等互联网巨头通过大范围的市场营销，已逐步培养起中国客户依赖手机客户端进行线上支付的习惯。经过多年发展，如今纵观全球，中国客户线上支付比例远超其他国家。截至 2017 年 6 月，中国使用线上支付的用户规模已经达到了 5.11 亿，中国网民使用线上支付的比例已经达到 68%。[①] 如今在一、二线城市的街头超市中，已经很少见到顾客持现金购买商品；在中国的老外们也早已习惯中国一个手机走天下的便利而无法适应回国后的支付效率低下。很显然，支付作为财富管理的重要环节，其线上化基础将有力推动财富管理整体向数字化方向转型。

笔者转型律师以前所供职的国内知名互联网金融平台数据表明，平台活跃的投资者恰恰并非资金量有限的普通投资人群，而是资产规模在 50 万～100 万元以上的中产阶层或高净值人群。

BCG 和兴业银行的联合调研显示，在互联网大潮席卷中国的当下，高净值人群正逐渐步入“数字一代”：近 80%的中国高净值人士正在使用数字化的金融产品和服务。在尚未使用的人群中，35%的人明确表示愿意尝试。在已使用的数字化产品服务的人群中，与“互联网金融主要服务穷人”的印象相悖——36%的高净值人士购买互联网金融产品，P2P 和众筹等以服务“长尾”客户著称的电子化产品也受到了超过 10%的高净值客户的欢迎。

① 见 BCG. 全球数字财富管理报告 2018[R]. 2018. 05. P19

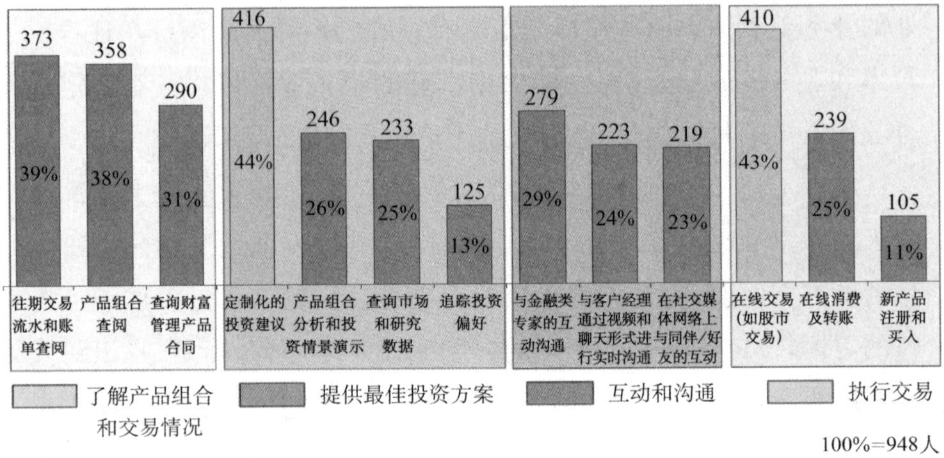

图 3.1

图 3.1 来源于 2015 年 BCG 和兴业银行开展的高净值客户调研，样本总量 1 265 名，分布于中国 18 个省市自治区。可见，在高净值人群的家族财富管理中，定制化投资建议和在线交易，是未来可实现的数字化功能中吸引力最强的。

西方成熟市场的私人银行等家族财富管理机构已屹立于市场几个世纪，对于主要以继承而来的财富传承服务和管理体系已相当成熟。而在我国这样的新兴市场上，“创一代”“富一代”等新兴富裕人群还是财富管理的主要对象，如火如荼发展中的中国财富管理市场正受到互联网的影响。不光本文前述的“三叠纪”的金融大环境作用，国内各个领域的意识、文化以及业务实践层面，都开始出现了“私密、面对面、专享和定向”的传统家族财富管理与“开放、虚拟、实时和信息共享”的互联网的碰撞和融合①，用户慢慢能够接受在 Pad 上听着顾问的讲解管理自己的财富。

云计算等技术使基础设施在计算能力、及时性与成本等各个维度不断优化；大数据成为客户精准分析的利器；社交平台的延伸与完善为高净值客户高效而便捷的沟通提供基础。通过上述技术，互联网金

① 见 BCG. 中国私人银行 2015[R]. 2015. 08. P33

融平台可以围绕高净值客户需求，“端到端”地全面重塑互动流程。

2010年，世界上最古老的瑞士私人银行 Wegelin&Co. 启动了网络银行 Netto Bank，旨在为年龄在40～50岁左右的高净值客户提供在线需求评估，并为其自动匹配产品和配置建议。①

随着“资管新政”对刚性兑付的逐步打破，过去对财富管理机构“too big to fall”（大到不可倒）的那种“大机构出身论”的信任根基可能将受到动摇。尤其是家族财富管理机构，需要真正为客户提供恰当的产品，妥善管理好风险，使之获得相对稳定的回报。互联网和科技在这个转化过程中，可能将成为重要的力量，它能帮助机构更好地“了解你的客户”（KYC），更透明地揭示各类投资产品的风险和相关信息，从而进行合理的资产配置。一言以蔽之，互联网和科技要在上述传统模式下，建立起机构与客户之间的新型信任机制。

虽然互联网背景下似乎一切的速度加快了、效率提高了，但相信，在家族财富管理中，对于专业顾问的需求可能在较长的一段时间内，并不会完全被互联网和数字技术所替代。新背景下的探索者们，就会面临如何与传统家族财富管理展开竞争的问题：与传统的相对封闭私密性相比，数字化和互联网工具给了我们更加开放的选择，可以赋予客户选择自己想要合作的机构的权利，同时，也可以吸引更多的专业人士或机构入驻、来为客户提供服务。就像美国嘉信（Charles Schwab），它为外部独立注册投资顾问开发了经纪人平台，为经纪人和客户的联系搭建了桥梁，从一个折扣券商起步，成为了全美排名前列的一站式财富管理平台。②

按照笔者的理解，移投行 IBKFO 事实上就是这样新背景下的探索和实践——开放式的专家智库和产品平台，整合了传统分散在不同专业领域的资源，并通过线上线下渠道，迅速布局、发展。

① 见 BCG. 中国私人银行 2015[R]. 2015. 08. P28
② 见 BCG. 全球数字财富管理报告 2018[R]. 2018. 05. P38

大额人寿保单的债务隔离功能与人寿保险信托分析

李国衡

我们经常听到一些人，特别是保险销售人员说大额人寿保单可以实现债务隔离，那么，是不是真的可以呢？

其实，大额人寿保单可以实现债务隔离是一个非常笼统的说法，很多人即使是保险从业人员对此也没有很清晰的认识。我曾经不止一次地被保险企业管理层问过，大额保单到底能不能实现债务隔离？如果能，应该怎样才能给一线的保险销售人员和客户讲清楚呢？

一、大额人寿保单到底能不能和债务相隔离？

要讲清楚这个问题，首先要说清楚什么是债务隔离。

债务隔离可以分为对被保险人的隔离和对投保人的债务隔离。

如果保单的财产利益（现金价值、保险赔偿金）能够独立于投保人、被保险人的债务之外，债权人不能通过人民法院执行程序取得这些财产利益，就是实现了债务隔离。

可能很多朋友，特别是没有法律背景的朋友还是不太明白上面这段话的实际意思，那么，下面我就分别从几个方面分开解释。

1. 保险理赔金属于受益人所有，不用于清偿被保险人的债务

保险理赔金是在发生保险事故后，保险人根据保险合同的约定和法律规定，支付给受益人的金额。受益人由投保人在订立保险合同时指定，只取决于投保人和被保险人的个人意愿，不需要其他人同意和知情。保险人支付给受益人保险金后，保险金就成为受益人的合法财产，如果受益人指定合法有效，则其享有的死亡赔偿金与被保险人的债务无关，不是被保险人的遗产，如果将来开征遗产税，也不涉及。

其实，对于人寿保险合同而言，其保险利益是归属于被保险人的，由被保险人享有和支配。只是由于死亡赔偿金赔付时，被保险人已经死亡，无法享受死亡赔偿金，才由其同意的受益人所享有。

由此看来，受益人的受益权是依附于被保险人的，所以当保险合同中没有指定受益人或者指定受益人无效时，保险赔偿金作为被保险人的遗产。此时，必须要清偿被保险人的生前债务（如果有）。

当投保人和被保险人明确指定了受益人时，保险理赔金属于受益人所有，不用于清偿被保险人的债务。

这里要特别指出的是，如果受益人指定为法定，就按照法定继承顺序享有死亡赔偿金，这时候的死亡赔偿金从法律属性上不是遗产，同样不用于清偿被保险人的债务。这一点，要和受益人指定不明或指定无效时的情形相区别。

两种情形相同点在于都是由法定继承人享有死亡赔偿金，不同点是死亡赔偿金性质不同，前者不作为遗产，后者作为遗产，需要清偿被保险人的生前债务（如果有）。

以下是有关法律的规定。

《中华人民共和国保险法》

第二十三条　保险人收到被保险人或者受益人的赔偿或者给付保险金的请求后，应当及时作出核定；情形复杂

的，应当在三十日内作出核定，但合同另有约定的除外。保险人应当将核定结果通知被保险人或者受益人；对属于保险责任的，在与被保险人或者受益人达成赔偿或者给付保险金的协议后十日内，履行赔偿或者给付保险金义务。保险合同对赔偿或者给付保险金的期限有约定的，保险人应当按照约定履行赔偿或者给付保险金义务。

保险人未及时履行前款规定义务的，除支付保险金外，应当赔偿被保险人或者受益人因此受到的损失。

任何单位和个人不得非法干预保险人履行赔偿或者给付保险金的义务，也不得限制被保险人或者受益人取得保险金的权利。

第四十二条　被保险人死亡后，有下列情形之一的，保险金作为被保险人的遗产，由保险人依照《中华人民共和国继承法》的规定履行给付保险金的义务：（一）没有指定受益人，或者受益人指定不明无法确定的；（二）受益人先于被保险人死亡，没有其他受益人的；（三）受益人依法丧失受益权或者放弃受益权，没有其他受益人的。受益人与被保险人在同一事件中死亡，且不能确定死亡先后顺序的，推定受益人死亡在先。

2. 大额人寿保单债务隔离分析。

保险单现金价值是投保人在保险期间早期支付的超过自然保险费部分的金额的积累，是指投保人解除保险合同时，保险公司依法应退还的金额，属于投保人所有。那么，在投保人被法院强制执行时，人寿保单的现金价值是否属于可以被执行的财产呢？

要分析这个问题，就要先分析现金价值的法律属性。

投保人和保险人订立保险合同之后，就要依约按时足额缴纳保费。投保人缴纳的保费，自保险人收到以后，就归属保险人所有，而不再是投保人的财产。投保人要取得现金价值,必须要提出解除保险合同,就是退保。如果投保人退保,拿到保险人支付的现金价值,当然可以被法院强制执行。

问题是,投保人明知自己被法院强制执行,会不会自愿退保。当然,实践中存在投保人自愿退保领取现金价值,来主动履行执行义务,承担法律责任的情形,但也有投保人不愿退保主动履行执行义务。

在投保人不愿退保取得现金价值来履行执行义务时,法院是否有权利强制解除保险合同,或者强制投保人退保呢?从目前的司法实践来看,对是否能够强制执行保单现金价值存在比较大的争议。

在一些省高院关于执行的指导意见里,把大额人寿保单作为投资类型的金融产品,认为可以强制投保人退保以履行法院生效判决确定的履行义务。

但是这一做法目前不具有普遍性,估计之后会有更高一级层面作出更具权威性的指导意见或司法解释。

以下是法律规定:

《中华人民共和国保险法》

第十五条　除本法另有规定或者保险合同另有约定外,保险合同成立后,投保人可以解除合同,保险人不得解除合同。

我们来看一个山东省的案例:

一、申请执行人滨州市财昌融资担保有限责任公司(下称“担保公司”)与被执行人邹平县三宝畜牧科技有限公司(下称“三宝公司”)、××等人追偿权纠纷一案,滨州中院作出(2014)滨中商初字第9号民事判决,判令:三宝公司向担保公司偿还担保代偿款670万元及利息;××等人承担连带责任。

二、担保公司向滨州中院申请执行,滨州中院立案并作出(2014)滨中执字第209号执行裁定(下称"209号裁定"),查封了被执行人××与中国人寿保险股份有限公司滨州分公司签订的国寿金彩明天两全保险(下称"人寿保险")。

2014年12月16日,滨州中院作出(2014)滨中执字第209-2号执行裁定(下称"209-2号裁定")及协助执行通知书,要求保险人协助提取人寿保险的保单现金价值。

三、被执行人××不服,向滨州中院提出异议,请求撤销209号和209-2号裁定。滨州中院认为,滨州中院强制执行行为的对象是人寿保单的现金价值,保单的现金价值属于投保人享有的一种确定的投资性权益,不属于不得查封、扣押、冻结财产的范围。遂作出(2015)滨中执异议字第12号执行裁定(下称"12号裁定"),驳回××的异议。

四、××不服,向山东高院申请复议,请求撤销12号裁定。山东高院审理后,驳回××的复议申请,维持滨州中院12号裁定。

(案例来源:中国裁判文书网)

3. 大额保单实现债务隔离需要专业的筹划和设计

虽然人寿保单的现金价值、保险赔偿金具有与投保人、被保险人的债务相隔离的功能,但却不是绝对的。从上面的分析可以看到,很多时候保单的现金价值是有可能在投保人负债时被强制执行的。

所以,保险销售人员和理财师需要帮助客户在人寿保单上做一些特别设计,来确保大额人寿保单的现金价值在合法的前提框架下,通过特别设计可以实现与投保人债务无关，可以不被法院强制执行。这决不是法律的漏洞，而是站在投保人角度，本着最大限度保护投保人利益的目的，按照法律规定，合法地设计保险合同架构，来实现相应的目的。

简单说一说具体操作的办法。

一是尽量让负债可能小的家人作为投保人，一般是父母比较合适。因为保单现金价值利益属于投保人，父母年纪大，负债可能性小，作为投保人比较安全。可以先将投保的资金附条件赠与给父母，再由父母出面投保。但是如果父母还有其他子女，还要签署相应协议明确赠与财产的实际目的，以及父母再订立遗嘱，明确身故后保单的继承人，以避免日后父母身故可能引发的财产争议。

这种操作方式中，值得注意的是，如果赠与父母资金订立保险合同在发生债务之后，由于赠与行为损害了债权人的债权，如果债权人提出申请，被确认无效可能性大，因为恶意转移财产来逃避债务的行为违反法律规定。

二是可以采取保单抵押贷款的方式，向保险公司贷款降低保单净资产，保单质押贷款利息低，还款灵活，可以只还利息不还本金，并按天计息。保单净资产降低以后，即使投保人被法院强制执行，受益人只需要支付相当于保单净资产的较少资金就可以保全大额保单。

来看相关法律规定：

最高人民法院关于适用《中华人民共和国保险法》若干问题的解释(三)

第十七条　投保人解除保险合同，当事人以其解除合同未经被保险人或者受益人同意为由主张解除行为无效的，人民法院不予支持，但被保险人或者受益人已向投保人支付相当于保险单现金价值的款项并通知保险人的除外。

二、什么是人寿保险金信托，如何操作？

现在发达国家的高净值家庭，用配置大额人寿保单，来实现家庭理财在保值、稳定现金流、风险防范、顺利传承和规避遗产税等方面的目的。大额保单的保险金虽然能够实现精准传承，但是在受益人使用保险金的时候，可能会违背投保人、被保险人的初衷，违背一般的财产处理原则。

所以，为了更好地实现投保人、被保险人资产传承的初衷和意愿，更好地促使受益人按照良好的原则处理保险金，实现财富的最大化，有必要引入个人信托的方法。

但是，个人信托设立门槛较高，如果将大额保单与私人信托结合，一是可以利用大额人寿保单的资金杠杆作用，二是可以利用信托优势管理家庭财富，很好地弥补上文阐述的大额保单的缺憾。

具体来分析下人寿保险金信托的含义。

所谓人寿保险金信托是指大额人寿保单的投保人作为个人信托的委托人，将投保人和被保险人设计为同一人，设定个人信托机构作为保单受益人，当理赔条件发生时，保险公司直接将理赔金交付信托机构，由信托机构依据信托合同管理、运用这笔信托财产，按照信托合同约定的方式方法将信托利益交付给信托受益人（传统意义的受益人）。

传统观念中，个人信托这类产品都是富人阶层购买的。一些有钱人通过个人信托来解决因离婚、去世等原因造成的债务或遗产分配的纠纷问题。事实上，个人信托现在已不单纯是富人阶层保障财产安全的投资品，普通人也一样可以享受个人信托带来的保障，并没有大家想的那么遥不可及。因为人寿保险金与保费之间存在较大杠杆，所以只要保额能够达到个人信托的门槛即可。这就变相地降低了设立个人信托的门槛。

一个家族一旦发生遗产纠纷，可能导致家族财富在纷争中被消耗，甚至家族企业因矛盾而破产或被外人收购。虽然订立遗嘱是目前最为普遍的财富传承手段，但遗嘱的真实性认定、继承人的身份认定、不同遗嘱的效力认定、不同国家继承法的区别、继承人是否存在丧失继承权的法定事由等均可能引发遗产纠纷。

“人寿保险金信托”的优势是保险＋信托资产稳定在受托人名下，一方面委托人的债权人无权对信托财产进行追索，构筑了企业财富和个人财富间的防火墙，规避了企业经营风险对家庭可能产生的重大不利影响；另一方面也避免了委托人的家人将财富在短期内挥霍一空。最为重要的是，通过家庭保险信托的架构，受益人以外的其他人就无法通过遗产诉讼来争夺遗产，避免认证遗嘱等法律纠纷的出现。

而且，信托受益人还可向受托人申领专项资金用于购买保险产品，同时该保险产品的受益人必须为该人寿保险金信托，从而实现循环投保和传承。

人身保单在离婚中的分割及架构方案

董　晶

随着经济高速发展和家庭财富的增加，人们的保障意识越来越强，随着人身保单的保障和传承功能凸显，人身保单成为家庭资产配置的一种方式，尤其是大额保单。

本文从人身保险的功能、种类、保险各主体的保险利益进行阐述，进而论证人身保单在离婚中的分割及架构方案，抛砖引玉，借此希望给大家在家庭财产规划中应用人身保单以启发。

一、人身保险的功能

（一）把人身保险作为“离婚不分、欠债不还、诉讼不给”的避债工具是不准确的认识

对于“离婚不分”，最高院已经有明确倾向性意见，《第八次全国法院民事商事审判工作会议（民事部分）纪要》明确指出：“婚姻关系存续期间以夫妻共同财产投保，投保人和被保险人同为夫妻一方，离婚时处于保险期内，投保人不愿意继续投保的，保险人退还的保险单现金价值部分应按照夫妻共同财产处理；离婚时投保人选择继续投保的，投保人应当支付保险单现金价值的一半给另一方。”

关于人身保单的强制执行，《广东高院关于执行案件法律适用疑

难问题的解答意见》(2016 年 3 月)、浙江高院《关于加强和规范对被执行人拥有的人身保险产品财产利益执行的通知》(2015 年 3 月 6 日)、江苏高院《关于加强和规范被执行人所有的人身保险产品财产性权益执行的通知》(2018 年 7 月 9 日)》等地方通知意见先后发布,人身保单具有责任财产性质,法院对保单的现金价值可以强制执行。

我们的家庭财富面临婚姻风险、债务风险、继承传承风险、税务风险等各种风险。客观上人身保险具有资产配置、风险隔离的功能,保单经过合理的筹划和资产配置,确实也可以起到资产保全和隔离的效果与目的,但不应成为"老赖"躲债的工具,一切以避债、避税、转移财产为目的的保单,都可能被法律击穿。注意不是保险天然就有隔离作用,是需要提前规划和合理架构的。

(二)保险的双重属性

保险是为数不多的具有法律属性的金融产品之一。保险的金融属性决定了它的资产配置功能。

保险又是一纸合同,具有合同所具有的法律属性,可以防范风险、解决问题。合同的最后落脚点在于兑现承诺,达成契约的功能。

(三)人身保险险种的分类

作为私人财富管理工具的保险,只能是人身保险。

人身保险,是以人的寿命和身体为保险标的的保险,分为人寿保险、健康保险、意外伤害保险。

1. 人寿保险

人寿保险:是指以被保险人在保险期限内死亡、伤残或者在保险期限届满时仍生存为给付保险金条件的保险。

人寿保险又根据保险事故的不同分为死亡保险、生存保险和生死两全保险。

生存保险和生死两全保险的年金类保险，是我们规划财富传承方案、婚姻财富策划方案、家业企业隔离用得最多的一类保险，后面单划出来分析。

死亡保险，是以被保险人的死亡为保险事故的人寿保险。又分为终身寿险和定期寿险。

（1）终身寿险，是被保险人死亡时，保险人按照保险合同给付保险金的死亡保险。保单具有现金价值，退保可按当时的现金价值退还保费，投保人也可以在现金价值额度内用保单贷款。

（2）定期寿险，一定保险期间内，被保险人死亡，保险人须给付保险金的保险。一般是不具有现金价值的消费型保险。

身故保险金具有较强的人身属性，属于指定受益人的专属性财产，不作为被保险人的遗产发生继承，具有隔离被保险人和受益人债务的效果，同时按照国际通行做法，身故保险金也属于受益人的免税资产。

2. 年金保险

生存保险，以被保险人在保险期间内生存为给付保险金条件的人寿保险。

生死两全保险，被保险人于保险期间内死亡或期满仍生存，保险人均须给付保险金额的人寿保险。被保险人无论生存还是死亡，都可以领取保险合同约定的保险金。两全保险具有非常好的储蓄功能同时又具有财富传承功能。

3. 健康保险

健康保险，通俗称为大病保险、重疾保险，通常具有现金价值，亦有储蓄功能。从法律上来讲，由于重疾险是一笔因为被保险人身体患疾病而获得的保险金，因此具有极强的人身依附性。

4. 意外伤害保险

意外伤害保险，是指保险公司对被保险人遭受的意外伤害或者为因意外伤害致残、死亡承担给付保险金责任的保险。

二、离婚时人身保单分割哪些利益?

在做保单架构之前,先要明白两个知识点:①保险合同中的法律关系暨保险主体的保险利益是什么;②离婚时人身保单分割哪些利益。

(一)保险合同中的法律关系暨保险主体的保险利益

我们所说的保险就是俗称的“保单”,保单其实就是一份保险合同。合同当事人订立的一份保险合同,是投保人与保险人约定保险权利义务关系的协议。这份保险合同可能会涉及到以下几个主体。

(1)保险人。就是与投保人订立保险合同的那个主体,即保险公司。每个保险公司的投保规则不同。

(2)投保人。与保险人订立保险合同,并按照保险合同负有支付保险费义务的人。

(3)被保险人。享有保险金请求权,生存受益人除另有约定外,就指被保险人。

生存保险金一般包括:重疾保险金、伤残保险金、生存年金等。

(4)受益人。被保险人或者投保人指定的享有保险金请求权的人。通常合同约定身故受益人。

(二)离婚时人身保单分割哪些利益?

婚姻法及其司法解释目前都没有明确的保单分割的条款,但是最高院有明确的指导思想。

2016年11月,最高人民法院在《第八次全国法院民事商事审判工作会议(民事部分)纪要》对保单的分割有了明确的指导意见,包含两种情况:一是婚内夫妻共同财产投保,离婚时的分割(第四条),二是投保人为夫妻以外的第三方,夫妻一方作为被保险人或受益人取得的保险金离婚时的分割(第五条)。因此,离婚时不仅涉及保险单的现金价值的分割，还涉及保险金（生存、死亡、意外、疾病、医疗、财产等）、保单生存金（年金）等的分割。

解读：夫妻共同财产投保人身保险，离婚时，在双方无明确约定的情况下：

（1）如果没有发生理赔，就保险单的现金价值进行分割。

（2）如果发生理赔，有三种人身属性较强的保险金属于个人财产：意外伤害保险的保险金、健康保险合同的保险金、一方作为以死亡为给付条件的人寿保险金，双方另有约定的除外。

对于人寿理赔金（定期寿、终身寿）、年金（生存金、分红金）的归属，尚属法律空白。

（3）定期寿险多为消费型，其理赔金具有较强的人身属性，认定为个人财产基本已成共识。

终身寿尤其是大额终身寿，更凸现储蓄、理财功能，宜保守认定为夫妻共同财产，不排除以后有“不宜”认定为夫妻共同财产的可能。

（4）年金（生存金、分红金）具有理财、储蓄价值，宜认定为夫妻共同财产。

夫妻双方对保险金的归属及保险单的分割另有约定的，可以从约定实现保险归属的确定性。在家庭财富（传承）规划中，还可以配套使用夫妻财产协议、遗嘱等工具，实现定向传承和明确归属。

然而人身保险是否可以实现婚内财产的隔离与保全，取决于如何配置，需要综合考虑保险的险种、购买时间、保险合同的架构（保险合同的主体）等多方面因素。

三、婚内能不能用保单隔离财产及其保单架构

（一）架构 1

投保人：王女士

被保险人：王女士

身故受益人：王女士子女

险种：终身寿险

我们设定投保险种是终身寿险，那么存在两种情况：

一种情况，是王女士用婚前财产支付保费，给自己购买一张终身寿险的保单，身故受益人是子女(受益人可变更)，那么这种保单的保费来源于她的个人财产，所以原则上我们认为这样的保单在她婚变的时候是不会分割的。但是，假设王女士原来的保费交的是100万，后来随着时间增加，保单的现金价值变成了150万，减去保费100万，还多出50万。那么，这个多出的50万保单现金价值，算不算是夫妻共同财产?

《婚姻法司法解释三》第五条：夫妻一方个人财产在婚后产生的收益，除孳息和自然增值外，应认定为夫妻共同财产。

这多出的50万，如果视为孳息那么为个人财产；如果视为投资收益则为夫妻共同财产。目前有不同的意见，从买保单后不需要付出时间、劳动、精力角度说，认定为孳息比较妥，最高院肖峰法官[①]认为从购买保单的初衷有投资保值的意图来说，认定为投资收益比较合适。

另一种情况，王女士用夫妻共同财产，给自己购买一张终身寿险的保单，离婚时是需要分割现金价值的。然而，保单的现金价值一般是持有年限越长越高，有些产品在很长时间内保单的现金价值都不及所交保费高，所以继续持有保单对王女士更有益，用部分现金价值换取了更大的保障。

（二）架构2

投保人：王女士

① 肖峰：《简析离婚案件中的保险金分割》，来源：微信公众号“法语峰言”。

被保险人：未成年子女
受益人：王女士
险种：年金险

设定用夫妻共同财产，给未成年子女投保年金险（教育金、婚嫁金等），那么离婚时可能分割现金价值，大部分观点是保单不需要分割【可参考（2014）高民初字第678号）案例】，视为父母对子女的赠与，离婚时保单随孩子走，这样最大限度地保护了一部分全职妈妈们的权益，比如说，全职妈妈小丽得到孩子抚养权，在急需用钱时，保单也是一笔现金流。

附：《浙江省高院发布：关于审理婚姻家庭案件若干问题的解答》（2016年6月）

十五、婚姻关系存续期间，夫妻一方为子女购买的保险，在离婚时可否作为夫妻共同财产予以分割？

答：婚姻关系存续期间，夫妻一方为子女购买的保险视为双方对子女的赠与，不作为夫妻共同财产分割。

（三）架构3

投保人：王女士的父母
被保险人：王女士
受益人：王女士的父母
险种：年金险

这个保费由于来源于王女士的父母，那么根据《保险法》保单财产的所有权归投保人，所以这张保单不属于王女士，在离婚的时候是不会被分割的。

保单虽然不分，但在没有特殊约定的情况下，被保险人是年金的领取人。那么王女士婚后从这份保单里领取的年金，会变成夫妻共同财产在离婚的时候分割吗？

《婚姻法》第十八条是这么规定的，有下列情形之一的，为夫妻一方的财产：

（三）遗嘱或赠与合同中确定只归夫或妻一方的财产。

也就是说，如果爹妈给钱的时候立了遗嘱或者是签了赠与合同，并且明确这个利益是给自己子女一方的财产的话，那么这份钱就算王女士个人财产，否则就属于夫妻俩的共同财产。

如果想将王女士所得到的年金认定为她的个人财产，在保单金额较大的情况下，父母最好和女儿签一份赠与协议，并且在协议当中说明给到女儿的保险利益的年金算作是父母对子女个人的赠与，这份赠与协议不需要通知王女士的先生，只需要父母和王女士签字即可，也算是比较私密的财富传承的方式。

如果没有以上情形的赠与协议，分三种情况：

一是这份保单在子女婚前就已经缴费完毕，这种情况就比较简单，就看年金险是否是分红型即可。如果不是分红型保单，生存金每年领取金额是确定的，那子女婚后领取的生存金如果没有超出保费部分，那么这份生存金完全归他自己所有。如果婚后超出保费部分领取的年金，是算作夫妻共同财产。

如果是分红型保单，因为分红不属于自然孳息的范畴，宜认定为投资收益，所以婚后获得的分红归夫妻双方所有。

另外两种，是子女婚后父母为子女购买保险，父母为投保人，子女为被保险人，父母为其购买年金保险；以及父母在子女婚前买但结婚时没有将保费缴完，这两种情况是一样的，当领取的生存金没有超过保单本金时，归子女婚后个人财产，超过部分归夫妻双方共同所有。

（四）架构4

投保人：王女士的父母

被保险人：王女士

受益人：王女士的子女

险种：终身寿

由于投保人是第三人，离婚时保单现金是不会被分割的，但是保费来源需要关注。

实践中存在父母替子女代持的情况。比如，王女士离婚前突击转移财产，瞒着老公偷偷拿出100万一次性地给了父母买保单，这种情况和她平常孝敬爹妈，源源不断地支付赡养费、生活费，后来王女士父母攒起来了，给女儿买了一张保单，这两种情况在法律上是不一样的。

最高人民法院关于适用《中华人民共和国婚姻法》若干问题的解释（一）

第十七条　婚姻法第十七条关于"夫或妻对夫妻共同所有的财产，有平等的处理权"的规定，应当理解为：

（一）夫或妻在处理夫妻共同财产上的权利是平等的。因日常生活需要而处理夫妻共同财产的，任何一方均有权决定。

（二）夫或妻非因日常生活需要对夫妻共同财产做重要处理决定，夫妻双方应当平等协商，取得一致意见……

王女士这个100万保费给在什么时间节点上，是基于什么法律关系而给出去的，是否与实际生活水平相吻合？如果是赡养父母合情合理，那都是老公支持允许的，给出去的100万保费在离婚时分割的可能性不大。但是，如果是恶意转移重大夫妻共同财产，瞒着老公，很有可能法官会把给到父母的100万保费视为王女士父母欠该夫妻的钱，把这个作为夫妻共同债权而照样进行分割。所以，这种情况下保单不会分割，但保费就有比较大的可能性会分割。

综上，在婚前婚内的保单架构上有四个经验总结：

第一，投保人是第三人的保单，安全级别最高，在离婚时保单基本是不会被分割的。

第二，投保人、被保险人、受益人至少有一个是第三人，保单可能会被分割也可能不会被分割，受益人是未成年子女的保单，可能分割也可能不分割，取决于各省高级人民法院的审判意见。

第三，婚内用夫妻共同财产买保单的情况，谁是投保人，谁拥有更多的主动权。因为即使离婚时分割保单现金价值一半给对方，他未来还是将享受更多保单利益；

第四，用个人存款购买的保单，不管是在婚前还是在婚后，原则上应该还是他的个人财产（保单价值超过保费增值部分有争议）。

保单的合理筹划和架构，可以更好地实现资产保全的目的。

遗嘱在家族财富传承中不可忽视的作用

蔡绍辉

一、遗嘱是一种既简单又高效的财富传承工具

1. 遗嘱的概念和基本形式

家族财富传承是家族财富管理中的重要一环，而遗嘱正是各种财富传承工具中最能体现传承人意志的一种。因此，遗嘱能够在家族财富管理中起到至关重要的作用。

哈佛商学院的约翰·戴维斯教授做过这样一项研究。他对曾经登上福布斯富豪榜的400名富豪进行了调查后发现，30年以来，只有103个家族能够持续登上富豪榜，而剩下的家族都只是财富榜上的匆匆过客。因此，对于超高净值家族来说，家族财富管理并不是简单的使财产保值增值，更重要的是如何使财富安全地进行代际传承。

目前，中国正值“创富”的时代，很多富豪都是靠自己打拼的“富一代”。他们正值壮年，或许还没有考虑过财富传承的问题。即使考虑过，也很有可能只是在遗嘱中写下“财产全部归某某”或者“财产由某某和某某共同继承”这样简单的几句。这无疑会给后代留下许多纷争。而很多富豪家族，正是在遗产争夺大战中逐渐衰败的。西方人认为，一夜暴富不会造就贵族，真正的贵族血管里必需流淌着三代

以上富裕祖先的血液，从家族中继承的，是高贵的血统而不是金钱。我们固然不提倡和推崇所谓贵族论、血统论，但仍然应当反思民间流传的“富不过三代”现象。

一直以来，遗嘱都是一项传统但有效的财富传承手段，遗憾的是，很多人对遗嘱作用、形式、效力等等都不甚重视。直到现在，还有很多人仅凭被继承人生前的“嘱托”“交代”等等主张继承遗产。因此，有必要对遗嘱这一继承形式进行研究。

根据我国继承法的规定，公民可以依法订立遗嘱处分个人财产，并可以指定遗嘱执行人，可以将个人财产指定由法定继承人的一人或者数人继承，还可以立遗嘱将个人财产赠给国家、集体或者法定继承人以外的人。这里包含了遗嘱和遗赠两种遗产继承方式。将个人合法财产设定由法定继承人中的一人或数人继承的叫做遗嘱，将个人财产赠给国家、集体或法定继承人以外的人叫做遗赠。无论遗嘱还是遗赠，都高度体现被继承人的个人意志，在遗嘱有效且内容合法的情况下，被继承人的遗产将完全按照遗嘱内容进行传承。

继承法对遗嘱形式有严格的要求，目前被法律所明确下来的遗嘱形式包括公证遗嘱、自书遗嘱、代书遗嘱、录音遗嘱、口头遗嘱五种，每种遗嘱均有不同的要求。公证遗嘱应当经公证机关办理，只能由在后的公证遗嘱撤销；自书遗嘱应当由遗嘱人亲笔书写，签名，注明年、月、日；代书遗嘱应当由两个以上见证人在场见证，由其中一人代书，注明年、月、日，并由代书人、其他见证人和遗嘱人签名；录音遗嘱应当有两名以上见证人在场见证；口头遗嘱须在危急情况下做出，应当有两名以上见证人在场见证，危急情况解除后，遗嘱人能够用书面或者录音形式立遗嘱的，所立口头遗嘱无效。除了以上各种形式遗嘱的不同要求外，所有遗嘱继承中都应当遵守的规则，包括遗嘱人立遗嘱时应当具备完全的民事行为能力，不存在受到欺诈、胁迫等情形。且目前出现的各种新形式的遗嘱，如打印遗嘱、视频遗嘱等等都受到该规则的约束。总体上来说，判断遗嘱是否成立的依据在于，遗嘱是否客观地反映立遗嘱人的真实意思,对不同形式的遗嘱所做的特殊要求,都是为了保障这一点。所以,遗嘱并不是遗嘱人随随便便地"嘱托""交代"两句后事就可以的,而是慎重考虑,全盘布局的结果。

2. 遗嘱是财富传承的重要工具

在财富传承中,遗嘱作为传统的工具,具备广泛的运用空间,相对来讲也是成本较低、难度较小的传承方式,对于高净值家族来说,是最应当积极利用的工具。在此以某知名人士的遗产继承纠纷为例。

2007年,该名人突发心脏病猝死,由于生前并未订立遗嘱,自2007年出殡火化后,逝者的亲人、好友因为遗产分割产生纠纷,直至2011年双方达成和解,逝者才得以下葬。这就是一个典型的因为没有提前采取家族财富管理与传承措施而产生的麻烦事,其实,只要事先立好一份有效的遗嘱,就可以避免。

遗嘱是家族财富传承环节中最基础,最容易由当事人自己操作的工具。但它的作用却是不容小觑的,即便只有寥寥数语,只要清楚、明确,就可以起到定纷止争的作用。因此,它在家族财富管理中的角色是一项既简单又高效的财富传承工具。

二、各类遗嘱在财富传承中所起的作用

1. 遗嘱中各类条款的不同效果

如前所述,遗嘱是财富传承中的一种基础工具,但是如果能够在遗嘱内容上稍做安排,则可以让它发挥更大的功效。

大多数人在起草遗嘱时,只会考虑一个问题——遗产怎么分。如果按照这个思路来立遗嘱,那么多半会以一定的比例将遗产进行划分,指定一个或多个继承人继承相应份额的财产,我们称之为比例收益型遗嘱。这种遗嘱的好处是简单,遗嘱人只需要按照自己的想

法把意思表示清楚即可，它的作用也很单一，就是确定份额，防止纠纷。

如果我们更进一步去设计遗嘱的内容，那么仅就“遗产怎么分”这个问题，就可以设计出多种不同的分割方式。例如，在遗嘱中写明兄长可以获得固定数额的遗产 200 万元，其余遗产由两个孩子平均继承。同时，为兄长设定一个义务，即兄长应当抚养两个孩子直到他们成年，否则不得继承前述 200 万元。通过这样一个固定数额与比例相组合的遗嘱，可以解决有关未成年继承人抚养问题的后顾之忧。

又如，某位企业家的遗嘱的核心内容是配偶的继承数额与婚姻关系存续时间的长短有关，每年增加 100 万元。其余财产则根据另外的规则由父母和其他亲属继承。这种遗嘱在一定程度上可以起到维护婚姻关系的作用。

上述的浮动数额＋余额型遗嘱还有其他变式，例如某高净值人士担心如果自己早于父母去世则父母将无人赡养，但老年人又不需要太多财产，否则等其去世又面临再次继承分割。因此在遗嘱中确定遗产继承规则为：以继承开始时，继承人 70 岁为基准确定可继承 200 万元，如果不到 70 岁，则每小一岁增加 20 万元，如果大于 70 岁，则每大一岁减少 10 万元。这一类型的遗嘱，相较于如何分割遗产更多考虑到继承人继承遗产后死亡而该部分遗产又面临继承的情况。通过提前设计，可以防止遗产流失。

以上种种遗嘱，都可设定条件，成为激励型遗嘱。例如在遗嘱中注明：如果去世前患病，则陪护最多的继承人可以优先获得遗产中的固定数额，剩余遗产则按照其他规则进行分配。这种遗嘱的好处在于可对继承人形成正向的激励，防止被继承人无人赡养的情况出现。

除了考虑“遗产怎么分”这个问题，同样需要注意的是，立遗嘱时和继承开始时的客观情况可能会发生比较大的变化。为了防止遗嘱落空，应当提前做好准备。例如某企业家的遗嘱在家族企业股权方面设计了顺位继承方式，第一顺位的继承人是儿子，如果遗嘱人去世时，儿子已经去世了则由成年孙子继承，这是第二顺位。第三顺位是如果孙子尚未成年，则由孙子与女儿按照一定的比例继承。通过类似的安排，既能防止遗嘱落空，又可以避免股权被稀释或者外流。

总之，不同内容的遗嘱可以产生各种不同的作用，这取决于遗嘱人希望通过遗嘱达到的目的。将这些目的形成文字变成遗嘱，是一项十分考究的工作，因为遗嘱内容与遗嘱的效力息息相关。即便遗嘱内容、形式完全合法有效，如果因为客观情况的变化导致遗嘱落空，这也是十分遗憾的。例如继承人先于被继承人去世，但遗嘱中没有设定顺位继承，此时遗嘱人的愿望将落空，其遗产将按照法定继承处理。因此，一份清晰、无歧义、能够准确表达遗嘱人真实意思的遗嘱，对于家族财富传承来说至关重要。

2. 遗嘱信托相较于遗嘱的优势

通过遗嘱，基本上可以解决家族财富从一代向二代转移的问题。但是，遗嘱并不能约束继承人在获得遗产之后的行为，继承人很有可能将这些财产挥霍一空，或者因个人能力有限，使家业逐渐散尽。

以某公司创始人蒋某为例，蒋某拥有公司72%股权，这些股权都是婚前财产。蒋某有两个儿子，父母仍然健在。假设蒋某去世时父母都健在，那么在没有遗嘱的情况下，他名下股权将平均分给妻子、父母、两个儿子继承。但是，蒋某有自己的考虑，他一方面希望给太太一些补偿，让她多分一点，又担心太太以后如果改嫁，可能对自己的孩子、父母不好。蒋某想过写一份遗嘱，太太可以多分股权，但应当承担照顾孩子和父母的义务。但是，如果蒋某去世时，两个孩子都没成年，那么他们的股权将由太太代为管理，蒋某担心太太无法管理好家族企业，或者将来变心，将企业变卖。即使儿子成年，蒋某又担心他们不愿意或者没有能力经营企业。蒋某实在不甘心让自己辛苦打拼下来的家产将来被挥霍殆尽。

其实，以上蒋某担心的所有问题，都可以通过遗嘱信托的方式来解决。信托是委托人基于对受托人的信任，将其财产权委托给受托人，由受托人按委托人的意愿以自己的名义，为受益人的利益或特定目的，进行管理和处分的行为。信托是一种法律上的安排，根据信托法律，信托财产独立存在，不会因委托人或者受托人的债务而被强制执行，当它与遗嘱相结合，则构成遗嘱信托。遗嘱信托中，遗嘱人以立遗嘱的方式将遗产交付受托人，并指定信托受益人。待遗嘱人去世后，信托成立，受托人需按照委托人的要求管理和分配遗产。

如果蒋某在遗嘱中不将财产直接留给家人，而是以公司股权设立一个信托，委托专业的信托机构作为受托人来管理这些股权。蒋某可以指定信托受益人为太太、儿子和父母，甚至可以制定一套收益分配机制。这样一来，蒋某的家人将不会直接持有股权而只是领取信托收益，一方面可以保障家人的生活，蒋某的公司不会因为继承而四分五裂。对于蒋某的两个儿子，蒋某既可以让他们一直作为受益人获取信托收益，也可以规定当儿子成年时受托人需将股权交给他们自己管理。这样一来，蒋某所担心的问题都可以迎刃而解。

相较于单独的遗嘱，遗嘱信托中加入了受托人这一主体，通常由信托机构、律师事务所等专业机构担任。这相当于给遗产找了一个"监护人"，信托受益人只能从受托人处领取相应的利益，但不拥有遗产所有权，更无权管理和处分。因此，通过遗嘱信托，可以将遗嘱人的意志进一步延伸，使继承人在获得遗产利益的同时，不能任意处置挥霍财产，从而起到家业长青的作用。

以上是遗嘱在家族财富管理中不可忽视的作用。遗嘱作为遗产继承的手段，主要作用在于财富的传承，而财富传承，则是大多数高净值家族十分关注的问题。通过不同内容、形式的遗嘱，可以最大限度地使家族财富按照被继承人的意志实现价值最大化；配合信托，遗嘱信托更可以确保财富代代传承、生生不息。

由百年利丰的进化史看家族企业的股权架构演变及探析

周　芸

近年来,随着中国经济的高速发展和家庭财富的积累,家族财富与传承成为一个日益瞩目的话题。其中,家族企业的传承是举足轻重的一部分。如何确保家族企业从“创一代”到“创二代”的无缝衔接?如何确保“创二代”乃至于“创N代”在家族企业中保持对企业的控制权,并将家族企业发扬光大?抑或是,在“创N代”对家族企业没有管理的兴趣时,如何退出家族企业,但可以确保该企业的持续发展?这些都成为目前备受关注的研究课题。

笔者认为,家族企业的传承的成功与否,与该企业的股权结构和企业控制权的安排密切相关。笔者试从冯氏集团——即香港利丰的百年发展轨迹,分析和解读家族企业股权架构的演变和发展。

一、百年利丰的进化史

1906年11月28日,冯柏燎先生(1880—1943)于广州创办利丰商行。冯氏集团经过一百多年的发展,利丰从一个广州洋人地头——沙面附近诸多旧式商行中并不起眼的一家铺位,成长为香港首屈一指的商贸巨擘,在全球超过40个国家或地区,设立逾240个办事处，拥有超过37 000名雇员的跨国企业集团。①

纵观冯氏集团100多年的发展史，它经过多次股权结构的重大变化。根据企业发展的不同阶段，从利丰商行到冯氏集团的股权结构变化可以分为三个部分：

第一阶段：企业初创期和发展期的股权结构

1906年11月28日，冯柏燎先生和李道明先生合资，创办利丰公司（Li & Fung Co.），其中，冯柏燎占51%的股份，李道明占49%的股份。利丰是中国第一家由本地华商直接从事对外贸易的华资出口公司；在冯柏燎先生的引领下，利丰在1910年发展成为稍具规模而信用卓著的出口贸易商行②。利丰公司（Li & Fung Co.）的发展期间，冯柏燎的二子冯慕英、三子冯汉柱、四女冯丽华逐步成为公司管理层的骨干力量。

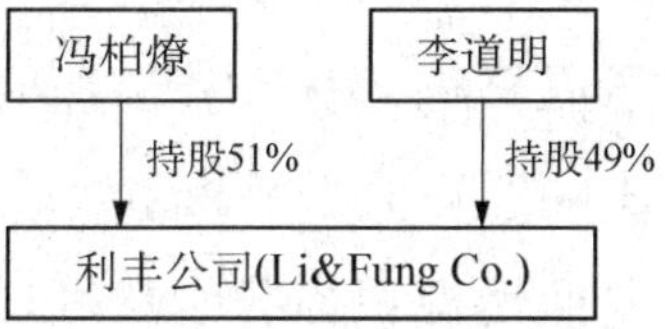

图3.2 利丰公司（Li & Fung Co.）股权结构

19世纪20年代开始，鉴于中国大陆受战争局势的影响，利丰将业务逐步向香港转移。1937年，利丰正式在香港注册为有限责任公司——利丰（1937）有限公司，由冯汉柱出任总经理。该公司设立时的股东为冯氏和李道明，在冯柏燎过世后，李道明于1946年10月1日将所持的利丰有限公司300股股份出售给冯氏家族成员，利丰（1937）有限公司的股份由冯氏家族完全持有。

在广州利丰公司和香港利丰（1937）的初创期和发展阶段的股权架构中，体现了家族企业在初创期和发展期的特征：首先，家族企业产权明晰，股权高度集中于以创始人为核心的家族成员手中；其次，企业的决策权与经营权高度统一，控股股东就是主要经营者，企业的

① 冯邦彦：《百年利丰：跨国集团亚洲再出发（第2版）》第一章　利丰创办：广州的岁月，中国人民大学出版社，2011年11月。

② ［英］哈特臣：《锦霞满天——利丰发展的道路》，黄佩仪等译，14页，广州，中山大学出版社，1992年。

主要高层人员由家族成员出任；再次，这一阶段的家族企业深受企业创始人的影响，浓厚的家族观念、严谨的家族制度和家族行为规则使得家族成员齐心协力，这无疑使家族企业较易适应市场需求的转变，为企业的高速发展起到了正面的促进作用。

第二阶段：由于家族壮大而导致的分散的股权结构

利丰的创始人冯柏燎共有 11 位子女，其中加入利丰的主要是二子冯慕英、三子冯汉柱和四女冯丽华。随着冯氏家族成员的增多，利丰的股东人数不断扩大，股权相当分散。利丰的第三代掌门人冯国纶回忆说："当我刚从美国回来的时候[笔者注：该时间为 1972 年 9 月。]，家族成员控制着公司的主要职位，公司股东则是创办人的第二代——8 位在世成员的子女。但是，到了第三代，仅作为股东已经不能取得很多利益，必须全身投入这项事业之中。一些表兄弟姐妹也曾经加入利丰，但不感兴趣。"冯氏第三代 35 人中，大部分对加入公司缺乏兴趣。为了让利丰继续繁荣下去，利丰第三代冯国经和冯国纶兄弟建议将利丰上市。①

经过一系列的增资、重组后，利丰将总股本增加到 5 400 万股，每股价值 1 港元；向公众发售 1 350 万旧股，占公司股权的 25%。表 3.1显示了利丰公司上市前后的主要股东及其持股比例。

表 3.1 1973 年利丰上市前后的主要股东及其股权比例

姓名	说明	上市前持有股数(千)	上市后持有股数(千)
冯慕英	公司董事	7 120(13.18%)	5 020(9.29%)
冯汉柱	公司董事	7 120(13.18%)	5 020(9.29%)
李冯丽华	公司董事	6 120(11.32%)	4 320(8.00%)
冯汉兴	商人	5 100(9.45%)	3 600(6.67%)
冯汉邦	土木工程教授	5 100(9.45%)	3 600(6.67%)
冯丽嫦	家庭主妇	5 100(9.45%)	3 600(6.67%)

① 参冯邦彦：《百年利丰：跨国集团亚洲再出发(第 2 版)》第三章 第一次上市：1973—1989 年，中国人民大学出版社，2011 年 11 月。

续 表

姓名	说明	上市前持有股数(千)	上市后持有股数(千)
冯汉彦	医生	5 100(9.45%)	3 600(6.67%)
冯丽蔼	家庭主妇	5 100(9.45%)	3 600(6.67%)
罗理基爵士	医生	20(0.04%)	20(0.04%)
张奥伟议员	大律师	20(0.04%)	20(0.04%)
冯柏燎的遗产		8 100(14.99%)	8 100(14.99%)
公众人士		—	13 500(25.00%)
合计		54 000(100.00%)	54 000(100.00%)

注：括号内的数字表示持股比例。
资料来源：《利丰有限公司招股章程》,1973-03-27

由表3.1可以看出，在1973年前后，由于家族人员的增多，导致企业股权的分散，同时一些家族成员无意于投身家族企业的事业之中。

华人家族企业在传承时基本上以“子承父业”为原则。在这种情况下，家族企业在代际传承时往往会面临数个挑战：其一是家族企业接班人是否得力，是否会像父辈一样有魄力和权威将家族企业发扬壮大？其二是家族人口的繁衍造成了家族企业股权的稀释，在中国的传统文化中，父亲去世后，家族财富在各儿女之间(尤其是各儿子之间)均分，这种分配方式造成家族财富以“细胞分裂”的方式在家族成员中稀释，它不仅使家族成员的内部矛盾和分歧不可避免，而且动摇了家族对企业的控制权。所有权稀释的情形会导致有效的经营决策和战略决策之间的失衡。如何保证公司有系统的组织和高效的运营？如何保证企业的可持续发展？这成为家族企业发展到第二代或第三代时不得不面临的问题。

第三阶段：家族企业股权的重新集中——利丰私有化，管理层收购

1984年底，中英两国之间关于香港归属问题的谈判尘埃落定，冯氏家族成员对于香港前景的意见存在很大分歧，家族第三代成员冯国经、冯国纶觉得中国大陆的改革开放正是利丰发展的黄金机会，而其他家族成员持有反对意见并有意向退出。于是，利丰开启香港

首宗由公司管理层策划的私有化收购计划。管理层收购完成后，利丰成为经纶控股有限公司(King Lun Holding Limited)的全资附属公司(图 3.3、图 3.4)。

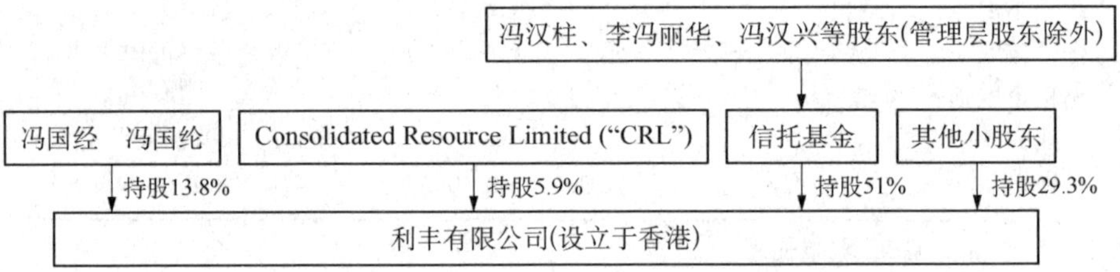

图 3.3　1988 年，利丰私有化(管理层收购)前的股权结构图

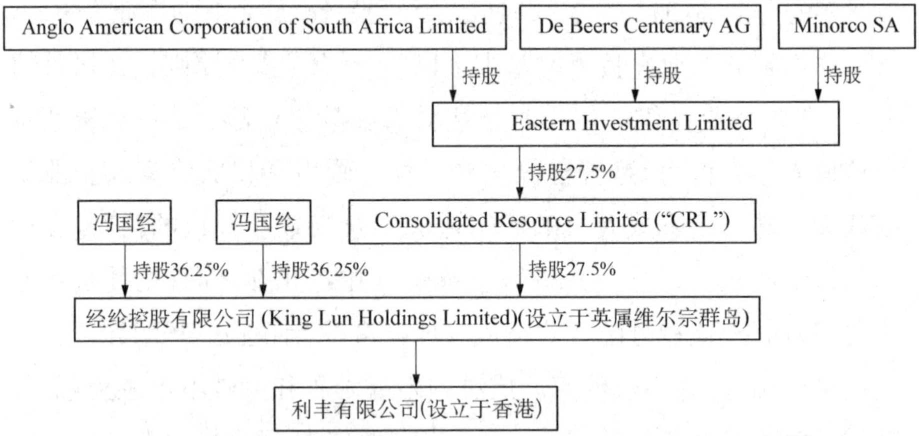

图 3.4　1989 年 1 月利丰私有化(管理层收购)后的股权结构图

有评论指出："冯氏兄弟能利用崭新的财技，解决了向来困扰华人家族事业权与管理权纠缠不清的这个老大难问题。这可说是华人家族新生代借助西方学来的管理学识来更新古老家族事业的典例，姑且勿论这次管理层收购是否真的如冯国经说的那样和谐地完成，但手法干净利落，环顾地区内华人商界众多家族事业此起彼伏地为传承问题而危机四起，利丰的现代化实在是个突出的成功案例。"①

① 招艳颜:《九十年、三代人》，载香港《资本家》杂志，1996 年 2 月，55 页。

利丰家族第三代掌门人冯国经、冯国纶兄弟通过管理层收购重新掌控了冯氏家族企业的所有权和经营权(笔者注：2000年初,APP决定重组业务,逐步出售非核心资产,在此背景下APP将经纶公司的股份向冯氏兄弟出售。)对利丰的业务进行了从多元化到专业化的经营和重整,冯氏集团旗下的利丰有限公司、利标品牌有限公司、利邦控股有限公司等先后在香港联交所上市。冯氏集团在第三代掌门人的引领下,拥有了飞跃式的发展。我们从冯氏集团的发展史看到,优秀而卓越的家族成员如何巧妙地设计和利用股权结构的调整,使百年家族企业得以重生和腾飞。

二、百年利丰的股权结构演变给我们带来的思考和启示

家族企业在其初创期和发展期,创始人在家族企业中拥有控股权和绝对的企业经营控制权。随着企业的发展或家族人口的繁衍,股权结构会随之发生变动。

1. 家族企业股权结构发展和演变

股权结构的变化可以分为两种类型：即主动的和被动的。

主动的股权结构调整可能以多种方式呈现,主要有引进新的投资者、企业上市、引进信托或基金代为持股、通过买断其他家族成员的股权将所有权集中、上市企业的私有化等。

被动的股权结构变化往往体现在家族企业的代际传承中,由于家族股东人数的增加而导致被动的股权稀释;在目前的中国企业中,还存在着上市家族企业的股权由于高杠杆质押,加上股价的长期下行引发强行平仓,导致家族丧失全部或大部分的股权。

总体而言,家族企业对股权结构变化的关注点主要侧重于两个方面：其一,在企业股权主动或被动稀释后,如何可以保证核心家族成员对企业经营权的掌控？其二,由于家族人口的繁衍而导致企业股权的稀释后,是否有可能通过股权架构的重新设计,达到企业可持

续性发展的目的？例如，让核心的、卓越的家族成员对股权的重新集中，并持有企业经营的控制权；或者让外部的职业管理人员维持企业的长足发展和确保家族成员的体面生活。

2. 家族企业股权结构的主要类型

如今，企业股权结构较以往也已经有了很大的发展，综观家族企业的股权结构，主要有以下几类：

(1) 金字塔控股结构

金字塔股权结构代表了一系列的企业控制，往往由一个家族投资公司在金字塔顶端，它持有第一层级公司的控股权，然后第一层级的公司持有第二层级公司的控股权……直到控制最底层的目标公司。结构如图 3.5 所示。

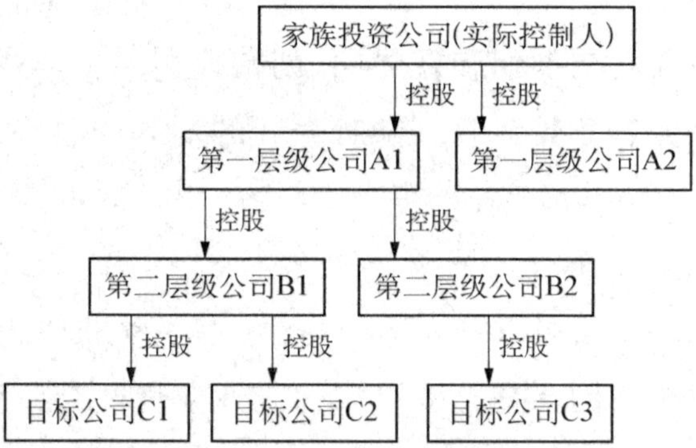

图 3.5 金字塔股权结构

我们来分析一下金字塔控股结构在维持控制权和分红权方面各有怎样的作用。假设家族投资公司持有 A1 公司 51%的股份，A1 公司持有 B1 公司的 51%的股权；B1 公司持有目标公司 C1 股权的 51%；而 A1、B1、C1 公司其他的股权由小股东持有，每位股东持有的股权不超过 10%。

在控制权方面，家族投资公司对 A1 公司拥有绝对的控制权，通过控制 A1 公司的董事会，享有对 B1 公司的实际控制权，同样地，家族投资公司实际享有对 C1 公司的实际控制权。

在分红权方面，如果 C1 公司决定分红 100 元人民币，B1 公司可以得到 51 元人民币的分红，那么 A1 公司可以得到约 26 元的分红，家族投资公司可以得到约 13.26 元的分红；由此可见，绝大部分收益在 A1、B1、C1 的小股东中的分配。

换一个角度看，金字塔股权结构拥有杠杆效应，即金字塔顶端的控股股东可以利用少量的自有资金控制大量的外部资金，同时保持在企业中的控制权。

世界上很多家族企业集团都善于利用金字塔控股结构。例如丰田汽车、三星电子、李维斯、杜邦、庞巴迪飞机、欧文石油等公司均采用了金字塔股权结构有效拓展了在全球的市场。

由于中国大陆的 A 股市场要求上市企业同股同权，因此上市的家族企业（民营公司）中，普遍采用金字塔股权结构，根据《上交所研报：揭秘 A 股 76 大民营资本家族图谱》中分析的数据①，民营企业上市公司普遍采用金字塔式控制，即最终控制人通过控制中间层公司法人的形式，以金字塔结构来间接对上市公司进行控制。报告中梳理的 178 个资本系族中，最终控制人与上市公司之间至少有一个中间层级，一般为两到三个层级，少数系族的中间控制层级达 4 层。

（2）双层控股结构

双层股权结构区别于同股同权制度，也称为二元股权结构、双重股权制。双层股权结构将股票分为两类，即普通股和特别股。特别股所拥有的表决权远远超过普通股，其本质是通过设置不同的股权代表不同的表决权，从而达到以少数股权控制企业经营权、和其他投资者分享股票收益的目的。

在双层股权结构中，每一层股权拥有的表决权的比例取决于公司设立地国家的公司法制度。例如：在丹麦、瑞士、芬兰、挪威、瑞典等北欧国家，双层股权结构较为普遍，持有优先表决权股票的股东可

① 载于 https://wallstreetcn.com/articles/324812，于 2018 年 8 月 9 日访问。

以投的票数是持有有限表决权股票的股东的10倍;美国纽交所和纳斯达克市场均允许上市公司采用双层股权结构;我国香港证券交易市场中,自2018年4月开始,允许双层控股结构公司上市。

例如:瑞典瓦伦堡家族通过双层股权结构和金字塔控股结构控制着大量瑞典的上市企业和私营企业。双层股权结构用于控制家族的投资公司,投资者持有的股票分为A、B两类。A类股占企业资金的40%左右,但控制着约87%的表决权;而B类股占企业资金的60%,却只有13%的表决权。通过一个家族基金,瓦伦堡家族持有两层股权的大部分股票,因此虽然仅拥有五分之一的资金,却享有近半数表决权。①

2018年5月3日,小米向港交所递交申请招股说明书,通过小米的双层股权结构的设置,雷军占有小米三成股份,表决权比例超过50%。

可以预见的是,由于香港证券交易所允许新上市企业采用双层控股结构,此后选择在香港上市的家族企业中,会有越来越多的家族企业选择双层股权结构,来达到引入战略投资者、股份被稀释的同时,依然能够由家族核心成员掌握企业经营控制权的目的。

(3) 交叉持股

在交叉持股的股权结构中,家族企业集团下的各子公司互相持有股权(图3.6)。此类持股模式是一种保持所有权结构稳定的特殊策略,可以保证企业经营策略的长期性和稳定性,并增强企业应对危机的能力。

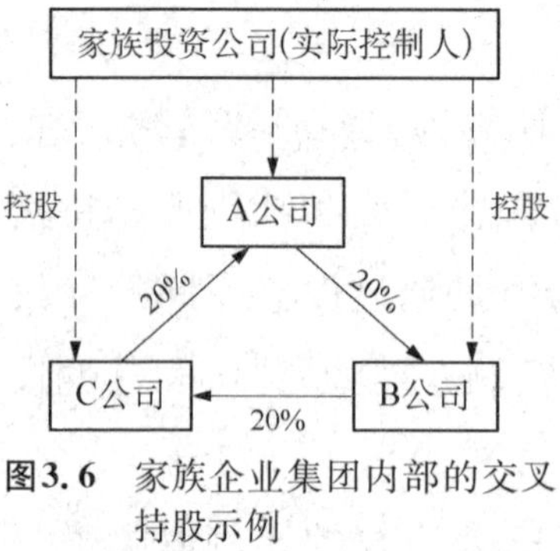

图3.6 家族企业集团内部的交叉持股示例

注:图中虚线箭头部分表示直接或间接持股

日韩家族企业集团内部的交叉持

① 莫顿·班纳德森(Morten Bennedsen)、范博宏著,陈密容、付兆琪译:《家族企业规划图》,第160页,2017年9月。

股状况较为普及，较为著名的案例有日本的三菱企业联盟内部封闭的交叉持股；韩国辛氏家族在乐天集团下设计的交叉持股等。此外，台塑集团的四大核心企业中的交叉持股，使王永庆加强了他对集团的控制。

三星的创始人李氏家族创立了非常复杂的交叉持股计划：旗舰企业三星电子的最大股东是三星生命保险，持股7.7%，而三星生命保险的最大股东又是李健熙和三星爱宝乐园，分别持股20.8%和19.3%。三星爱宝乐园的最大股东是李在镕，其持股25.1%。三星电子持有三星信用卡37.5%的股份，而三星信用卡又持有三星爱宝乐园8.6%的股份。正是透过这种交叉股权结构，李健熙和李在镕成为三星集团的实际控制人。①

3. 因家族人口繁衍而造成的股权分散的应对措施

从冯氏兄弟使用管理层收购的经典案例可见，在家族企业的所有权被稀释、家族成员内部分歧和利益冲突难以用现有的机制调和时，家族企业的股权结构有必要做调整。那么，拥有一个家族企业股份可交易的股权架构和家族股权交易的内部市场，是重新集中股权的必要条件。

笔者试从家族治理和股权结构两方面为切入点进行分析：

（1）从家族治理角度的分析

从家族治理的角度，可以通过家族宪法、家族治理结构（家族大会、家族理事会等）来对企业代际传承做出相关规则的制订，从而让企业的经营控制权得以顺利传承到优秀而卓越的家族后代手中。

a. 家族宪法

一个成功的家族，特别是共同拥有家族企业或巨额财富的家庭，治理起来像是一个小王国。家族宪法即整个家族中的“宪法”，是整个家族中最具有权威性的纲领性文件。它阐述了家族企业创始人

① 摘自 http://news.pconline.com.cn/916/9166384.html，于2018年8月9日访问。

所构建的企业的核心价值、愿景和规划。中国家族自古就有制定家族宪法的先例，例如古代的《（祁门）文堂乡约家法·文堂陈氏乡约》、现代的《李锦记家族宪法》、宁波华茂集团的《徐氏家族共同协议》等。

家族宪法在一定程度上可以巩固多代家庭的团结，维持家族企业的发展。家族宪法中会体现家族成员的价值观和行为准则，并将这些价值观和行为准则向家族后代传输。如果将家族企业的传承过程中的原则和方式写入家族宪法，将在一定程度上帮助家族企业顺利进行传承。这部分的内容主要包括：

- 家族企业下一代企业领导人的选任机制、行为准则；
- 家族企业的股权被稀释后，家族核心成员重新集中股权或企业管理权的方法；以及被边缘化的家族企业的成员的退出机制和补偿机制；
- 家族成员因代际传承而产生的争端的解决机制等。

b. 家族治理结构

家族治理结构有别于家族企业的治理结构，前者是规范和处理家族关系的一套制度安排，在形式上主要以家族大会或家族理事会的方式进行运转。家族企业的治理结构受企业所在地的《公司法》调整，是企业内部的制度。

家族治理机构通过定期或不定期的会议，使家族成员聚集在一起，对家族内部事务或家族企业事务进行商讨并取得共识。家族治理结构有利于在家族内部协调并达成治理家族企业的一致意见。

家族大会由全体家族成员组成，一般是家族的最终权力机构，对家族中的重大事务往往会有最终的决策权。在家族成员发展到一定规模时，家族大会的协调机制和决策机制在维护家族和谐方面显得尤为重要。

家族理事会规模较小，一般由家族企业中的核心成员组成，对家族企业的发展战略和发生的重大事宜进行决策和执行。可以通过对家族理事会组成人员的资格和准入的限定,达到在家族理事会中汇聚优秀、核心的家族企业人员,由他们掌握家族企业经营权。

此外,家族大会或家族理事会还可以作为家族企业股权内部交易的平台和市场。在欧洲,文德尔和穆里耶兹家族已经建立了一个买卖家族股票的内部市场,仅在每年的家族聚会上开放一小段时间。[①]

(2) 从家族企业股权结构设置上对家族企业传承的探析

a. 在家族企业股权结构中引入家族信托

家族企业可以利用信托对家族企业进行产权设计,赋予家族企业股权的独立性,使家族企业免于受到家族成员婚变、遗产继承而被分割或因家族个别成员的债务而被强制执行。

在家族信托中,英属维尔京群岛的PTC信托(即私人信托公司)、VISTA法案和目的信托颇受瞩目。一个较为受人推崇的家族信托模式是,由VISTA目的信托持有PTC股权,再由PTC直接或间接持有家族企业的股权,一方面可以对家族成员的财产和家族企业的财产进行有效隔离;避免家族企业的股权因为家族成员的婚姻、继承、债务强制执行而遭到负面影响;另一方面,VISTA法案中的"董事会规则"(即"ODRs"),使家族企业的决策者通过掌控PTC董事的任免权,进而控制PTC,进一步控制家族企业。

由此可见,在股权结构中引入VISTA目的信托进行家族企业治理,可以有效隔离家族股东个人的婚姻、继承和债务风险;在信托存续期内,家族企业的决策者也可以有效地掌握家族企业的经营权。在目前中国A股上市公司中,已经开始有境外的家族信托持股的先例。

① 莫顿·班纳德森(Morten Bennedsen)、范博宏著,陈密容、付兆琪译:《家族企业规划图》,第163页,2017年9月。

不过，我们也应当关注到，由于信托股权不能在信托有效期内转让，可能会导致家族企业的股权被死锁在信托内。当家族成员存在严重矛盾时，股权死锁的情况往往会导致企业和家族陷入僵局。新鸿基地产郭氏兄弟之间的纷争就凸显了这个问题。因此在设计家族信托时，要充分考虑家族信托的有效期和灵活性。

b. 家族企业的双层股权结构设计对于家族企业传承的正面作用

双层股权结构设立的目的主要是为了使家族企业的控制人在股权被稀释后，利用不同股权的不同表决权，可以控制企业。如果将双层股权结构用于家族企业的传承中，则可以考虑在企业架构中或家族理事会中，核心的家族企业人员拥有的股权的表决权数倍于非核心家族企业人员的表决权，从而达到让核心、卓越的家族企业人员仅持有少数股份，但可以控制家族企业经营权的目的。

中国大陆的《公司法》中，允许有限责任公司章程对于股权的不同表决权做出规定。[①] 而对于股份有限公司，在表决权方面必须严格遵守"同股同权"的基本原则。[②] 在该法律体制下，是否有什么股权结构上变通的方式，让核心家族成员持有更多的表决权？

笔者认为，在家族企业的股权架构中，可以充分利用有限合伙的特点，达到类似于双层股权架构的设计。在家族持股平台中，以有限合伙为组织形式（图 3.7），家族企业核心人员作为普通合伙人，享有家庭持股平台中的管理权和决策权，进而享有家族企业的经营权；而其他家族企业的人员作为有限合伙人，不参与家族持股平台的决策。

c. 交叉持股在家族传承中的应用

庞大的家族企业往往会设置多个子公司独立运营，在家族企业

① 《公司法》第 42 条规定："股东会会议由股东按照出资比例行使表决权；但是，公司章程另有规定的除外。"

② 《公司法》第 103 条规定："股东出席股东大会会议，所持每一股份有一表决权。"同时，第 126 条规定："股份的发行，实行公平、公正的原则，同种类的每一股份应当具有同等权利。

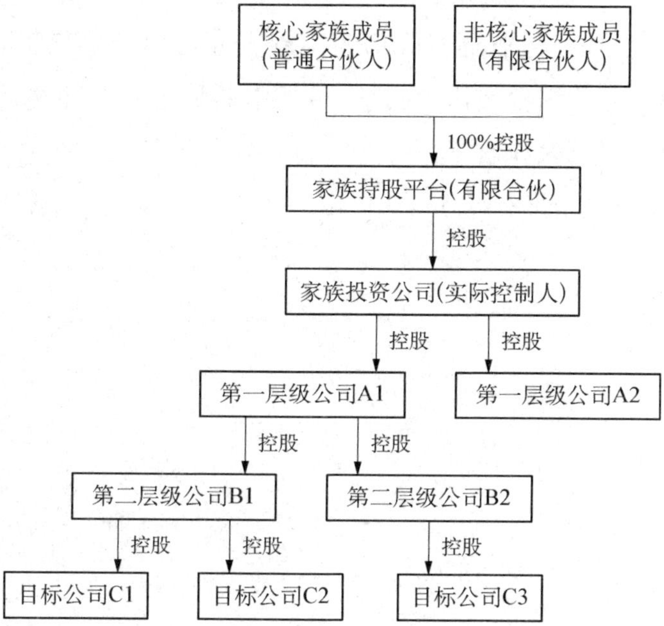

图 3.7 有限合伙公司运用于金字塔持股结构

代际传承时，若有多个子女有意愿投身于家族企业的发展中时，可以根据企业的状况和家族成员的特点，各子女分别继承不同的子公司的股权，并负责运营和管理；同时各子公司间利用交叉持股结构维持家族企业在整体上的稳定性。

在这种股权架构下，一方面，家族企业集团中的各个独立的子公司有其独立的运营权，这样既可以避免家族成员对于企业经营的分歧和争议；另一方面，又可以激励各集团内部子公司的核心家族成员发展各自所拥有的企业，并实现家族企业各子公司之间资源的共享。

鉴于家族企业发展过程的长期性和外部环境的复杂性，让一个庞大的家族企业在代际传承的过程中保持成功和繁荣是一个很大的挑战。利丰(冯氏家族)在代际传承中的成功案例，值得我们深入研究和思考，上文试从股权架构演变的角度，对利丰(冯氏集团)百年来发展的轨迹进行了追踪和阐释。同时结合目前国内外家族企业股权结构的现状，对企业代际传承中可以考虑的方式进行探析。

笔者希望，有越来越多成功的家族企业可以巧妙借助于股权架构或其他工具的综合安排，在代际传承中避免矛盾和冲突，让家族企业取得长足的发展和繁荣。

·第四部分·

家族财富的全球配置

资金违法出境的法律后果

吴兴鑫　李玉东

近来，随着中美贸易战的升级，外汇管制等问题又再一次被提上了台面，引发重点关注。2017 年以来，国家外汇管理局多次强调要加强外汇市场的监管，严厉打击外汇违法和违规行为。对于一些需要资金出境的机构和个人而言，外汇管制无疑给投资移民、商业贸易等带来了巨大的影响。俗话说上有政策下有对策，随着外汇管制的加强，越来越多的人也开始寻找不同的方法让资金顺利出境。而这些方法之中，有许多做法由于违反了法律法规规定，存在着被处罚的风险。

根据《中华人民共和国外汇管理条例》以及相关法律法规的规定，资金违法出境的法律后果，主要有没收违法所得、罚款、触犯刑罚等法律后果。接下来，本文结合国家外汇管理局关于外汇违规的案例以及相关法律规定，对于资金违法出境的三种常见方法及其法律后果进行详细阐述分析。

一、蚂蚁搬家式资金出境及其后果

根据《个人外汇管理办法实施细则》第二条第一款规定："对个人结汇和境内个人购汇实行年度总额管理。年度总额分别为每人每年等值5万美元。国家外汇管理局可根据国际收支状况，对年度总额进行调整。”由于该实施细则中规定了外汇上限5万美元，因此许多需要资金出境的机构或个人便选择了蚂蚁搬家式的资金出境方法。所谓蚂蚁搬家式的资金出境，也即使用分拆的方式进行资金跨境流动，而这种行为很有可能会触犯法律规定。例如，某著名人士A因蚂蚁搬家式外汇交易被捕一案。2017年年初，A因涉嫌刻意规避申报要求、进行现金拆分行为等在美国被捕。经审理发现，自2011年4月至2012年3月，A曾分几十次在四家银行的多个账号中先后存入了40多万美元。随后A虽放弃庭审机会，在州联邦法庭达成和解。但其也受到了冻结部分资金以及补缴税款的惩罚。再如，国家外汇管理局关于外汇违规案例中通报的上海籍张某分拆逃汇案，2016年，张某为实现非法向境外转移资产目的，利用本人及他人共计20多人的个人年度购汇额度，将个人资金分拆购汇后汇往境外账户，非法转移资金合计折100多万美元。

目前，针对这种蚂蚁搬家式的资金出境方式，国家外汇管理局已经做了相应的规定和惩罚措施。根据《个人外汇管理办法》第七条的规定：“银行和个人在办理个人外汇业务时，应当遵守本办法的相关规定，不得以分拆等方式逃避限额监管，也不得使用虚假商业单据或者凭证逃避真实性管理。”根据《外汇管理条例》第三十九条规定：“有违反规定将境内外汇转移境外，或者以欺骗手段将境内资本转移境外等逃汇行为的，由外汇管理机关责令限期调回外汇，处逃汇金额30%以下的罚款；情节严重的，处逃汇金额30%以上等值以下的罚款；构成犯罪的，依法追究刑事责任。”另外根据汇发[2009]56号以及汇发[2015]49号规定，若5个以上不同个人同日、隔日或连续多日分别购汇后，将外汇汇给境外同一个人或机构；或者同一个人的5个以上直系亲属分别在年度总额内购汇后，将所购外汇划转至该个人外汇储蓄账户；其他通过多人次、多频次规避限额管理的个人分拆结售汇行为，均有可能构成以分拆等方式规避个人结汇和境内个人购汇年度总额管理的情形。若个人在办理外汇业务时，以分拆等方式规避额度及真实性管理，国家外汇管理局及其分支局对规避额度及真实性管理的个人还将实施“关注名单”管理。在关注期限内，“关注名单”内个人办理个人结售汇业务，需凭本人有效身份证件和有交易额的相关证明等材料在银行办理。

也即，如果违反规定以分拆方式使资金非法出境，不仅会被列入“关注名单”，还将面临罚款的处罚，甚至可能构成刑事犯罪。

二、通过地下钱庄非法买卖外汇资金出境及其后果

通过地下钱庄非法买卖外汇，也是目前最常见的资金出境方式之一。一般来说，地下钱庄主要通过对敲、走私、虚假贸易以及黄牛等方式运作。以对敲型运作模式为例，一般对敲型模式常见手法，是以在境内和境外银行分别开设不同的账户的方式进行非法兑换外币和人民币。当有客户找地下钱庄兑换外币时，只需要按约定将人民币汇入地下钱庄指定的境内账户，地下钱庄便可通知境外同伙将外币汇入客户的境外账户中。如果客户想用外币兑换人民币，则只需要将外币汇入地下钱庄指定的境外账户中，然后地下钱庄再将人民币汇入客户的境内账户中。

对于地下钱庄非法买卖外汇的行为，《外汇管理条例》第四十五条已规定：“私自买卖外汇、变相买卖外汇、倒买倒卖外汇或者非法介绍买卖外汇数额较大的，由外汇管理机关给予警告，没收违法所得，处违法金额30%以下的罚款；情节严重的，处违法金额30%以上等值以下的罚款；构成犯罪的，依法追究刑事责任。”例如，国家外汇管理局关于外汇违规案例中通报的陕西籍陈某非法买卖外汇案，2016年8月至9月，陈某为实现非法向境外转移资产目的，将2 600万元人民币打入地下钱庄控制的境内账户，通过地下钱庄兑换外汇汇至其香港账户，金额合计389.06万美元。该行为违反《个人外汇管理

办法》第三十条,构成非法买卖外汇行为。根据《外汇管理条例》第四十五条,处以罚款 169 万元人民币。另外,根据《中华人民共和国刑法》以及《最高人民法院关于审理骗购外汇、非法买卖外汇刑事案件具体应用法律若干问题的解释》的规定,通过地下钱庄非法买卖外汇还有可能构成非法经营罪。

也即,通过地下钱庄的方式资金出境,情节相对轻微的,可能会给予警告、没收违法所得、罚款的处罚;情节严重的,甚至可能构成非法经营罪等犯罪。

三、利用内保外贷非法出境及其后果

通过分析国家外汇管理局关于外汇违规案例的通报可以发现,内保外贷方式使资金非法出境也是常见的资金出境方式之一。这种方式与前两种方式相比,前两种方式一般是法律明确规定不可为之的,而内保外贷的行为,实际上是符合法律规定的。但是,由于实践中许多机构变相开展内保外贷业务,蓄意进行内保外贷履约以骗取外汇、向境外转移资产,因此这种行为目前也已被严格监管、审查。

一般来说,内保外贷,是指担保人注册地在境内,债务人和债权人注册地均在境外的跨境担保。内保外贷一般涉及四个法律主体:借款人、担保人以及境内分行、境外分行,主要模式一般为:借款人向境外分行提出借款申请,由担保人将现金直接存入境内分行后,境内分行向境外分行提供保函或者备用信用证,境外分行审核后再向借款人提供借款。其中借款人和担保人一般具有关联关系。

对于内保外贷的资金用途,根据《跨境担保外汇管理规定》规定,内保外贷项下资金用途应当符合以下规定:(一)内保外贷项下资金仅用于债务人正常经营范围内的相关支出,不得用于支持债务人从事正常业务范围以外的相关交易,不得虚构贸易背景进行套利,或进行其他形式的投机性交易;(二)未经外汇局批准,债务人不得通过向境内进行借贷、股权投资或证券投资等方式将担保项下资金直接或间接调回境内使用。然而实践中，蓄意进行内保外贷履约以骗取外汇、向境外转移资产的行为却比比皆是。另外，在内保外贷这种模式中，不仅非法骗取外汇的机构会受到处罚，境内分行有时候也可能会因为审核、监管不严而面临处罚风险。例如国家外汇管理局关于外汇违规案例中通报招商银行泉州分行违规办理内保外贷案，2013 年 10 月至 2015 年 10 月期间，招商银行泉州分行在办理内保外贷签约及履约购付汇时，未按规定对贷款资金用途、预计还款来源、担保履约可能性及相关交易背景进行尽职审核和调查。该行上述行为违反《跨境担保外汇管理规定》第十二条及第二十八条。根据《外汇管理条例》第四十七条，责令限期改正，没收违法所得 213.19 万元人民币，并处罚款 580 万元人民币。

也即，内保外贷虽是法律规定的跨境担保方式，但由于实践操作中银行审核不严、机构投机取巧骗取外汇等原因，通过内保外贷使资金违法出境已成为常见方式。对于通过内保外贷模式使资金非法出境，对于机构而言，可能会触犯《外汇管理条例》三十九条规定。而对于银行而言，也有可能因审核不严等原因遭到罚款等处罚。

综上，本文结合近期通报的外汇违规案例，对于资金违法出境的三种模式及其法律后果进行了分析。一般来说，资金违法出境将会面临罚款、没收违法所得等法律后果，严重的甚至可能触犯刑法、构成犯罪。虽然资金无法出境对于一些机构或者个人日常经营、生产生活会造成一定的影响，但在法律法规面前，合法合规的操作才是最保险、最长久的。

FATCA 和 CRS 下个人和公司持有大额保单的信息披露

唐海燕

大额保单，在海外通常是指那些保险额超过 100 万美元的万能人寿保险。而在国内，大额保单通常指保费高昂的各种人寿保险保单。因其兼具人寿保险和资产投资的双重特性，且具有现金价值，因此在 FATCA 和 CRS 下大额保单应作为具有现金价值的保险合同来处理。

一、大额保单概述

大额保单，是一种具有保障性的特殊投资产品，从其本质属性上来说，仍属于保险合同。在进行财富传承和规划上因为这一特性而具有独特优势。总的来说，大额保单的主要功能集中体现在合理节税、债务隔离和财富传承几个方面。

大额保单作为具有现金价值的保险合同，本身属于 FATCA 和 CRS 下的金融资产。如果一个机构（如信托或者公司）所持有的资产为大额保单，那么其通常可以被认定为是满足了投资机构定义中的“收入测试”，即其收入主要来源于金融资产的投资、再投资或者交易等，因为购买大额保单也属于进行金融资产投资的行为。如果该机构还能同时满足投资机构定义中的“被管理测试”，那么其即属于

FATCA 和 CRS 下的被管理投资机构。

二、大额保单的账户信息申报

大额保单账户的持有人账户信息申报与其他类型的金融账户信息申报并没有本质区别，特定保险公司需要将大额保单账户持有人的身份识别信息、账户识别信息和账户财务信息进行申报：

1. 账户持有人身份识别信息

大额保单账户持有人的姓名或名称、地址、税收居民所在国(仅CRS 参与国)、纳税人识别号、出生日期、出生地以及其他本地法规所要求的账户持有人身份识别信息。

2. 账户识别信息

大额保单账户的识别信息，包括保单号和金融机构的名称和识别号码。

3. 账户财务信息

大额保单账户需申报期末账户余额或价值以及账户收入等信息。其中大额保单的期末账户余额或价值是指该保单在期末的现金价值或者退保价值。

三、大额保单的信息披露

(一) 个人持有大额保单时的信息披露

1. 账户持有人的判定

如果个人直接持有大额保单，那么保险合同存续期间，通常该个人就是保险合同中列明的保单持有人，即 FATCA 和 CRS 下的金融账户持有人。保险公司需要对该个人进行尽职调查和账户信息申报。大额保单到期时，根据保险合同有权获得保险赔偿金收益的人为账户持有人。

2. 账户信息申报

案例

王老先生(中国税收居民)是某私营企业的老板,该企业的净资产价值约为 5 000 万美元。王老先生购买了百慕大 X 公司的 A 型万能寿险,该保险产品的保费为 2 000 万美元。根据保险合同约定,王老先生去世时保险合同到期,保险赔偿金(包括保单持有期间的所有收益分配)分别由王老先生的两个女儿王大(美国税收居民)和王二(中国税收居民)作为保险合同受益人平均享有。而王老先生的企业则由儿子小王总(中国税收居民)继承。

保险公司每年 11 月 30 日向王老先生出具该保险产品的年度报告。其中 2019 年 11 月 30 日的年度报告显示,该保险合同的现金价值为 3 000 万美元,2019 年 12 月 10 日,王老先生部分退保获得了大额保单的现金价值 30 万美元。

2030 年 11 月 30 日年度报告显示,该保险合同的现金价值为 5 000万美元。2030 年 12 月 25 日,王老先生去世,该万能寿险合同到期,按照保险合同的规定,王大和王二分别获得保险赔偿金 3 000 万美元。百慕大为 FACTA 模式二国家,假设百慕大与中国已经达成 CRS 下信息交换协议,且该交换关系被"激活",那么在 2019 年和 2030 年王老先生持有的该大额保单在 FATCA 和 CRS 下该如何申报呢?

(1) 该大额保单在 2019 年度的 FATCA 和 CRS 信息申报

保险公司作为需申报金融机构,应当识别该保单在 2019 年度账户持有人。由于该保险合同列明的保单持有人为王老先生,因此保险公司应当将王老先生作为该大额保单账户的持有人。

同时,由于王老先生是中国税收居民,即 CRS 下需申报人,因此保险公司应当将王老先生的身份识别信息、账户识别信息和账户财务信息申报给百慕大政府,然后交换给中国政府。其中需要交换和申报的账户财务信息为:

申报机制	账户持有人	税收居民所在国	账户余额或价值	账户收入
CRS	王老先生	中国	3 000 万美元	30 万美元

（2）该大额保单在 2030 年度的 FATCA 和 CRS 下信息申报

2030 年保险合同到期，保险公司按照保险合同对保险受益人进行了保险赔偿金分配，因此 2030 年度在该大额保单账户下的账户持有人应当为在保险合同项下享受保险赔偿金分配的受益人王大和王二。由于保险合同在 2030 年终止，因此在 FATCA 和 CRS 下应当视为账户关闭。按照账户关闭时的信息申报规定，在 FATCA 下应申报该账户关闭之前的余额或价值；而在 CRS 下该关闭账户不需要报送余额或价值，只需申报该账户已被关闭的事实。

王大是美国税收居民，即特定美国人，因此保险公司应当将王大的身份识别信息、账户识别信息和账户财务信息直接申报给美国政府（因百慕大为 FACTA 模式二国家）；由于王二是中国税收居民，即 CRS 需申报人，因此保险公司应当将王二的身份识别信息、账户识别信息和账户财务信息申报给百慕大政府，而后交换给中国政府。其中，王大和王二需申报的账户财务信息为：

申报机制	账户持有人	税收居民所在国	账户余额或价值	账户收入
CRS	王二	中国	账户关闭	3 000 万美元
FATCA	王大	美国	5 000 万美元	3 000 万美元

（二）公司持有大额保单时的信息披露

1. 账户持有人的判定

公司持有大额保单的情况下，公司的合规身份不同，其所对应的合规义务也不同，具体包括：

（1）保单持有人属于金融机构的情形

如保单持有人属于金融机构，例如投资机构或者托管机构，因为金融机构持有的账户不属于 FATCA 和 CRS 下需申报账户，因此无需对其进行申报。大额保单所对应的资产信息，会在投资机构或者托管机构层面以“投资机构的股权权益或债权权益账户”或者“托管账户”的形式申报。因此，保单持有人如果属于金融机构，那么特定保险公司没有申报义务。

案例

王总（中国税收居民）是一家民营企业的老板，在新加坡私人银行 X 的建议下，王总在英属维尔京群岛设立一家离岸公司 A，并通过 A 公司持有王总的家族资产。A 公司作为私人投资公司，其所持有的金融资产全部由 X 银行进行任意授权下的专业投资管理。

A 公司股东分别为：

A 公司股东	家庭关系	税收居民身份	持股比例
王总	本人	中国	70%
王小 A	王总儿子	加拿大	15%
王小 B	王总女儿	美国	15%

A 公司分别持有以下资产：

资产名称	资产类别	2019 年 12 月 31 日资产的公允价值或现金价值（2019 年末对股东做收益分配）	占总资产的比例
X 银行香港地区分行的现金存款	非金融资产	1 000 万美元	25%
香港地区 M 保险公司的万能寿险（大额保单）	金融资产	2 000 万美元	50%
荷兰 N 基金公司管理的基金组合产品	金融资产	1 000 万美元	25%

本例中，除香港地区为 FATCA 模式二地区以外，其他各国均为 FATCA 模式一国家，且假设在 2019 年本例中所有涉及国家或地区

之间(除美国)均已达成CRS下的信息交换协议,且交换关系被“激活”,那么在2019年度王总的私人投资公司A公司如何进行FATCA和CRS下的信息申报?

第一步:确定A公司的合规身份

A公司作为私人投资公司,其受到新加坡X银行的专业管理,因此可以满足投资机构定义中的“被管理测试”,同时其75%的资产都属于金融资产,因此也可满足收入测试,因此A公司应当属于FATCA和CRS下的被管理投资机构。

A公司应当对其账户持有人(股权权益持有人或者债权权益持有人)进行尽职调查,并将相关需申报账户信息申报给英属维尔京群岛政府,而后交换给其他对应的国家和地区。

第二步:确定A公司的账户持有人

由于A公司属于投资机构,那么其账户持有人即为其股权或债权权益持有人,包括全部三名股东。

第三步:A公司的账户信息申报

A公司作为英属维尔京群岛的金融机构,应当将其账户持有人王总一家三口的身份识别信息、账户识别信息和财务信息在FATCA和CRS下进行申报。需要注意的是,在计算所有账户持有人的总账户余额或价值时,应当同时考虑金融资产和非金融资产的价值。具体的需申报的账户财务信息包括:

申报机制	账户持有人	税收居民所在国	账户余额或价值	账户收入
CRS	王总	中国	2 800万美元(投资机构股权权益价值的70%)	0
CRS	王小A	加拿大	600万美元(投资机构股权权益价值的15%)	0
FATCA	王小B	美国	600万美元(投资机构股权权益价值的15%)	0

由于A公司属于投资机构(即金融机构),所以尽管A公司在新加坡X银行持有私人银行账户,在X银行中国香港地区分行持有存款账户,在中国香港地区M保险公司持有大额保单,以及在荷兰N基金公司持有基金产品,但是金融机构所持有的账户不是需要申报账户,A公司所持有的相关账户都不需要被申报。其中A公司所持有的大额保单,M保险公司只需从其账户持有人A公司获得自我声明,声明其为设立在英属维尔京群岛(CRS参与国)的被投资管理机构即可,无需对A公司做其他进一步的尽职调查和信息申报。

(2) 保单持有人属于设立在美国的公司

保单持有人如果属于设立在美国的公司,且其在其他FATCA伙伴国和CRS参与国持有大额保单,那么根据该美国公司的合规身份不同会有不同的处理规则。

如果该美国公司属于金融机构,那么在FATCA和CRS下,其在其他国家或地区持有的大额保单不需要被申报。但在CRS下如果该美国公司属于被管理的金融机构,那么该公司需要被“穿透”并对其实际控制人进行尽职调查和信息申报。

如果该美国公司属于非金融机构,那么该大额保单属于特定美国人持有的金融账户,需要在FATCA下被尽职调查和信息申报。同时,如果该美国公司属于消极非金融机构,那么其实际控制人需要被披露,且应当根据其实际控制人的居民身份所在国在FATCA和CRS下分别进行不同的合规处理。

案例

假设其他条件不变,将A公司的设立地点改在美国的特拉华州,其他的所有条件不变,那么由于A公司是设立在美国的被管理投资机构,在FATCA下,A公司不属于外国金融机构,因此没有合规义务,而在CRS下,由于美国不是CRS参与国,因此A公司也没有任何合规义务。

尽管A公司本身没有FATCA和CRS下的合规义务,但是在CRS下,设立在非CRS参与国的被管理投资机构应当比照消极非金融机构来处理，也就是应识别A公司的实际控制人，即持有股权超过25%的王总。由于王总为中国税收居民，因此管理A公司所持有金融账户的金融机构应当将王总所持有的账户信息申报给英属维尔京群岛而后交换给中国政府，具体的申报信息，包括王总的身份识别信息、账户识别信息和账户财务信息，其中具体的账户财务信息包括：

合规金融机构	金融账户	需申报账户持有人和实际控制人	需申报账户余额或价值	账户收入
X银行香港地区分行	存款账户	账户持有人：美国A公司，其信息在FATCA下被申报 实际控制人：王总，其信息在CRS下被申报	1 000万美元（存款账户余额）	0
香港地区M保险公司	具有现金价值的保险合同投资机构的股权权益		2 000万美元（大额保单的现金价值或退保价值）	0
荷兰N基金公司	投资机构的股权权益		1 000万美元（投资机构股权权益价值）	0

（3）保单持有人属于消极非金融机构的情形

如果保单持有人不属于金融机构，则为非金融机构。通常持有保单的公司都是设立在离岸金融中心的离岸公司，如果这类公司不受到其他金融机构的专业管理，而只是作为资产持有实体而存在，那么通常这类保单持有人属于FATCA和CRS下的消极非金融机构，保险公司应当将其"穿透"，并对其实际控制人进行尽职调查和信息申报。

因此，保单持有人如果属于消极非金融机构，那么保险公司需要识别该消极非金融机构是否属于FATCA和CRS下的需申报对象，同时还应当识别该机构的实际控制人，并完成相应的尽职调查和信息申报义务。

案例

王总是中国税收居民，王总的妻子张总已经移民新西兰，属于新西兰税收居民。王总的儿子小王总在美国工作，属于美国税收居民。

王总购买了香港地区X保险公司的万能寿险产品，且通过设立在泽西岛的A公司来间接持有该保险产品。A公司的股东分别为王总(40%)、张总(30%)和小王总(30%),X保险公司每年10月1日为保单持有人出具有关该保险产品的年度报告。根据2019年10月1日的年度报告显示,该保险产品的现金价值为1 000万美元。

那么在FATCA和CRS下,由于A公司仅是作为资产持有公司存在,并不受到其他金融机构的专业管理,无法满足投资机构的定义要求,因此应当属于非金融机构。A公司的资产全部都为具有现金价值的保险合同(大额保单),因此A公司属于消极非金融机构,没有FATCA和CRS下的尽职调查和信息申报义务。

作为香港地区的金融机构,香港地区M保险公司应当完成香港地区本地的FATCA和CRS合规义务。鉴于A公司作为机构账户持有人(即具有现金价值保险合同的账户持有人),设立在泽西岛(CRS需申报国),因此A公司的账户在CRS下属于需申报账户。

同时,由于A公司属于消极非金融机构,因此M保险公司需要识别A公司的实际控制人,即持有公司股权超过25%的自然人,分别为CRS需申报人王总和张总,以及FATCA下特定美国人小王总,所以A公司持有的金融账户在FATCA和CRS下均属于需申报账户。在CRS下,王总和张总的身份识别信息、账户识别信息以及账户财务信息会被申报给香港地区税务局,而后分别交还给中国和新西兰政府;FATCA下,小王总的身份识别信息、账户识别信息和账户财务信息会被M保险公司直接申报给美国国税局。其中,王总一家人作为实际控制人需申报和交换的账户财务信息包括:

申报机制	账户持有人	税收居民所在国	账户余额或价值(大额保单的现金价值或退保价值)	账户收入
CRS	王总	中国	1 000万美元	0
CRS	张总	新西兰	1 000万美元	0
FATCA	小王总	美国	1 000万美元	0

FATCA 和 CRS 下私募投资基金的信息披露

唐海燕

私募投资基金，是以投资为目的，以非公开方式向投资者募集资金而设立的投资基金，在高净值人群的资产配置中占据重要的比例，世界各国对设立在本国的私募基金有不同的监管法律规定。基于全球资产透明化申报的大背景，对于 FATCA 和 CRS 下私募基金的不同信息披露要求，特做以下探讨分析。

各国对于私募基金的合格投资者有明确的限定，一般来说按照投资者身份分为两大类：

(1) 个人。私募基金的个人投资者应有足够的风险承受能力，主要体现指标为资产持有量或年均收入水平。在中国，按照《私募投资基金监督管理暂行办法》，合格的私募基金个人投资者需要满足的条件是个人年收入不低于 50 万元人民币或者个人持有的金融资产价值不低于 300 万元人民币。

(2) 机构。机构投资者受到本国政府监管，监管主要关注的方向是投资人的资产拥有量、管理专业度和风险承受能力，按照《私募投资基金监督管理暂行办法》，国内私募合格机构投资者的净资产不低于 1 000 万元人民币。

私募基金投资人的投资目的是为了金融资产的投资、再投资或交易，因此在FATCA和CRS下均属于投资机构类金融机构。以下就不同类型的私募基金，逐一分析。

一、有限合伙制私募基金

有限合伙制基金也称合伙型基金，有限合伙制基金通常由普通合伙人(GP)和有限合伙人(LP)组成，其中GP负责基金的投资运营和管理，对私募基金的债务承担无限连带责任。LP属于投资人，不参与基金管理，以出资额为限对私募基金债务承担有限责任。由于有限合伙制基金在税收、运作以及融资机构上的多方优势，使其成为私募基金中最常见的一类组织形式。其账户持有人判定和信息披露规则如下。

(一) 账户持有人

1. 账户持有人判定

不同的国家对于有限合伙制基金的设立和监管有所不同，但是就组织形式来说，典型的架构为：

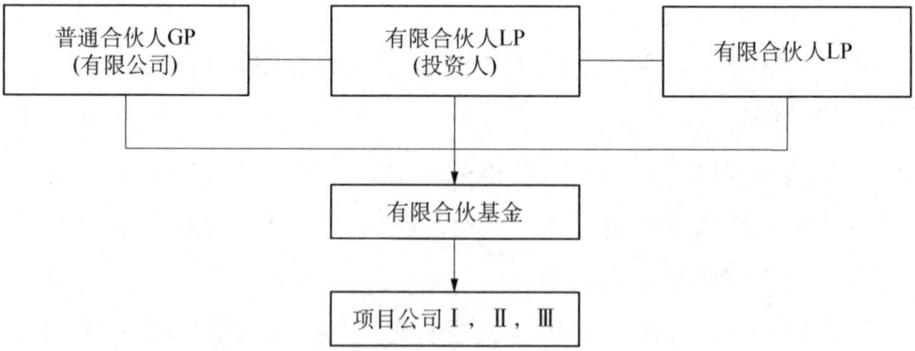

图4.1

如果有限合伙基金属于投资机构类金融机构，那么基金管理人需要识别其股权权益或债权权益持有人，即合伙份额持有人和债权人。结合上图，有限合伙基金的账户持有人应当为：

（1）有限合伙人（LP），即私募基金的投资人，持有确定的私募基金份额，为股权权益持有人，因此应当判定为私募基金的账户持有人。对于个人投资人来说，基金管理人应当将其作为股权权益持有人进行尽职调查和信息申报，但对于机构投资人来说，基金管理人需要识别该机构投资人的身份，对于属于金融机构或者豁免金融机构的机构投资人（如养老基金、社保基金等），无需对其进行信息申报，而对于属于消极非金融机构的机构投资人来说，基金管理人还应当“穿透”该机构投资人，识别其实际控制人。

（2）普通合伙人（GP），在有限合伙制私募基金中，会持有少量的基金份额，因此应当被认定是持有私募基金的股权权益，从而被当做账户持有人处理。考虑到 GP 对私募基金的债务承担无限连带责任，普通合伙人通常以有限公司或者有限合伙企业的形式存在。

有关普通合伙人自身的合规身份判定问题，在 FATCA 和 CRS 下需要区分处理。

如果普通合伙人仅仅是从事投资顾问或者投资经理，在 FATCA 下，该 GP 可以被分类成“投资顾问或者投资经理”，属于豁免申报金融机构；在 CRS 下，该 GP 应当为投资机构类别，但是其股权权益或债权权益可以豁免被认定为金融账户，也可以享受实际的豁免申报待遇。但由于 GP 也持有少量基金份额，并且从基金享受收益分成，因此实务中通常被当做投资机构处理，无法享受相关豁免待遇，应当完成 FATCA 和 CRS 下的尽职调查和信息申报义务。

2. 基金管理人的合规身份判断

为保障私募投资基金的专业运营，普通合伙人（GP）通常需委托专业的私募基金管理人为基金的投资进行实际管理，私募基金管理人主要为客户进行金融资产相关的投资和管理活动，在 FATCA 和 CRS 下属于投资机构，但具体分类有所不同。在 FATCA 下，私募基金管理人可以被分类成“投资顾问或者投资经理”，属于豁免申报的金融机构；在 CRS 下没有“投资顾问或者投资经理”的豁免金融机构类型，所以私募基金管理人属于投资机构，但是其股权权益或者债权权益可以豁免被认定为金融账户。因此私募基金管理人没有尽职调查和信息申报的义务。

（二）信息申报

基金管理人在识别出合伙型私募基金的账户持有人后，应当判定其在 FATCA 和 CRS 下是否属于需申报的情形，具体的申报情形和要求可以大致总结如表 4.1。

表 4.1　有限合伙制私募基金账户持有人信息申报要求

账户持有人		机构合规身份	申报要求
普通合伙人(GP)		金融机构	无需申报
有限合伙人(LP)	个人	非机构	识别需申报身份
	机构	金融机构、消极非金融机构或者积极非金融机构	需要识别机构的合规身份： 金融机构：无需申报 消极非金融机构："穿透"识别实际控制人的需申报身份 积极非金融机构：识别需申报身份

案例

（假设开曼在 2018 年与本例中所提及所有国家和地区都达成 FATCA 和 CRS 下的双边账户信息交换协议且交换关系被"激活"）

X 基金是设立在开曼的有限合伙私募基金，主要从事金融资产的投资、再投资和交易，其各相关当事人方为：

(1) 普通合伙人：A 公司(持有 X 基金 1%的基金份额)，设立在开曼群岛，由同样设立在开曼群岛的 B 公司 100%持有。B 公司同时作为基金管理人对 X 基金进行资产投资管理，履行投资顾问和投资经理的职责。B 公司股东分别为 Cayman(开曼群岛居民)、Sam(美国税收居民)、山田(日本税收居民)和钱总(中国税收居民)。A 公司每年收取被管理资产的 2%作为管理费。

(2) 有限合伙(投资人)：X 基金的有限合伙人包括机构投资者

和个人投资者，分别为：

当事方	基金中的身份	合规身份或居民身份	持有基金份额比例	2018 年 12 月 31 日的基金份额市场公允价值
养老基金	有限合伙人——机构投资人	豁免金融机构	54%	2 700 万美元
赵总	有限合伙人——个人投资人	中国税收居民	20%	1 000 万美元
威廉	有限合伙人——个人投资人	英国税收居民	15%	750 万美元
李总	有限合伙人——个人投资人	香港地区税收居民	10%	500 万美元

截至 2018 年 12 月 31 日，该基金下持有全部资产的公允价值为 5 000 万美元。在 FATCA 和 CRS 下，基金管理人、普通合伙人 A 公司以及 X 基金分别有什么申报义务？

1. X 基金的信息申报义务

第一步　确定 X 基金的合规身份

X 私募基金从事金融资产的投资、再投资和交易而且受到基金管理公司的专业管理，因此 X 基金在 FATCA 和 CRS 下都应当属于投资机构。

第二步　确定 X 基金的居民身份

X 基金属于合伙型基金，其基金管理人和 GP 均设立在开曼群岛，因此 X 基金应属于开曼群岛的居民，应当按照开曼群岛的 FATCA 和 CRS 法规完成尽职调查和信息申报义务。

第三步　确定 X 基金的账户持有人

由于 X 基金属于投资机构，因此其需要识别的账户持有人应当为在该基金中持有股权权益或者债权权益的人，具体包括：

(1) 有限合伙人养老基金，属于豁免申报金融机构，因此 X 基金无需对其进行申报，因为其在 FATCA 和 CRS 下不属于需申报人的范畴；

(2) 有限合伙人赵总，是中国税收居民，即属于 CRS 需申报人，其持有的股权权益账户需要在 CRS 下被申报；

(3) 有限合伙人威廉，是英国税收居民，属于 CRS 需申报人，其持有的股权权益账户需要在 CRS 下被申报；

(4) 有限合伙人李总，香港地区税收居民，属于 CRS 需申报人，其持有的股权权益账户需要在 CRS 下被申报；

(5) 普通合伙人 A 公司在 FATCA 和 CRS 下都应作为投资机构来处理，因此 X 基金对其都不需要申报。

因此，X 基金作为投资机构，其需要申报的账户持有人仅包括三名自然人赵总、威廉和李总。

第四步　账户信息申报

X 基金应当分别就赵总、威廉和李总身份识别信息、账户识别信息以及账户财务信息进行收集和申报如下：

申报制度	账户持有人	账户余额或价值	账户收入
CRS	赵总	1 000 万	0
CRS	威廉	750 万	0
CRS	李总	500 万	0

2. 普通合伙人 A 公司信息申报义务

普通合伙人 A 公司作为投资机构，应当识别其账户持有人，即股权权益持有人，为基金管理人 B 公司，由于 B 公司也属于投资机构，A 公司不需对 B 公司所持有的股权权益账户进行申报，但是需要向开曼群岛政府进行零申报，并在 FATCA 下到美国国税局网站注册并获得 GIIN(全球中介机构识别号码)。

3. 基金管理人

由于基金管理人只是履行投资顾问和投资经理的职能，因此在 FATCA 下，基金管理人 B 公司可以当做豁免金融机构处理，没有任何申报义务；在 CRS 下，B 公司属于投资机构，但是其股权权益和债权权益不属于金融账户范畴，因此也不需要对其进行申报。

4. 本案例中，如私募基金增加收益分成工具P有限合伙人：设立在开曼群岛的P有限合伙。P合伙的普通合伙人为A公司，有限合伙人Sam（美国税收居民）持股50%、山田（日本税收居民）持股25%和钱总（中国税收居民）持股25%。2018年12月31日，P有限合伙的期末股权账面价值为100美元。按照X基金合伙协议，P有限合伙享有X基金20%收益分成。那么，作为收益分成工具的P有限合伙有什么信息申报义务呢？

收益分成工具P有限合伙作为投资机构，应当识别其账户持有人，即A公司、Sam、山田和钱总。由于A公司属于投资机构，因此需要申报的账户持有人只有Sam、山田和钱总。假设P有限合伙在2018年12月31日的账户价值为100美元，因此Sam所对应的账户价值为50美元，山田和钱总所对应的账户余额分别为25美元。在FATCA和CRS下，Sam、山田和钱总需要被申报身份识别信息、账户识别信息和账户财务信息如下：

申报制度	账户持有人	账户余额或价值	账户收入
FATCA	Sam	50美元	0
CRS	山田	25美元	0
CRS	钱总	25美元	0

二、公司型私募基金的信息披露

（一）账户持有人

公司型私募基金应当遵循其所在国家的公司法律制度，对于这一类属于投资机构的公司型私募基金，其账户持有人是指公司的股权权益持有人（股东或基金份额持有人）和债权权益持有人。

（二）信息申报

构成投资机构的公司型私募基金应当完成 FATCA 和 CRS 下的账户尽职调查和信息申报义务，对于其账户持有人属于特定美国人或者 CRS 需申报人时，应申报的信息包括相关账户持有人的身份识别信息、账户识别信息和账户财务信息。

案例

（假设本例中所涉及的所有国家之间已经开始实施 FATCA 协议（模式一）并且均在 CRS 下达成账户信息互换协议且交换关系被“激活”）

X 基金是一家设立在 P 国（CRS 参与国）的公司型私募基金。X 基金在 S 国（CRS 参与国）分别持有两个项目公司，分别为 A 公司和 B 公司，持股比例均为 100%。X 基金的股东（基金份额持有人）分别为：张总（中国税收居民），持股比例 40%；陈总（美国税收居民），持股比例 40%；李总（日本税收居民），持股比例 20%。X 基金委托位于 P 国的 L 基金管理公司对 X 基金的资产进行部分任意授权下的投资管理。

在 2018 年 12 月 31 日，A 项目公司的市场公允价值为 2 000 万美元，B 项目公司的市场公允价值为 3 000 万美元。2018 年 X 基金没有向其基金份额持有人分红或其他形式的利益分配。

那么在 FATCA 和 CRS 下，X 基金如何进行 2018 年度的信息披露呢？

第一步　确定 X 基金的合规身份

该基金属于以从事金融资产（即项目公司股权）的投资、再投资和交易为目的的私募基金，而且还受到了其他基金管理公司（金融机构）的专业投资管理，因此该基金应当属于 FATCA 和 CRS 下的投资机构。

第二步　确定 X 基金的居民所在国

该基金设立在 P 国，应当作为 P 国的居民来对待，因此该基金需要在 P 国完成相关的 FATCA 和 CRS 申报义务。

第三步　识别账户持有人

X基金属于公司型私募基金，其账户持有人是三位股东，其中张总和李总属于CRS需申报人，其股权权益的账户信息应当在CRS下进行申报，而陈总属于美国税收居民，其股权权益的账户信息应当在FATCA下进行申报。

第四步　申报账户持有人信息

在CRS下，张总和李总作为CRS需申报人，其身份识别信息、账户识别信息和账户财务信息会被申报给P国政府而后交换给中国和日本政府。在FATCA下，陈总作为特定美国人，其身份识别信息、账户识别信息和账户财务信息会被申报给P国政府而后交换给美国国税局。

其中，三位账户持有人需申报的信息如下：

申报制度	账户持有人	账户余额或价值	账户收入
FATCA	陈总	2 000 万美元	0
CRS	张总	2 000 万美元	0
CRS	李总	1 000 万美元	0

三、契约型私募基金的信息披露

（一）账户持有人

契约型私募基金在FATCA和CRS下，根据其业务属性，通常属于投资机构，因此需要识别其股权权益和债权权益持有人。在具体账户持有人的判定上，契约型私募基金应当比照投资机构类信托账户持有人的判定规则进行身份识别，对比关系如下：

契约型私募基金的账户持有人	信托的账户持有人
基金份额持有人	委托人和受益人
基金管理人	受托人

所以,契约型私募基金的账户持有人应当为基金份额持有人和基金管理人。当然,尽管契约型私募基金中还有一方为托管人(即托管银行),此类托管人与私募基金之间应属于FATCA和CRS下的托管关系,也就是说理论上托管银行申报私募基金所持有的托管账户的信息,但是由于私募基金本身属于金融机构(投资机构),不属于FATCA和CRS下的需申报人,因此也就不存在托管银行来申报私募基金持有的托管账户的问题。

(二) 信息申报

契约型私募基金的账户持有人为基金份额持有人和基金管理人,但是基金管理人通常为专门从事私募基金管理的公司,其本身应当属于金融机构的范畴,而且如果其自身职能仅限于基金的投资顾问或者投资经理,那么在FATCA下该基金管理人属于豁免金融机构,而在CRS下属于投资机构,但是其股权权益和债权权益不属于金融账户。因此契约型私募基金事实上的账户持有人应当为基金份额持有人,也就是基金的投资人。

对于基金份额持有人的信息申报问题,私募基金管理公司应当对基金份额持有人的身份进行尽职调查,对于个人持有人和机构持有人应当使用不同的处理规则。

表4.2　契约型私募基金账户持有人信息申报要求

账户持有人		机构合规身份	申报要求
契约型私募基金份额持有人	个人	非机构	识别需申报身份
	机构	金融机构、消极非金融机构或者积极非金融机构	需要识别机构的合规身份: 金融机构:无需申报 消极非金融机构:穿透识别实际控制人的需申报身份 积极非金融机构:识别需申报身份

案例

P公司是设立在A国(CRS参与国)的私募基金管理公司，其发起设立了X契约型私募基金，专门从事金融资产的投资、再投资和交易业务。X契约型私募基金由P公司进行管理，A国的银行为托管人。

X契约型私募基金的基金份额持有人情况如表所示：

份额持有人	投资人身份	合规身份或居民身份	持有基金比例%	2018年12月31日基金份额市场公允价值
M公司	机构投资人	香港地区上市公司	40	400万美元
L公司	机构投资人	开曼群岛消极非金融机构(实际控制人为日本税收居民王总)	15	150万美元
吴总	个人投资人	中国税收居民	35	350万美元
李总	个人投资人	美国税收居民	10	100万美元

假设本例中所涉及国家和地区均为FATCA模式一伙伴国，且之间已经形成CRS下的账户信息交换关系。那么对于X契约型基金，私募基金管理人应当如何进行信息申报呢？

第一步　确定X基金的合规身份和居民身份

X基金从事金融资产的投资、再投资和交易而且受到私募基金管理公司的管理，因此该基金在FATCA和CRS下都应当属于投资机构。X基金设立于A国，且其基金管理人也设立在A国，因此该基金作为FATCA和CRS下的机构，属于A国居民，因此需要在A国完成FATCA和CRS下的尽职调查和信息申报义务。

第二步　确定X基金的账户持有人

由于X基金属于投资机构，因此其需要识别的账户持有人应当为在该基金中持有股权权益或者债权权益的人，具体包括：

(1) 香港地区P公司：由于该公司属于上市公司，其在FATCA和CRS下不属于需申报人的范畴，因此P公司不需要被申报。

(2) 开曼群岛L公司：该公司属于消极非金融机构，因此基金管理人需要“穿透”L公司，识别其实际控制人王总。由于王总属于日本税收居民，即需申报人，因此王总需要在CRS下被申报。而L公司作为账户持有人，由于其设立在开曼群岛，不属于需申报人，因此L公司的信息不需要被申报和交换给开曼群岛政府。

(3) 吴总：吴总属于中国税收居民，即CRS需申报人，其账户信息会被申报和交换给中国政府。

(4) 李总：李总属于美国税收居民，其账户信息会被申报和交换给美国政府。

总结：X基金作为投资机构，其需要申报王总、吴总和李总持有的账户。

第三步　账户信息申报

L公司的实际控制人王总，基金的账户持有人吴总和李总将被基金管理人收集和申报的信息如下：

申报制度	账户持有人	账户余额或价值	账户收入
CRS	王总(L公司实际控制人)	150万美元	0
CRS	吴总	350万美元	0
FATCA	李总	100万美元	0

家族财富传承架构中离岸产品的合法、合规

惠　坤

国内外众多的家族财富传承架构中，各种离岸公司始终保持着极高的出镜率（如英属维尔京群岛公司、塞舌尔公司等），它们常常伴随着离岸信托以及离岸基金会，为家族企业的国际化运作服务着。可是，随着多年来离岸属地以及在岸属地的法规不断地调整，离岸公司的运营风险也在发生着各种变化，如果没有正确的认知和足够的保障，其很容易产生瑕疵，进而影响到整体财富架构的安全性及有效性。

2002 年以来，自从人民银行批复四家金融机构总行设立离岸部并面向所有非居民企业开立离岸账户开始，离岸账户的保有量每年以几何数字急剧增加；2009 年，国家金融监管机构又批复了境内所有的银行均可以从事非居民企业的开户业务，离岸账户的开立更是有了前所未有的发展。一时间各种类型的海外公司纷纷出现并在各大银行排队开户，呈现一片欣欣向荣的景象。由于离岸账户被视同为海外账户，可以自由划汇，不受外汇管制，极大地方便了外向型企业用汇的需求，进而受到广大客户的热捧，同一时间出现了众多的海外公司类型，包括香港公司、澳门公司、新加坡公司、英属维尔京群岛公司、塞舌尔公司、伯利兹公司、百慕大公司、开曼公司等等，然而由于不同的注册属地的公司注册以及维护的规则不同，使得每个客户

的维护负担也有所不同。同时，由于市场上中介机构的良莠不齐，导致众多客户对应该掌握的信息认知不到位，进而呈现了各种不同的风险状态。尽管所有的非居民企业开立的海外公司账户均在我国的金融机构被称为离岸账户，但是真正在离岸法律业务中所定义的离岸公司并不是上述的所有类型的公司，离岸属地是要具备相当特质的，只有注册在离岸属地的国际商业公司才是真正意义上的离岸公司，当然其所具备的优势和能够担当的功能也是其他类型的公司无法匹敌的。

通常意义上我们所讲的离岸公司，是特指在各个离岸法区内合法成立的但不在当地实际运营的国际商业公司。而真正意义上的离岸法区都普遍具备以下三个极为显著的特征(不具备下述三项基本特征的地区并不能称其为离岸地)：

(1) 自然人或法人在当地注册公司后公司股东和董事的信息无法在公司注册处被任意第三人查证，这是由于按照注册地的法规，众多离岸法区的注册处并不保留国际商业公司法下注册公司的股东和董事的信息，此类信息统一交由各公司的法定注册代理人保有(2006年后部分离岸法区陆续修改了相关法令，强制要求股东、董事的信息备案在公司注册处，更有甚者要求公司每年的财务报表也要递呈到公司注册处或政府指定的法定注册代理人处)，任意第三方如果需要查阅相关信息，唯有通过司法途径或经由公司董事出具亲笔签名的确认书，方可得到相关单位的配合，故在上述离岸司法管辖地成立的公司，其结构信息的私密性还是能够得到极大保护的，即使后期部分离岸地做了相应的司法改革，但是保护公司所有人隐私的初衷并没有做出改变，相应的司法保护制度仍然是健全的，增加备案的信息同样不会随意披露给第三人(而在此点上，香港公司则是完全透明的，具体表现为任意第三方可以在公司注册处根据香港公司的名称查询到其股东及董事的结构信息，甚至可以付费打印)。

(2) 在上述离岸法区注册好国际商业公司后，注册地政府不允许其在注册地运营。如果涉及到部分公司需要在注册地做运营，则会使得此类公司适用的法律发生转变，需遵循本地公司经营的法规，须在当地定时提交财务报表甚至于承担相应的税赋，很显然这并不符合众多企业设立离岸公司的目的。

(3) 离岸属地不对此类国际商业公司征收所得税。具体表现为注册地政府不要求此类企业提供财务报表以及审计报告给注册地的税务部门，同时按照上述 2 中的要求由于不允许此类公司在注册地经营，故此类国际商业公司并无缴税义务（此处所讲的缴税义务，特指在离岸法区内，在离岸法区外是否需要缴税则要看离岸公司的受益人及所有人的税务居民属地的具体要求）。

通常意义上只有具备了以上三种特征的离岸法区，我们才会将在此注册的公司称为离岸公司，常见的包括但不限于英属维尔京群岛公司、塞舌尔公司、伯利兹公司、开曼公司以及百慕大公司等等；而不具备相关特征的注册属地我们在专业细分中则对其另行定义，如在中国香港注册的公司称为香港公司，在中国澳门注册的公司称为澳门公司，在新加坡注册的公司称为新加坡公司，还有日本公司、德国公司、美国各州的公司、马来西亚公司、泰国公司等等。而根据各种公司不同的属性，我们又可以将其大体分为四个不同的类别：一为避税港型，无资本利得税、个税、所得税等，也就是我们前面讲述的真正法律意义上的离岸公司，包括但不限于英属维尔京群岛公司、塞舌尔公司、开曼公司等；二为避税堡型，仅对其源于境内的收入征税，通过每年度递交财务报表及审计报告，由税务局根据实际情况判断是否需要付税，但税率一般都较低，此类型公司的典型代表为香港公司、澳门公司、新加坡公司等；三为避税伞型，特指由于避免双重征税协议的存在导致实质的低税或免税，如塞浦路斯公司、毛里求斯公司、马来西亚公司等；四为避税假期型，各国政府对于特定的区域在特定的期限内给予特殊的政策直接导致的免征部分税，如政府划定的开发区、保税区、自贸区等。对于不同的操作目的，我们应该合理地选择适用的注册地及结构，而不应过分盲目地随意选择产品从而导致事倍功半的结果。

还有一种非常需要注意的事项，是如何正确地选择注册代理机构，如果此环节选择不当，将会对客户后期的操作带来不可估量的恶果。由于英策企业作为离岸地授牌的法定注册代理人并长期担当着众多金融机构的离岸业务查册顾问单位的缘由（主要是因为市场中介机构的过分混乱，虚假文件以及不合规存续问题的层出不穷导致金融机构的风险压力不断提高，这就需要具备相当资质的机构来为其做风险分担，在开户初始及年度检查中对客户提供的文件做二次核查，对于文件有瑕疵的公司账户坚决要求清理出来，金融机构通过合理的筛选机制在市场上选择出极个别资质较高的企业协助其进行风险把控，进而规范离岸市场），每年在查册过程中都会碰到客户的公司因为注册文件不规范或存续状态有瑕疵而导致关户的境况，很是替客户不值，经过事后调查这些情况的出现多数是不合资质的中介机构所造成的！这就要求我们在选择中介机构时要特别注意其公司资质。通常情况下，在离岸属地根据政府要求只有具备了政府授牌的法定注册代理人资格的机构才是唯一可以帮助客户注册以及维护管理公司的合法机构，（这就好比国内的工商局，只不过离岸属地的法定注册代理人不会只有一家而已，不具备法定注册代理人资质的机构或个人是无权处理与注册处相关的一切事务的，即使离岸公司的股东和董事亲自要求也是无能为力的），而不争的事实是目前在中国境内成千上万家中介机构里只有区区不到五家企业是真正的注册地政府授牌的法定注册代理人，其他的众多中介均为二级乃至更低级别的中介，大部分客户不知道如何判断中介机构的性质，往往以公司规模的大小来做基础判断，殊不知，机构规模的大小跟资质的高低是没有必然关系的，很多客户正是由于这种错误的认知导致被欺骗的，真正具备资质的法定注册代理人反而往往规模不会很大，行事很谨慎、低调。此处的风险在于如果不小心选择了一家不良中介（部分下级代理收到客户的款项后没有及时或不缴纳相关费用到持牌法定注册代理人处造成在离岸属地公司没有成功续费形成公司瑕疵，甚至被注册地政府强制除名)就可能导致客户的风险不断涌现，进而导致公司被除名、账户被冻结乃至清退，因此选择中介机构至关重要，如果能找到直接法定注册代理人固然好，如若不然，可以考虑使用律师事务所的服务，切不可图便宜或盲从导致悔恨终身！

选择了正确的代理机构，确保了公司文件的合规以及存续合法后，我们来总结一下离岸公司在实操过程中所面临的风险种类：

(1) 没有正常缴纳年度年检费用导致公司欠费进而被除名，正如前面一段所讲有所谓的主动及被动之分，主动不缴是公司的股东或董事自己主观要求不予缴纳的行为，此状况一般较少发生；更多的现状为中介机构在收缴客户费用后私自挪作他用而没有负责任地为客户履行对注册地政府的缴费义务。

(2) 离岸公司没有正确及时提交补充尽职调查所需的文件，根据离岸属地监管机构的需要，各个离岸法区会不定期地对所辖离岸公司的情况进行抽查验证，必要时会要求公司的所有人提供更新的补充文件，如最新的股东及董事的身份证明文件、地址证明，更有甚者还需提供无犯罪记录证明等其他文件，这些文件的要求客户大可不必过于抵制或担心，被要求提交并不意味着问题，而是信息完备的过程，反而有利于公司的合法存续，至于信息外露的问题更是没有必要担心的，此类文件同样适用注册地的保密原则。

(3) 随着外因及内因对离岸法区的规范性的引导，各离岸地监管机构出于对离岸公司合法运作的监管要求，陆续提出了要求离岸公司补充公司经营的财务报表乃至相关的审计报告以作为合法经营的必要条件，被要求的离岸公司如果拒不提供则可能被强制除名。

(4) 由于部分非离岸属地国家出台了相关的针对本国居民使用离岸属地公司经营的管理要求以及税务要求，不遵守相关法律规定将会导致所有人受到相应的处罚甚至遭受刑罚，中国居民请关注

2008年颁布的新企业所得税法中特别纳税调整的相关章节的要求。

(5) 由于听信了非专业中介机构的建议,采用了不合理的公司架构,导致原本不需要太高成本的载体被错配了,使得企业的结构成本极大增加,构成财务负担。如香港公司、新加坡公司的维护要求是需要由注册地政府的税务部门根据提交的审计报告来评判此海外公司是否需要付税,这种载体就需要面临不仅增加审计费用,同时还要考量增加的税务负担的境况。如果企业的实质需求只是使用离岸账户的自由划汇功能的话就完全可以注册离岸地公司(塞舌尔或英属维尔京群岛公司)即可,这样就不会增加注册地税负的成本风险。每个离岸地均有不同的特色以及它所拥有的独特功能,切不可肆意乱用,建议在具备专业背景及经验的机构指导下合理选择并搭建有效的结构。

(6) 不要在一间海外公司里积累太多的功能,即不要把所有的鸡蛋放在同一个篮子里。很多过往的客户喜欢把所有的功能装载在一个离岸载体上,如佣金收付、贸易运作、投资管理、子女教育等等,殊不知每一项商业运作都有相对应的风险系数,这样商业运作及风险的无限积累很容易会导致一方出事、全盘皆输的状态,因此这种看似中国式的节俭的方式其实是不可取的。

学会了如何辨别中介机构的资质,就解决了如何确认离岸公司的设立合规、运营合法以及合理选择搭建的问题,进而我们就可以进一步放心地去使用此类产品做更有价值的事项,即其被广泛地运用于企业国际投融资、并购领域,同时离岸公司产品在为高净值客户的境内外资产的规划以及个人及家族企业财富的代际传承中同样扮演着不可或缺的角色。

全球虚拟货币金融合规及金融牌照前瞻

魏　明

区块链是近年来最热门的技术话题之一，各大科技巨头都在此方面进行布局，专业致力于此领域的公司数量也越来越多。2018年5月20日上午，中国工信部在中国区块链产业高峰论坛上发布了《2018中国区块链产业白皮书》《“十三五”国家信息化规划》，并把区块链作为一项重点前沿技术，指出区块链技术有望推动中国经济体系实现技术变革、组织变革和效率变革，推动“信息互联网”向“价值互联网”变迁。这也体现了国家对区块链技术的重视及其未来的巨大发展潜力。

但是区块链能被普通大众所了解还要归功于虚拟货币，特别是其代表比特币（BTC）。基于区块链技术打造的虚拟货币——比特币自2009年发行，从0.003美元的价格起步，最初几年的价格也只是缓慢上扬。但是到了2017年，比特币价格坐上了猎鹰号火箭，最高达到18 674美元。其他相关主流虚拟货币，比如以太坊（ETH）、莱特币（LTC）、以太坊经典（ETC）的价格也相继攀登最高峰，ICO成为比IPO更为火爆的金融发行市场。各种炒币和发币的造富神话充斥朋友圈。于是乎，各路风投、大佬也赶紧加入，抓紧赶上末班车，中小散户也蜂拥而上。一时间币市火爆，各类非主流的虚拟货币价格也都飞速上涨。发币乱象丛生，众多散户被收割。

2017年9月初，中国央行等七部门联合发布《关于防范代币发行融资风险的公告》(下称《公告》)，全面叫停了中国的代币融资。《公告》指出，代币发行融资是指融资主体通过代币的违规发售、流通，向投资者筹集比特币、以太币等主流加密货币的所谓“虚拟货币”，而本质上是一种未经批准非法公开融资的行为，涉嫌非法发售代币票券、非法发行证券以及非法集资、金融诈骗、传销等违法犯罪活动。

在大神中本聪的比特币区块链设计里，比特币是其博弈设计不可缺少的价值载体。币圈也有人坚称：区块链技术要想发展，必须依托加密数字货币作为基础。

虚拟货币在大多数情况属于金融范畴，所以纳入相关金融法律及法规监管，是可以对其进行监管的。国内目前已经明文禁止ICO发币和虚拟货币交易，所以在国内从事任何与虚拟货币有关的活动都是不允许的。但是，有一些对虚拟货币持开放态度的国家并没有禁止，而且逐步出台了相关法律法规来对虚拟货币的相关活动进行合规，主要是从ICO发币和虚拟货币的交易两个方面进行监管和合规。本文会探讨这些国家的虚拟货币出台的法律法规，以及相关的金融牌照。

目前已经推出虚拟货币合规法律法规的国家或地区有：马耳他，瑞士，直布罗陀，新加坡等。

另外，有些传统发达国家的态度比较中立：比如美国、澳大利亚、韩国、日本等。

其次，还有些小国家很推崇虚拟货币：爱沙尼亚、立陶宛等。

1. 马耳他

马耳他政府针对虚拟货币相关法案在全球推进最快，也立志于打造全球分布式记账技术(包括区块链技术)中心。近年来，马耳他政府一直在积极打造区块链技术的发展架构，组建了专门的国家区块链战略专家团队来做咨询方案。目前对虚拟货币的金融监管归属于马耳他金融服务局MFSA(Malta Financial Services Authority)。

马耳他为了促进区块链技术的发展也将成立专门的部门 MDIA (Malta Digital Innovation Authority)——马耳他数字创新局。MDIA 的目的主要是推动区块链技术的发展，以及从技术层面来监督相关的技术服务商以及对技术协议进行认证。

在过去，马耳他一直在以下行业发展优异：金融、公司和信托服务和高端制造业(包括芯片、医药、航运服务及飞机维修)。在近几年，得益于金融服务和在线博彩行业的发展，并在当地建立运营机构促进劳动力需求，马耳他的经济增长一直在欧盟平均水平之上，就业率也一直稳定上升。

马耳他的成就取决于一直以来对基础设施的投入以及人力资源优势。一个公认的事实是，高教育水平和熟练的劳动力是帮助马耳他发展的关键。高素质的人才促进马耳他发展成为全球商业中心。另外一个促使马耳他成功的因素是强健完善的监管支持体系，能够提供全方位的服务和产品并保证确定性。所以，马耳他为了成为全球的金融中心，其立法框架及监管机构也会不断发展进化。

新兴技术的发展会对传统行业产生重大影响，包括：金融服务、教育医疗、物流运输、公共行政以及在线博彩、知识产权。马耳他需要在区块链行业先行一步，保持开放，吸引全球的企业和投资者来马耳他开展区块链行业。这样，马耳他能转型为全球数字科技创新中心。这也是马耳他政府大力推动相关立法的原因。

针对区块链技术和虚拟货币，马耳他将会推出 3 部法案：马耳他数字创新局法案(MDIA Bill)、技术协议及服务法案(TAS Bill)、虚拟金融资产法案(VFA Bill)。

马耳他数字创新局法案(MDIA Bill)的目的是成立 MDIA (Malta Digital Innovation Authority)部门。

技术协议及服务法案(TAS Bill)会制定技术服务提供方的注册及技术协议的认证制度。

虚拟金融资产法案(VFA Bill)会制定针对虚拟金融资产发行和

提供虚拟金融资产相关服务方的监管框架,其中涵盖的中介机构包括:参与虚拟金融资产交易的经纪人、交易所、钱包提供方、资产管理经理、投资顾问及做市商。

2018年5月22日,这三部法案的第一版已经公布。我们可以重点关注下虚拟金融资产法案。该法案明确规定了虚拟金融资产的发行及交易都需要符合相关监管或申请相关牌照。

该法案中定义虚拟金融资产VFA(virtual financial asset)为非电子货币、金融工具及虚拟代币。虚拟代币是指在其所处的区块链技术平台之外无任何实用性、价值或应用的代币,仅仅是用于发行者在其平台上赎回资金,即实用型代币。因为按照MFSA于2017年11月发布的针对ICO及相关服务方的讨论文件,"金融工具测试"会应用于ICO。测试由独立第三方来完成。

分两个阶段:

第一阶段,判定虚拟货币是否按照已有传统法案为金融工具;

第二阶段,依据即将发布的VFA法案,判定虚拟货币是否为VFA。

如果第一阶段判定为金融工具,那么无需进入第二阶段,该虚拟货币需要按照已有的法案来申请合规。

即将正式颁布的VFA法案是要给不属于传统金融工具的虚拟货币及相关服务方来制定法规和监管制度。

虚拟金融资产能发行及获批进行平台交易的前提是白皮书(whitepaper)经过了注册认证。法案对白皮书也提出了很明确细致的要求。白皮书中须体现发行人的详细信息:名称、注册地址及编号、注册日期、发行目的、股东、管理层,还需要包括过去三年的财务报表(如超过三年)、计划支付给相关中介方的金额或利益等。另外,针对白皮书包含的技术细节,总共列举了38条必须要披露的信息。主要包括:发币原因,针对协议、平台、应用的详细技术描述,使用的钱包,项目进度及融资计划,目标投资者,虚拟货币兑换汇率,募集资金的用途，所要推出的协议与其他协议的互用性，项目风险，智能合约的包含的限制，智能合约的审计方，等等。在此不一一列举。监管部门有权就具体的发币或申请上交易平台，对这些要求做更改或删除。

简而言之，一些纯粹欺诈的空气币的白皮书是很难符合这么细致严格的要求的。所以马耳他政府也只是欢迎真正有技术含量的区块链技术公司。

白皮书的审核需要经过在监管部门注册或认可的中介方(包括审计师/所、会计师/所、秘书公司)来进行，然后提交监管部门最后审批。中介方必须保证发行方的白皮书完全合规及与监管部门保持良好的沟通，任何不合格行为要及时向监管部门披露。

所有提供虚拟金融资产服务方包括交易平台都需要通过中介方向监管部门申请牌照，这样才能提供相关服务。牌照申请人需符合VFA法案的要求，如果申请人是自然人，必须是马耳他居民；如果申请人是法人，必须是马耳他公司或者国外公司在马耳他开设的分支机构。

现阶段，因为法案还没有完全通过议会批准，所以还是过渡期。法案通过后监管部门还要制定相关的规则，所以还有比较长的过渡期。目前在马耳他，因为法案法规还没落地，如果是纯粹的币币交易平台是不受监管的，所以单纯的币币交易平台可以通过在马耳他注册公司来运作。法案正式颁布后会给在法案颁布前就已经存在的交易平台半年的过渡期来申请合规牌照。如果要在马耳他发行代币代币，目前发行实用型代币是允许的，暂时不受法案监管。证券型代币需要符合证券发行的相关法律法规。

2. 瑞士

瑞士金融市场监管部门(FINMA)于2018年2月16日发布的ICO准则，其原则上把代币(token)分为支付型、实用型、资产型及混合型(同时具有两种类型的特点)等类型。最火热的比特币、以太币目前FINMA是归为支付类型。

其中资产型代币归属于证券，需要依据现有的证券监管规则来合规。主要法案依据是证券交易法 Stock Exchange Act（SESTA）。第三方向初级市场承销资产型代币也是需要持牌机构才能开展的活动。发行类似于股票或债券的代币，也需要符合 Swiss Code of Obligations 中的发行说明书要求。

支付型代币不属于证券，具有支付属性，需要有反洗钱方面的监管要求。反洗钱的合规可以是 ICO 发行方自己来向 FINMA 申请；也可以通过附属于自律组织 SRO 来间接合规。目前虽然比特币、以太币被归为支付型代币，支付型代币不属于证券，但不排除此后支付型代币也被归属于证券。这种担心并非多余，因为，一直有人坚持，所有代币都应被认为是证券。

实用型代币不属于证券，如果该代币的目的只是给予电子通行权至某种应用或服务，且该代币能实际上通过这种方式来使用。单纯的实用型代币不适用于证券监管及反洗钱监管。如果该代币还具有投资目的，那么会被纳入证券监管（等同资产型代币）。

混合型可能同时适用证券及反洗钱监管规定。

FINMA 会根据个案具体情况评估适用的监管范围。代币的功能及授予持有者的权利，是评估的关键考量因素。

提供虚拟货币交易平台的金融科技公司很有可能被认为属于受监管的交易渠道或平台，但适用的牌照类别取决于具体商业模式等因素，可能属于 MTF（multilateral trading facility）或 OTF（organised trading facility），需要相应取得银行、证券交易商或交易场所类的牌照。同时，虚拟货币的交易（包括虚拟货币兑虚拟货币及虚拟货币兑法币）也会涉及到反洗钱的监管。

总而言之，瑞士是努力把虚拟货币纳入现有金融监管框架进行管理的。

瑞士是传统的金融中心，所采取的态度是谨慎而又开放的。但同时，瑞士也是区块链技术中心，知名区块链平台以太坊 Ethereum

就在瑞士，这也是瑞士吸引其他区块链科技公司的原因之一。

3. 爱沙尼亚

爱沙尼亚(Estonia)目前对虚拟货币非常积极主动，甚至爱沙尼亚政府曾计划发行代币 Estcoin。当然，此方案被欧洲央行主席 Mario Draghi 立马拒绝，因为欧盟成员国不允许自己发行货币。

在立法方面，爱沙尼亚除了针对《洗钱及恐怖主义融资预防法案》提出了修正案，要求提供虚拟货币交易或电子钱包服务的相关服务机构需要申请经济活动的注册备案。在将来的立法方面，爱沙尼亚并没有明确计划或草案。

目前爱沙尼亚有两类和虚拟货币有关的牌照：虚拟货币和法币交易所牌照；虚拟货币钱包服务牌照。可以通过在爱沙尼亚注册公司来申请。

4. 直布罗陀

直布罗陀金融服务委员会于 2017 年 10 月发布了针对虚拟货币及提供区块链服务的服务方的初步监管法案，并规定于 2018 年 1 月 1 日开始实施。

该文件规定分布式记账技术 DLT 的服务提供方必须向监管部门申请牌照。分布式记账技术 DLT 被定义为数据库系统。该系统中，信息被同步储存并分享到所有网络节点中；所有的数据库备份都是同样真实可信的。价值 Value 被定义为“资产、股份或者其他形式的所有权、权利或利益”。DLT 服务方即为：利用 DLT 技术储存及传递价值(Value)。

法案规定，分布式记账技术 DLT 提供方需要满足以下 9 条监管原则：

(1) DLT 提供方必须诚信展业；

(2) DLT 提供方必须注意客户的利益及需求，并与客户公平、清晰地沟通，不能误导客户；

(3) DLT 提供方必须有充足的金融或非金融资源；

(4) DLT 提供方必须有效地管理并控制业务并保证有合适的技能、责任及职责来展业，包括对业务和客户的风险有适当的考虑；

(5) 当由 DLT 负责时，DLT 提供方必须对保护客户的资产和金钱做出有效的安排；

(6) DLT 提供方必须有有效的公司治理安排；

(7) DLT 提供方必须保证他的所有系统及安排防护协议是基于合适的高标准的；

(8) DLT 提供方必须有系统来防护、监测及揭露金融犯罪风险，比如洗钱及恐怖分子募资；

(9) DLT 提供方必须是有灵活性的并有预防性的安排来保证业务有序平稳地开展。

法案对牌照申请的步骤也做了规定，分为三步走。

第一步，DLT 提供方提交初步预申请，主要是由监管部门来判定是否落入 DLT 监管法案范围。

第二步，一旦第一步判定需要 DLT 法案监管，则进入初步申请评估阶段。此阶段监管部门会从产品、客户、商业模式等方面来评估是要归属于哪类牌照。

第三步，监管部门会邀请申请人去当面陈述。监管部门会侧重于关注主要负责人员的背景及经验、商业计划、财务预测及证明申请人满足上述 9 条监管原则。监管部门的主要负责人、相关专家、风险及创新团队会参加陈述。陈述通过后，会有现场拜访来检查陈述中所描述的是否属实。最后，可以拿到相关牌照。

直布罗陀的监管基于价值导向，每个初创企业可以基于自身情况来申请牌照，监管机构也会逐一来甄别并判断。对监管部门来说，这是一种创新的尝试，也是谦虚地承认监管者无法跟进如区块链行业迅速发展的变化。

5. *以色列*

虽然以色列监管部门并没有针对有关 DLT 技术的商业的正式

立法,但是以色列税务局(ITA)已经规定了针对虚拟货币的税收。按照税收规定,虚拟货币等同于资本收益来征税,即针对个人投资者是25%的资本利得税,针对企业的边际税率为47%。投资者需要在持有资产30天内申报并交税。

另外,以色列税务局表明只有公司出售加密货币时需要征收17%的增值税。个人投资者可以豁免增值税,因为虚拟货币被定义为虚拟资产,仅用于投资目的。以色列税务局还声称矿工也被划分为交易商适用增值税。

6. 美国

虽然美国是目前最大的比特币市场之一,而且全球都在关注美国对待虚拟货币的态度,但目前美国针对区块链及虚拟货币没有明确的立法。

美国联邦政府并没有针对虚拟货币的分类及用途方面在全国范围内立法。这就导致了一个非常矛盾的局面,那就是各州政府采取的态度不同。有的州针对这方面不做规定,有的州欢迎区块链技术并肯定虚拟货币,有的州阻止当地居民交易虚拟货币。

为了改善这一情况,全美立法委员会(Uniform Law Commission)也召集了许多法律专家起草了《全美虚拟货币商业法》法案。该法案已经通过了全美立法委员会的批准,目前在州政府讨论通过中。但是针对该法案褒贬不一,还没有任何一个州宣布通过用于法律架构。该法案如果通过的话,该法案主要针对"参与到虚拟货币商业活动的公司"。

虽然立法还没明确,但不表示没有监管。

于2018年4月起,北美证券行政联合会NASAA(The North American Securities Administrators Association)发动其下属的40余家监管部门,针对发币及虚拟货币相关投资产品开展了一系列的调查。截至5月21日,NASAA正式宣布已经有70项深入问询及调查,还有35项针对发币和虚拟货币有关的强制诉讼。NASAA表示："目前公布的诉讼还只是冰山一角。欺诈者利用虚拟货币生态系统的持续扩张来诱惑投资者并开展不法活动，对美国和加拿大的普通民众投资者构成重大威胁，NASAA 的会员致力于打击这一威胁。虚拟货币犯罪分子需要知道，各州市证券监管机构正在采取迅速有效的行动，保护投资者不受他们的骗局影响。"此次行动的主要目的是镇压欺骗性质的发币。

针对虚拟货币相关的违法行为，全球各地的监管部门采取的态度都是一致的：打击镇压。

另外，还有一些司法辖区——在此不做详细的一一展开说明——大体都是遵循上述的某种或某几种监管思路。比如，新加坡也是规定如果代币的发行涉及到向投资者承诺这些代币可以取得回报，等同于证券的投资产品，就须遵守证券期货法令，并像任何公司上市计划一样，得提交公开招股书，披露公司细节和业务状况等。这与瑞士、马耳他等地针对证券型代币的监管要求是一样的。

目前看来，区块链技术的应用是广泛的。发币、虚拟货币基金、智能合约和加密货币等新兴技术也会适应传统世界的法律。现阶段，监管部门和日常生活框架也无疑在某种程度上会制约新技术的发展，直到这些新兴技术完全被社会理解并融入到社会的一部分。

各国的监管政策各有区别。目前小国比如马耳他、直布罗陀在立法的推进速度上最快，尤其是马耳他是完全支持区块链技术在当地的落地发展。这也是小国想在区块链技术和行业发展时来一次弯道超车。

传统的大国有先天的优势，比如庞大的市场需求、充足的技术人才、深厚的技术储备等等。但大国对区块链相关新兴技术应用的立法立规肯定都是谨慎小心的。

·第五部分·

家族信托、保险与基金会

保险和家族信托在家族财富的保障和传承中的作用

马大川

根据贝恩公司和招商银行联合发布的《2017 中国私人财富报告》显示：截至 2016 年底，个人可投资资产 1 千万人民币以上的高净值人群规模已达到 158 万人，共持有可投资资产 49 万亿人民币，人均持有可投资资产 3 100 万，中国私人财富市场规模十年增长五倍，高净值人群十年翻三倍，中国成为财富增长速度最迅速的国家！而且随着一系列激励政策的影响持续深入，助推区域发展，高净值人群地域分布更为均衡，前景看好。高净值人群的投资心态以“保障财富安全”和“财富传承”为主要诉求，这给了大额保单和家族信托的销售以很大的机遇！

财富的积累分为创富、守富和传富三个阶段。各个阶段的思路是不同的，创富阶段需要冒风险，守富阶段风险和安全应并存，传富阶段要更注重财富的安全和传承。高净值和超高净值客户已经过创富阶段，不少人积累了足够几代人生活的财富，但巨额财富不一定能给其家族带来长久的幸福和保障！现实中不少客户只注重创富，忽略了守富和传富两个阶段，这是使很多家族逃不出富不过三代甚至富不过一代这一魔咒的主要原因。

现实中很多客户的财富根本不是花完的，而是因为没有做好财富隔离和传承，投资失败、继承人败家、婚姻风险等原因败完的！中国要出现肯尼迪和洛克菲勒家族这种百年传承的家族，就一定要借鉴西方成熟的家族隔离传承模式，通过法律和金融手段，用律师专业服务＋保险＋家族信托＋慈善的模式来实现家族的财富保障和传承。

一、保险和家族信托在家族财富保障中的作用

（一）资产隔离的必要性

笔者在律师执业中遇到一对夫妻，他们有一家主营消防工程施工的公司。在2012年之前他们三十出头事业有成，购置了一栋花园洋房，夫妻二人的座驾均为奥迪，公司流动现金800万以上，有一个健康可爱的孩子，是一个富足而幸福的家庭。

2012年底，公司承揽了某大厦的消防工程，与开发商发生纠纷，其中一笔400万的银行汇款到底属于借款还是保证金出现了争议，随后进行了漫长的诉讼。该争议的久拖不决导致公司出现资金短缺，为维持公司新项目的运转，他们开始以个人为公司担保的方式向社会大量融资，但新项目进展也不顺利，这样资金链就出现了问题，利息越滚越多，渐渐开始“拆东墙补西墙”，2016年资金窟窿越来越大，形成了债务黑洞后，被债务压得喘不过气来的夫妻想出了协议离婚的办法，房产归妻子，孩子由妻子抚养，企图以丈夫的挺身而出承担债务，来帮助妻子和孩子挡住债权人的追索。但2017年底法院的判决打破了他们的幻想，这对夫妻虽然已经协议离婚，还是被判决对债务承担连带赔偿责任！王女士和孩子居住的房产目前也面临被查封的可能！

这个案例说明法律不会因离婚协议中约定将所有债务给了一方，另外一方就可以“逍遥法外”，假离婚不能避免夫妻共同债务。

这对夫妻错就错在没有在事前采取任何债务隔离措施，大难临

头时才临时抱佛脚地想出假离婚这个主意，非但保全不了家庭财产，最后结果是：妻离、子散、家破、债还得继续还！这就是没有做好资产隔离和家族财富保障的后果！如果不做企业与家业的资产隔离，即使是住洋房开豪车的富裕家庭，抗风险能力也是非常差的！

2018年1月17日，最高人民法院的观点从对债权人的保护转向了对婚姻关系中无辜受害方的保护。发布《关于审理涉及夫妻债务纠纷案件适用法律有关问题的解释》确定了如下原则：

(1) 夫妻共签或事后追认

(2) 用于夫妻日常生活

(3) 用于夫妻共同经营

上述三种情形属于夫妻共同债务。

现实中，不少夫妻共同融资用于公司运营，都可能造成夫妻承担共同还款责任，并导致不得不用家庭资产承担商业风险。

例如：笔者在某私人银行举行的客户活动中遇到A女士，她在听完笔者关于资产隔离和夫妻共同债务的课程后，专门咨询笔者。A女士在全国各地投资有大量房产，她的老公在社会上大量融资进行期货投资，A女士担心其老公一旦投资失利后会连带其承担巨额债务。经笔者询问，A女士从未参与她老公的融资和期货投资行为，双方资金上也各自独立，但在2015年A女士投资某项房产时，从其老公期货投资的盈利中刷卡70万元。

笔者对其答复是：(1)A女士在婚姻存续期间投资的房产属于夫妻共同财产，如果其老公因借款负债，一半的份额要用于清偿债务；(2)一旦有证据证明A女士用其老公期货投资的盈利购买房产，则法院可能会判定借款用于夫妻共同经营和日常生活，她要为老公投资期货可能造成的亏损承担连带赔偿责任。

再来看一则新闻报道：

浙江的柴女士曾经是一位富太太，老公曾是当地颇有名气的房地产商，兴旺时家里拥有多套别墅、多辆豪车。由于经营不善，丈夫的产业资金链断裂,集团宣布破产。随后家族的豪车、别墅统统被法院拍卖抵债。痛苦彷徨后,柴女士担起养家糊口的重担,卖起了辣酱。[来源:钱江晚报(杭州),转引自网易新闻]

笔者想说的是柴女士的丈夫,可能是一个负责任的企业家,将所有的资金都投入了公司,也承担了商业风险,但他不是一个好丈夫、好爸爸、甚至一个好儿子!因为他没有做好资产的隔离,造成商业风险连累到亲人来承担。

"创业难,守业更难。"很多高净值人士在企业经营到了一定规模时,还是忽略家庭财富与企业经营之间的资产隔离,甚至意识不到家族资产和亲人的生活始终处于高风险之中。一旦出现商业风险,"企业家"就变成了"弃业又弃家",悔之晚矣!所以律师、保险机构、财富管理机构、私人银行除了代客理财外,还要向客户灌输资产安全、财富隔离的观念,通过保险和家族信托等金融工具帮助客户远离风险!

(二)企业财产与家庭财产混同的表现形式

1. 个人账户收取企业往来经营款

不少企业家为了少开发票不交税,或者图方便用个人的账户收取企业的款项。这种情况下,当企业也面临债务偿还时股东个人也会承担连带责任,而且涉嫌偷税逃税的刑事责任。

2. 企业融资由股东个人或家庭承担无限连带担保责任

民营企业在向银行、小微贷款公司等融资过程中,往往会面临出借方要求企业家用个人资产承担连带担保责任,同时还要求配偶到场也一并签字;面对风险投资机构时也会要求签订对赌协议,一旦对赌失败家庭资产往往也会承担连带责任。

3. 家庭财富无条件地为企业"输血",企业一旦出现风险,家庭财富血本无归

民营企业家对企业爱惜如子,一旦企业缺钱,会毫不犹豫地将家

庭财产奉献给企业，为企业增资输血，但一旦企业经营不善甚至清算终止时，已经投入进去的家庭财产则会悉数败光，这对企业家的个人和家庭来说，无异于重大打击。

4. 用企业资金购买家庭财产（尤其是不动产）。一旦企业遇到困难，这些财产会被视为企业资产被法院执行

笔者代理案件的一位被执行人购买一辆奔驰 S350 就登记在其公司名下，在执行过程中虽然他提供了从自己私人账户转款购车的凭证，提出执行异议，但法院还是根据车辆登记的所有人为公司，驳回了其异议，将车辆作为公司财产进行执行。同理，写字楼、商铺等不动产登记在公司名下，一旦公司涉及诉讼，这些财产均会作为公司财产被执行。

5. 企业股东分红为避税而采取股东借款的财务处理方式，企业虚假出资或抽逃注册资本等。一旦企业家忽略上述风险，未来也可能会发生刑事及民事赔偿责任。

（三）如何进行企业财产与家庭财产混同的防范

1. 树立企业独立法人主体地位的观念

企业作为法律上独立的法人主体，独立性主要体现在财产的独立和责任的独立这两方面。企业家即使完全控股一个企业，也不能视企业财产为个人财产任意取用，否则企业家对企业债务会承担连带责任，这在法律理论上叫做“揭开公司的面纱”。现在已经有公司法的司法解释和实际案例支持上述主张。

2. 企业家要严格按照规范的财务制度运作企业

公司要有完善的财会制度，保留会计凭证和财务账簿。即使碰上官司，也可以用来证明企业财产与个人财产已完全分开。尤其对于一人有限公司，股东有义务证明公司财产与自己个人财产之间的独立性。

3. 避免在企业融资过程中由企业家个人或用家庭财产承担连带保证责任

在现实中,这种连带对民营企业来说几乎不可避免! 笔者的客户王总搞某新能源项目,需要资金,我陪王总接待了一批又一批投资人,投资人关心的是资金安全和回报,为了保障资金安全基本都要求签订担保或对赌条款。如果企业家在借款时被迫要承担连带责任的话,在融资之前一定要运用家庭财富管理手段防范法律风险。在实践工作中,可采取以下防范措施避免家庭财产和企业财产混同的风险:夫妻财产约定、家族信托工具的运用、经过风险设计的人寿保险合同、资产代持的安排、境外财产的配置等等。

4. 出现企业无法正常存续的情况时应积极寻求司法救济

如确实出现企业无法正常存续的情况,应当及时走破产程序。切记不可采取隐匿、销毁账簿甚至跑路的方式,这不仅损害了债权人利益,也会给企业家带来更大的法律风险。

(四) 通过保险采取财富隔离措施,帮助企业家渡过难关,重见曙光的案例

笔者代理的某借款纠纷案件,被执行人是某开发商刘总,我们先为刘总画一幅素描:刘总出身农村,当兵后来到西安。时势造英雄,于20世纪末开始的火热楼市中,刘总从小包工头做起,顺着劳务分包——劳务总包——工程分包——工程总包——开发商这一路走来。曾带领上千人走出家乡来西安创业。2013年初,其控股两家公司储备待开发土地二百余亩,公司员工不下百人,其座驾为行政版路虎! 这是一个农家子弟白手起家,非常励志而且就发生在我们身边的人生成功故事。

但就在2013年,刘总的幸运人生发生了转折,两个项目先后出现了严重问题,项目停顿资金断裂。对外融资的1.5个亿的债权人开始出现挤兑! 而刘总个人均为上述公司债务提供了担保!

笔者作为债权人的代理人代理了其中一起，大概本息合计几千万元！案件通过调解很快进入执行程序，刘总和公司均为被执行人，所有的车辆和房产、银行账户均被笔者通过法院查封，刘总本人也因未履行生效判决被拘留(这里谈一个细节，拘留的时候刘总身上只有三十元现金)，其老父亲也在打击下突发重病一场。

在面对这种事业和家庭双重打击的时候，刘总原先有些无意的安排起到了至关重要和力挽狂澜的作用！其中之一就是，刘总作为某保险公司的高净值客户，为家庭成员和车辆均事先购买了种类齐全的各类保险。

在风暴来袭之时，两起保险事故几十万的保险赔付帮助其家族扛过了一场危机，家族成员名下的年金保险让亲人能定期收到保险公司的分红及年金，使得刘总的家人孩子获得了一个安全避风的港湾。

债务谈判间隙，刘总曾跟笔者聊天，诉说近几年的艰辛。聊到保险时，他说当年购置保险这事，完全是家里的太太负责，夫人也是出于顾及朋友的面子而购买的，这种与企业经营无关的“小事”他就没管过，算是盲目购置，根本没想到在他家族出现困难的时候起到了雪中送炭的作用。要真是他父亲因无钱治疗出了任何意外，他能否挺过这一关很难说，算是无意插柳柳成荫！

这个案例中司法执行虽然对企业造成灭顶之灾，让董事长个人财产全部被执行，但其隔离企业与家族财产的某些措施，特别是无意间购买的保险，帮其家族渡过难关。随着 2017 年楼市的转暖，据笔者了解刘总的事业已经出现转机！相信重新崛起的刘总会对保险、对资产隔离有一个新的认识。

特别需要说明的是：某寿险公司，在服务刘总这个大客户时，应该是下了心思，专业人员为刘总家族进行了大额保单架构设计，实现了资产保全规划！

（五）资产隔离的实务操作

笔者的一位客户何总拥有某新能源项目专利，该技术能将某种矿产伴生气体转化为电能，完全符合产业和环保政策，技术优势使得何总有信心在几年内创造一个上市公司。但该项目需要大量启动资金，所有的投资人都需要何总夫妇对资金提供担保或签订对赌协议。该项目的最大安全隐患在于该伴生气体的易燃易爆性，而何总夫妻已将大量资金投入了项目，一旦该项目发生任何经营或安全风险，何总夫妻及其家庭将面临重大风险。何总夫妻有承担商业风险的心理准备，但何总的小儿子刚上大学，面临后续深造。何总的母亲年事已高，需要赡养。这些都需要将一笔资产隔离出商业风险之外，经过分析，公司团队和律师拿出以下方案解决何总夫妻面临的隐患：

(1) 为尽可能降低生产安全风险，提高预算，采用英国劳斯莱斯公司的设备(该公司为航空发动机制造商，其设备质量可靠在全球范围内还未发生过严重的安全事故)。

(2) 在项目启动前无任何经济纠纷时将房产的百分之九十份额过户给小儿子，并签订赠与协议，由何总妻子持有百分之十份额。这样一旦何总夫妻负债，百分之九十的房产份额因提前赠与已经不属于夫妻共同财产。同时何总妻子作为百分之十的共有人可防止儿子擅自变卖或抵押房产。

(3) 项目启动前，通过设立家族信托和大额人寿保单隔离家族财富，做到即使项目经营失败，也有足够的资金保证孩子完成学业和老人安度晚年。

二、保险和家族信托在家族财富的传承中的作用

（一）遗嘱作为家族财富传承工具的缺点

生老病死是自然规律，留给亲人稳妥与幸福而不是纠纷与烦恼，才是最重要的，也是我们每个中国人内心的人生憬愿。但能否顺利

的传承？在司法实践中出现很多问题。

笔者曾遇到一个案例：王总夫妻经商多年，积累了丰厚的家庭资产，儿子小王结婚后，出于对现代婚姻稳定性的顾虑，王总向侄女某法官咨询，如何保障家族资产不因为小王的婚姻问题受到损失。侄女建议其家族资产仍由王总夫妻持有，这样就算小夫妻之间婚姻出现危机，家族资产也不会受到损失。但是王总旅游时突遭意外，未留遗嘱，夫妻留下的资产中有房产20套，按依法继承，老太太15套，小王5套，其中小王的妻子小芳应得2.5套，但小王小芳二人感情不睦，正在闹离婚，最后律师给出儿子放弃继承的方案妥善依法解决。

上面这个案子说明，财富传承是一个非常复杂的问题，需要专业的规划和设计，即使是律师或法官，如果非专业研究家族财富领域，提出的意见，往往也是有漏洞的！

而且，这个案例也是一例个案，可能不具有复制性。假设王总夫妻同时去世呢？假设王总夫妻有三个孩子，小王是否还愿意放弃继承呢？现实中的传承机制应当是“一家一企一方案”，无法完全复制别人的做法！

所以，在财富传承领域需要专业人士提前设计规划。在中国常见的财富传承工具，有人寿保险、遗嘱继承、生前赠与、家族信托、代持等十余种。没有财富管理经验的律师往往仅建议当事人通过立遗嘱来实现传承。

然而，现实中遗嘱有一个重大缺陷：对于不动产、股权、存款、股票、车辆等资产过户时，以前均需要办理继承权公证书！虽然现在继承权公证书取消了，但繁琐复杂的文件证明更不可少，往往其他同顺位的法定继承人不配合，就只能通过诉讼解决，而遗产诉讼平均长达三年左右，多数遗产诉讼尘埃落定之时，企业往往已经衰败，资产发生损耗、股票早已贬值、有些资产已经被转移。

生前赠与，也存在丧失财产的控制权后子女挥霍的可能，笔者曾遇到一例咨询，父亲为了规避可能开征的遗产税和婚姻风险，将房产提前过户给未婚的儿子，但在儿子染上毒瘾变卖房产筹集毒资时，父亲却束手无策！

（二）通过保险实现资产定向传承的实例

某县的首富突然患病去世后，围绕其遗产的归属，其配偶、同父异母子女、亲属、公司其他股东、甚至第三者之间分成了几大阵营，分别对财产权、公司的股权和控制权展开了激烈的争夺！不但产生了持续四年，开庭十余场的连续诉讼，还发生了多起惊动警方的群体冲突，甚至家族老爷子也被迫卷入诉讼！这使得家族内部亲情和凝聚力荡然无存，而且该遗产纠纷也成为当地街头的热门流言，对该企业家的身后形象也造成了很大的负面影响，随后该家族分崩离析，完全退出了该县的商业市场。

这里我说明一下，这一案例中多起诉讼涉及公司的股权、宾馆产权、房产、车辆、存款、债权、债务、股票等多种标的，但该首富生前以自己为被保险人购买的一份大额人寿保险，因受益人指定明确，故无争议地由其长子领取！500 万的保险金实现了财产的定向传承，而且虽然其长子已婚，该保险金也属于他的个人财产，而不属于夫妻共同财产。

（三）对保险和信托在家族财富传承中作用的分析

1. 诸多资产隔离和财富传承方式中，人寿保险是极佳的金融工具。

（1）实现定向传承：投保人可以对受益人进行指定，避免了亲人之间今后可能的诉讼。

（2）传承后不会发生夫妻共同财产的混同。

（3）传承过程中不用其他法定继承人的配合。

（4）只要明确受益人，被保险人百年之后，受益人可以获得的保险金不属于遗产，能规避今后可能开征的遗产税，并且无需缴纳个人所得税。

（5）私密性好：无需通知其他家庭成员，避免纠纷。

（6）对财富的控制性更强：生前不会丧失对财产的控制权，身后能够防止子女挥霍。

2. 家族信托也是很好的资产隔离和财富传承工具，其优势在于：个性定制、私密性好、财富传承、资产隔离、抵御通胀、长期存续、防止子女挥霍等诸多优势，是私人财富管理王冠上的明珠！

缺点：门槛很高，国内无论是司法判例还是成功案例都较少，税收制度特别是不动产信托存在缺陷，税费较高。

3. 保险信托：保险金和信托的结合，目前国内不少保险公司和信托公司已经合作推出了保险金信托计划这一针对高净值客户的新型金融服务模式。

保险金信托结合了大额保单保险和家族信托的诸多优势，通过保险的杠杆作用，降低了家族信托的门槛，扩大了家族信托的受众面，实现了保险金的风险隔离和保值增值，防止了收益人对保险金的挥霍。

以上是笔者在私人财富的隔离和传承中的一些拙见，文章中的案例均来自笔者所在律所律师们亲自办理和接触到的实例或新闻报道，为保护当事人隐私，笔者将案例的时间、地点、地域等细节进行了变更，但法律架构和基本事实不变。私人财富管理在中国刚刚起步，还有许多领域需要研究和探索，笔者限于实践和理论知识的限制，文章表述中的错误难免，希望保险、银行、财富公司、律师等私人财富管理领域的同行们多提出宝贵建议，帮助笔者改进和提高！

我国家族信托的税务分析与实务解读

陈少华

家族信托在家族财富传承中具有重要的地位，它可以涵盖其他的家族财富传承工具如继承、保险、赠与等，因此研究信托税制可以比较深入了解我国家族财富传承的相关税务问题。

我国现行税制中没有专门的信托税收优惠政策，因此在设立信托、持有信托及解除或终止信托时，都可能因为财产转移需要缴纳相应的税费。按照我国目前的信托法律法规的规定，设立家族信托需要转让财产所有权，并进行登记。而我国不承认非交易过户，因此除现金、有价证券等外，其他非货币性资产转移在税法上会被视同转让或销售，应当缴纳增值税、所得税等一系列税费。在家族信托存续期间，信托产品运作时需要缴纳流转税，持有财产需要缴纳财产税，获得收益时需要缴纳所得税，对于税后的收益再分配给受益人时，受益人是否需要再次缴纳所得税，没有相关规定，根据实质重于形式的原则，理论上不应再缴纳所得税，如果再次征收所得税则属于重复征税，但仍不能排除被税务机关以股息、红利所得征税。解除或终止信托时，信托财产会回转到委托人或受益人手中，这时再次出现财产所有权的转移，按我国目前的税制，可能应再次征收税款。

因此，从目前来看，在国内宣传家族信托避税是不切实际的，国外利用信托避税主要是规避赠与税、遗产税，而在我国，不存在这两种税。虽然遗产税在发达国家和地区比较流行，但最近几年，一些国家和地区比如香港、澳大利亚、加拿大等已取消了遗产税，美国总统特朗普也在推动取消遗产税。在这样一个大的国际环境下，遗产税在我国的开征仍具有很大的不确定性。因此，在我国设立家族信托如果以规避税务为前提的话，应当进行特别地考量，需要综合运用我国现行的税务优惠政策，才能保证达到一定的税务筹划效果。

下面通过一个已公开的典型的不动产信托传承案例，来讲解一下家族信托设立时的税务规划思路。

刘芳（化名）在北京有价值 1 亿的房产，为传给后代并避免因婚姻引起不必要的纠纷，通过某信托公司先出资设立一个单一资金信托，然后再由该信托购入刘芳的房产，最后将该信托受益人指定为直系血亲后代非配偶继承人。（见下图）

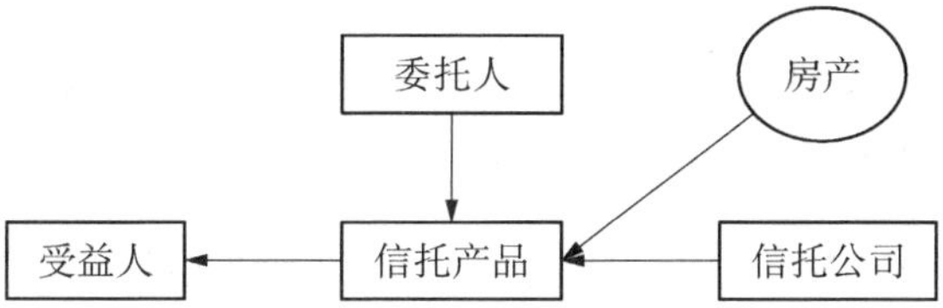

图 5.1

这个家族不动产信托非常简单，实质上就是委托人将自己名下的房产转让给受托人信托公司，本质上是委托人自卖自买的行为，大体涉及以下几个税种：增值税及附加、契税、个人所得税、印花税，如果是非住房还需要缴纳土地增值税。从税务筹划的角度去看，这个家族信托方案基本没有考虑税负的承担问题，所有涉及到不动产转让的税都没法回避。

实际上，在我国现有的税收体制下，仍然可以利用不动产转让中的一些优惠政策和股权转让的形式来减轻委托人的税负，（见下图）

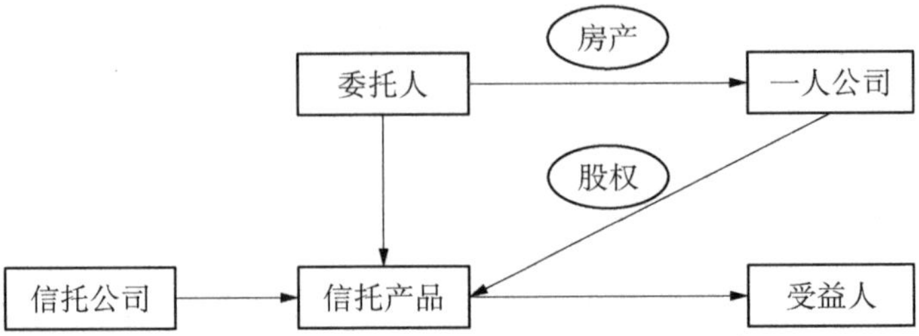

图 5.2

根据《财政部、国家税务总局关于自然人与其个人独资企业或一人有限责任公司之间土地房屋权属划转有关契税问题的通知》(财税〔2008〕142 号)规定,自然人与其个人独资企业、一人有限责任公司之间土地、房屋权属的无偿划转属于同一投资主体内部土地、房屋权属的无偿划转,不征收契税。《财政部、国家税务总局关于继续支持企业事业单位改制重组有关契税政策的通知》(财税〔2018〕17 号)再次明确:同一自然人与其设立的个人独资企业、一人有限公司之间土地、房屋权属的划转,免征契税。因此,通过委托人设立个人独资企业或一人有限公司,再将其房产以投资形式划转到个人独资企业或一人有限公司,可以享受免征契税的优惠。

另外根据财税〔2015〕41 号《财政部、国家税务总局关于个人非货币性资产投资有关个人所得税政策的通知》:"纳税人一次性缴税有困难的,可合理确定分期缴纳计划并报主管税务机关备案后,自发生上述应税行为之日起不超过 5 个公历年度内(含)分期缴纳个人所得税",这样又可以享受个人转让房产的所得税递延纳税的优惠。然后,再将全部股权置入信托产品,达到和不动产信托同样的效果。

如果委托人的房产属于商业地产,在转让中会涉及到土地增值税,此时可以考虑利用财税[2018]57 号文第 4 条的规定:"单位、个人在改制重组时以房地产作价入股进行投资,对其将房地产转移、变更到被投资的企业,暂不征土地增值税。"

这样综合下来,基本上免除了契税、土地增值税,个人所得税得以延缓缴纳,总体来说,相对原来的方案税负会有一个比较大的改观。

一般来讲,股权转让的税负会小于资产转让的税负,因此设立家族信托时,应当尽量将资产转化为股权设立股权信托而非其他形式的信托,从而达到节税的目的。

家族信托的目的一般主要是财富的传承、资产隔离等,避税一般不是主要目的,但家族信托的设立和管理,都涉及到巨大的财产,必然产生巨大的税负,因此从客观上讲,无论是主动还是被动,税务筹划都有巨大的需求,只是鉴于我国目前的税收体制及税务管理思路,要想做好家族信托的税务筹划最优效果,除了利用国内的税收优惠政策外,还可通过构建国际税务架构来达到节税的目的。

毛里求斯信托及私人基金会的主要特点及应用

王逸群

毛里求斯为英联邦成员国，有“非洲瑞士”之称，是非洲少有的富国之一，不但是旅游胜地，也是对非洲其他国家和印度进行投资的主要门户。毛里求斯有着自由、开放的金融市场，且自20世纪90年代起积极发展离岸金融业，并迅速成为世界主要国际金融中心之一。

毛里求斯于1989年制定了首个信托立法，允许设立本地信托，随后又于1992年通过了《离岸信托法》，允许非居民在毛里求斯设立信托。毛里求斯现行《信托法》于2001年通过，取代了1989年版的《信托法》《信托公司法》和1992年版的《离岸信托法》，为居民信托及非居民信托建立了统一的立法框架，是目前世界上最现代、创新的信托立法之一。毛里求斯还先后于2011年通过《有限合伙法》，于2012年通过《基金会法》，为高净值人士及私人财富管理专业人士在架构搭建方面提供了更多选择。

值得注意的是，由于先后历经法国和英国的殖民统治，毛里求斯的法律体系由法国的民法法系和英国的普通法系混合而成，但其信托立法主要是在英国普通法基础上形成的，深受英国普通法和英国法院判例的影响。

一、毛里求斯现行《信托法》的主要特点

1. 信托类型

允许设立多种类型的信托,包括固定收益信托、自由裁量信托、保护/防挥霍信托、慈善目的信托、非慈善目的信托及符合伊斯兰教法的信托等等。

其中,就慈善信托而言,允许指定非毛里求斯居民的特定受益人或受益人类别。例如,如委托人的子女并非毛里求斯居民,就可设立慈善信托用于资助委托人子女的教育。

2. 信托的存续期及信托收入积累期

目的信托的存续期可为永久,无论其是否为慈善目的信托。而所有其他类型信托的存续期,自设立之日起均不得超过 99 年。

此外,可在信托条款中指示或授权在一个不超过信托最长存续期的期间内积累全部或部分信托的收入。在遵从信托有关赡养、预付或其他条款的前提下,不作积累的信托收入应及时进行分配。

需要注意的是,如果信托财产包括坐落于毛里求斯的不动产,则对来源于该不动产的信托收入积累期不得超过 25 年。同时,由于毛里求斯对非公民在毛里求斯拥有不动产有一定法律限制,相应的,非毛里求斯公民未经毛里求斯总理批准,也不得通过信托持有或获取任何坐落于毛里求斯的不动产或其带来的收益。

3. 信托的设立方式

设立信托必须签订书面的信托文书方为有效,但信托文书通常可采用以下任一形式:

(1) 信托协议:由委托人和受托人共同签订,列明双方约定的受托人须承担的义务;

(2) 宣言信托:由受托人单方签订信托声明,声明受托人已收到其中列出的相关财产,并根据其中列明的条款持有该等财产。

此外，信托文书中须至少包括以下内容：

（1）受托人的姓名或名称；

（2）委托人设立信托的意图，或受托人受托持有财产的声明；

（3）信托的目的、受益人或受益人类别；

（4）转让或受托持有的财产；

（5）信托的存续期。

要注意的是，《信托法》对可以通过转让或处置成为信托的财产规定了一些限制，例如：根据毛里求斯法律不能转让的财产、剩余期限短于18个月的租赁权益不能转让给信托；对于非慈善目的的信托而言，任何坐落于毛里求斯的不动产也不能转让给信托。

而另一方面，如委托人在作出关于某项财产的信托声明时并不拥有该财产，仅视为作出声明时信托未完全成立，且信托文书项下的权利或职责也未产生，但一旦委托人取得对声明所涉财产的合法所有权，即视为信托于此时生效，除非委托人在此之前已撤销该声明。

此外，如将位于毛里求斯外的财产转让给信托，只要同样的转让行为如发生在毛里求斯可以构成毛里求斯《信托法》下的财产有效转让或处置，就不得仅因其违反该等转让或处置的适用法律或转让方住所地或国籍地的法律而宣告其无效。

但在任何情况下，向受托人转让财产符合就该等转让规定的手续的，转让方为有效。

4. 保密

毛里求斯对信托无强制登记要求。受托人可以选择至毛里求斯注册总局注册信托，办理时仅需提交信托契约。

《信托法》对受托人有义务向其披露信托相关信息的对象和条件有明确规定，可有效保障信托的保密性。原则上，只有毛里求斯最高法院及信托的委托人、保护人和目的信托的执行人有权要求受托人进行相关披露，在信托文书中无特别授权的情况下，受托人无须向任何受益人披露信托的信息。毛里求斯最高法院和内庭法官也只有在

《信托法》规定的个别情况下，有权命令受托人进行相关披露或提供相关保密信息。当然，这并不影响在 FATCA 和 CRS 框架下可能触发的涉税信息申报义务。

5. 委托人

委托人可以同时担任或作为信托的受托人、受益人、保护人或目的信托的执行人，但不得作为其设立的信托的唯一受益人。

6. 受托人

在毛里求斯设立的信托最多可指定 4 个受托人，且其中必须至少有一个为合资质受托人，以确保所有信托均得到专业的管理。合资质受托人，指符合 2007 年《金融服务法》定义的管理公司或其他经毛里求斯金融服务委员会授权可提供受托服务的毛里求斯居民。如信托指定唯一受托人的，该受托人不得同时作为信托的受益人。

受托人可以区分为保管受托人和管理受托人，这样在迁移信托到其他属地时，就无需将信托财产转移给新的受托人，可由保管受托人继续持有，而只需将信托的管理和控制权转移到海外。但保管受托人不可由个人担任，必须为合伙或公司，且其仅负责持有信托财产及按管理受托人指示进行投资及资产处置。当有多名管理受托人时，以占多数比例的管理受托人的指示为准。

此外，虽然毛里求斯目前没有立法特别规定，但毛里求斯金融服务委员会已明确允许设立私人信托公司，即非向公众提供信托服务而是为一个家族或关联的家族团体利益设立的数个信托担任受托人的私人公司。

私人信托公司可以选择设为 1 类全球业务执照公司(GBC1，为税务居民)或 2 类全球业务执照公司(GBC2，为非税务居民)，但由于 2 类全球业务执照公司从事的业务活动相当有限，不会被视为在毛里求斯开展信托业务，因此一般都优先选择设为 2 类全球业务执照公司。

私人信托公司须由有牌照的管理公司设立，并须遵守金融服务委员会规定的条件，但私人信托公司本身并不需要获取合资质受托人的牌照。私人信托公司须满足以下要求：

（1）其活动须以私人信托业务服务为限；

（2）其须始终保持至少 5 000 美元的实缴资本；

（3）其只可向有关联的人员提供私人信托业务服务；

（4）不得向公众招揽信托业务或为公众提供信托业务服务；

（5）须任命持有适当牌照的管理公司就其担任受托人的任何明示信托开展信托管理服务；

（6）须任命管理公司作为其公司秘书；

（7）须遵守反洗钱/打击恐怖主义融资监管框架。

7. 意愿书

委托人、受益人可向受托人出具和信托条款中授予受托人的任何职能的执行有关的意愿书。受托人也可准备一份有关委托人、受益人意愿的备忘录。但无论是采用意愿书还是意愿备忘录形式，也无论文件是否为受托人准备，受托人未能或拒绝按其中内容执行的，无须承担任何责任。意愿书或意愿备忘录并不会给受托人增加任何信托责任或义务。

8. 保护人

《信托法》允许就信托任命保护人，且可由委托人、受托人或受益人兼任。

除非信托文书中另有规定，保护人应享有以下权利：

（1）更换受托人及任命额外的受托人；

（2）决定信托的适用法律；

（3）更改信托的管辖地；

（4）就受托人的特定行为，有条件或无条件地不予同意。

除非信托契约另有规定，对于有不止一个保护人的信托，任何保护人的职能须按多数意见行使。

9. 反攻击条款

如非居民委托人基于其设立的毛里求斯信托转让或处置资产

的，不得因其住所地或国籍地关于继承的法律法规、限制其在生前处置财产的权利以便将该等财产保留至其去世后进行分配的法律法规，或其他有类似效果的法律法规，撤销或宣告该等转让或处置无效。

对于非由毛里求斯国民或住所在毛里求斯的委托人设立的信托，不可因委托人破产或其债权人针对其提起诉讼，而认定信托无效。但毛里求斯最高法院如确认该等信托是为了欺诈信托财产授予受托人时对委托人享有债权的人之目的设立的，可宣告信托无效，不过，如果自财产转让给或授予信托之日起已超出 2 年期限的，债权人就不能再提出该主张。

此外，只要毛里求斯法律为信托的适用法律，毛里求斯最高法院将不得根据其他法域的法律或其他法域的法院作出的有关婚姻、继承权或债权人偿债要求的裁判，更改、撤销信托，或认可对信托财产提出的任何主张的有效性。

10. 财务记录

受托人需保存适当的财务记录（但无对报表进行审计的强制要求），并须将记录保存在毛里求斯。

11. 迁移

根据其他国家的法律设立的信托可以将适用法律改为毛里求斯法律。外国信托在其适用法律允许的前提下，也可指定毛里求斯的受托人。

12. 税务筹划机会

毛里求斯的所得税法对居民信托和非居民信托区别对待。

非居民信托，指委托人和受益人不是毛里求斯居民的信托，其无须在毛里求斯纳税，但须就每个收入年度提交非居民声明。

居民信托，则须就其年应税收入缴纳 15%的所得税。但居民信托可申请 1 类全球业务执照，取得该执照后就可就毛里求斯境外收入享受 0 至 3%的实际税率（即扣除境外所得税抵免后的税率）。此外，居民信托还可充分利用毛里求斯与诸多国家签订的避免双重征税协定可能带来的税收优惠进行税务筹划。

注：目前毛里求斯已签订了43个税务协定，另有8个税务协定等待正式批准、4个税务协定等待签署、19个协定正在谈判中。详见该网址：www.mra.mu/index.php/taxes-duties/double-taxation-agreements.

二、毛里求斯基金会的主要特点

1. 基金会类型

毛里求斯《基金会法》允许设立指定特定受益人或受益人类别的基金会，用于实现特定目的的基金会，或同时指定特定受益人/受益人类别和意欲实现的特定目的的基金会，且基金会可以是慈善性质或非慈善性质，也可以慈善、非慈善目的兼具。所有基金会都可以永久存续或在其章程中规定存续期限。

慈善基金会除了设定公众性质或为公众利益的目标或目的外，也可只为一部分公众的利益设立，甚至可以指定非毛里求斯居民的特定受益人或受益人类别，只要基金会的唯一目的或目标为以下任一项：

(1) 扶贫；

(2) 促进教育；

(3) 促进宗教；

(4) 环境保护；

(5) 促进人权和基本自由；

(6) 任何其他对公众有益的目的。

2. 基金会名称

所有基金会的名称必须以"Foundation"或其他语言中有"基金会"之意的词结尾。同时，基金会名称中不可使用表示"有限""公司""合伙"等意思的任何词(包括缩写、外语翻译)。

基金会不得使用和现有基金会、根据毛里求斯法律登记的公司或商业相同或近似而容易产生误导的名称，除非该等现有基金会、公司、商业已在解散过程中且以登记部门可能要求的方式表示同意该等使用。

此外，如基金会名称中包括暗示或可能暗示有任何国家的政府、毛里求斯的法定公司或地方当局支持的词汇，须经财政部批准。登记部门也有权拒绝登记有不良影响或具误导性的名称。

3. 基金会的创设

基金会可于生前或依遗嘱创设，分别须由发起人或遗嘱执行人申请注册。基金会经注册且获登记部门颁发的登记证书后，方取得独立法律人格。毛里求斯财政及经济发展部下属的公司及商业登记部门(Corporate and Business Registration Department)为统管公司、商业、有限合伙及基金会等登记事务的政府部门。

申请登记基金会时无须提交完整的基金会章程，但须随附从基金会章程中摘录的以下内容：

(1) 基金会的名称；

(2) 章程及提交登记部门前对其所作的一切修正的日期；

(3) 基金会的目的及目标；

(4) 基金会章程细则(如有)及提交登记部门前对其所作的一切修正的日期；

(5) 发起人的姓名/名称和用于收取文件的毛里求斯地址；

(6) 受益人的详情，或指定、移除受益人的方式；

(7) 基金会秘书的姓名和地址；

(8) 基金会理事会成员的姓名和地址；

(9) 基金会注册办公室地址；

(10) 基金会的存续期限(如有)；

(11) 其他登记部门可能要求提供的内容。

4. 依遗嘱建立的基金会之特殊规定

依遗嘱建立的基金会只有一个发起人，即立遗嘱人。如有两位及以上立遗嘱人同时立关于设立基金会的遗嘱,且该等遗嘱同时生效,该等立遗嘱人应视为一个发起人。遗嘱执行人须根据遗嘱尽早任命基金会的理事会,并须于基金会登记完成后定期(在任何情况下间隔不能超出 60 天)通知理事会遗嘱执行的进度。

如发起人去世满一年基金会的登记仍未完成的,遗嘱执行人应向毛里求斯最高法院申请任命一位管理人,在最高法院监督下确保根据遗嘱完成作为拟设立基金会初始资产的财产的捐赠,以及根据《基金会法》完成拟设立基金会的登记。

唯一可能导致依遗嘱设立的基金会的登记遭到质疑的情形是,提出设立基金会的遗嘱未能在遗嘱认证完成之日起 3 年内适当执行。

5. 基金会管理及业务

每个基金会须有一个秘书,且该秘书须为符合《金融服务法》定义的管理公司,或金融服务委员会可能授权的其他毛里求斯居民。

每个基金会须有一个在毛里求斯的注册办公室,用于收取所有信函、通知及法院送达给基金会的文件。

每个基金会须有一个根据其章程或章程细则(如有)以及《基金会法》建立的理事会,负责管理基金会的财产及实现基金会的目标。理事会须有至少一个成员通常居住在毛里求斯。《基金会法》对可被任命为或持续担任理事会成员的对象规定了一些限制,并规定基金会的管理人员、其配偶或其他与其有直接或附属关系的人不得被任命为理事会成员。同时,对理事会成员的任命之生效前提是,在作出任命前,该人员须签署并向作出任命的人送达关于成为理事会成员的书面同意文件。

理事会可根据需要,任命管理人员以有效履行其在《基金会法》及基金会章程和章程细则(如有)下的职责和义务,该等管理人员须接受理事会的监督并按理事会的指示行事。如理事会成员的任命或资格有缺陷,理事会的每个行为仍应有效。

此外，基金会章程可以规定发起人保留的权利或权力，可以规定基金会理事会成员、管理人员、审计人员的任命、免职、任期等。

6. 保护人

基金会可任命保护人或保护人委员会，发起人可兼任保护人。基金会章程可规定保护人或保护人委员会的任命、免职、职权和职责、酬劳，以及其在任时与理事会的关系等事宜。

7. 受益人的知情权

和大部分信托的受益人不同，基金会的受益人经向基金会秘书提出书面申请，可享有以下知情权：

(1) 从基金会获取关于基金会目标实现情况的信息；

(2) 可查看及获取以下文件的副本：

a) 章程；

b) 章程细则（如有）；

c) 任何审计报告，包括任何特别审计报告及账册；

d) 关于基金会财务状况的任何报告及年度财务报表；

e) 理事会召开的任何会议的会议记录。

8. 反攻击条款

如向基金会捐赠财产的为非居民，则该等财产转让不得因捐赠人住所地或国籍地关于继承的法律法规、限制其在生前处置财产的权利以便将该等财产保留至其去世后进行分配的法律法规，或其他有类似效果的法律法规，而被撤销或宣告无效。

除非有欺诈情形，否则所有于基金会成立时经有效转让成为基金会初始资产的财产应不再是发起人的财产，而由基金会合法所有。

9. 财务记录

基金会需保存适当的财务记录（但无对报表进行审计的强制要求），并须将记录存放于其在毛里求斯的注册办公室。

10. 迁移

根据其他国家法律建立的基金会可申请迁移到毛里求斯，即成为按毛里求斯《基金会法》设立及登记的基金会。

根据毛里求斯《基金会法》登记的基金会也可在不违反其章程或章程细则可能含有的任何限制的前提下，迁移到另一个国家，并按该国法律进行登记。但除非该基金会在按他国法律完成迁移及登记后，向毛里求斯登记部门提交该国有关部门出具的登记证之核证副本，并由登记部门在收到该核证副本后，从登记册上划掉该基金会名称并证明其不再是根据《基金会法》登记的基金会，否则其仍为按《基金会法》登记的基金会。

11. 税务

毛里求斯的所得税法对居民基金会和非居民基金会区别对待。

非居民基金会，指基金会发起人非毛里求斯居民，且在整个收入年度内按基金会章程或遗嘱条款指定的所有受益人均非毛里求斯居民。非居民基金会无需在毛里求斯纳税，但须于希望豁免税收的每个收入年度，在相应收入年度结束后3个月内向税务局局长提交非居民声明。

和居民信托一样，居民基金会也须就其年应税收入缴纳15%的所得税，但同样可申请1类全球业务执照(GBC1)，取得该执照后就可就毛里求斯境外收入享受0至3%的实际税率。居民基金会也同样可充分利用毛里求斯与诸多国家签订的避免双重征税协定可能带来的税收优惠进行税务筹划。

12. 解散

基金会有以下任一情形的可自愿解散：

(1) 发生其章程规定的解散情形时；

(2) 其存续期限届满时；

(3) 其理事会一致通过解散决议的；

(4) 基金会无法偿付其债务的。

无论是否正在进行自愿解散程序，基金会均可应以下任何一方提出的请求，根据毛里求斯最高法院的命令予以解散：

(1) 基金会本身;

(2) 受益人;

(3) 基金会的债权人,包括预期债权人;

(4) 清算人;

(5) 基金会登记部门;

(6) 金融服务委员会。

有以下任一情形时,可向法院提出解散基金会的请求:

(1) 基金会经其理事会一致通过,决议由毛里求斯最高法院解散的;

(2) 基金会无法偿付其债务的;

(3) 理事会成员为自身利益而非为全体受益人的利益,或是以任何其他对任何受益人不公平或不公正的方式处理基金会事务的;

(4) 毛里求斯最高法院认为有解散基金会的正当理由的;

(5) 基金会为持有金融服务委员会颁发的相关牌照而在毛里求斯开展业务时违反《金融服务法》《证券法》或《保险法》的。

解散完成后剩余的基金会资产应为任何剩余的受益人的财产,并须转让给该等受益人,且除非章程或章程细则另有规定,应在该等受益人间平分。但如有以下任一情形的,剩余资产应授予无人继承遗产的管理人:

(1) 没有剩余的受益人的;

(2) 剩余的受益人拒绝受让剩余资产的;

(3) 章程中对解散后资产的分配有规定的。

三、毛里求斯信托及私人基金会在家族财富传承中的应用

毛里求斯具有兼采普通法系和大陆法系的混合法系,监管框架较为完善、透明且对商业友好,国内政治、经济状况稳定、安全,拥有开放、自由的金融市场及较为发达的国际金融服务能力,没有任何外

汇管制，实行低税政策，并建立了相当广泛的税务协定和投资促进及保护协定网络。毛里求斯国民普遍通晓英、法双语，并有不少受过良好教育甚至取得英国、法国相关执业资质的专业人才。近年来有越来越多非洲其他国家及非洲以外国家地区的高净值人士在毛里求斯设立离岸信托、基金会进行家族财富传承及建立家族办公室。

毛里求斯的信托被普遍用于财富积累及保存、传承筹划、资产保护、税务筹划、表外交易、企业金融、资产证券化等用途。

基金会作为财富管理工具，有不少和信托相似的吸引点，同样可以用于上述用途。且私人基金会虽然是较为新生的事物，但对来自大陆法系属地、不熟悉普通法系下信托概念的客户，有着更强吸引力。此外，由于基金会具有独立法人资格，其理事会对基金会不承担信托责任，也不像信托受托人一样往往需负有监控投资表现的职责，因此相对而言，更适合用于持有价值波动较大的资产，对希望对资产保留更多控制权的客户，基金会也往往是更有效的财务筹划工具。

私人银行为什么喜欢推荐 BVI 的 VISTA 信托

王怀涛　林　海

一、什么是 VISTA 信托

英属维尔京群岛(英语：British Virgin Islands,缩写：BVI)是英国的海外领地,位于加勒比海地区,常年温度平均在 27 摄氏度。其政府约一半的收入直接来自离岸公司的牌照费,此外,来自信托业员工直接或间接缴纳的薪工税(payrolltaxes),也为政府带来非常可观的收益。

作为众多离岸管辖区之一的英属维尔京岛,以一种极其简单、有效和稳妥的监管方式,提供适合国际舞台的 BVI 公司而闻名于世。但除此之外,BVI 还可以提供各种适合中国本土企业家的信托解决方案,以帮助客户制定接班人计划、税务计划、维持保密性、控制和使资产集中化。

2003 年 BVI 修订的《Virgin Islands Special Trusts Act》(译名《维尔京群岛特别信托法》),简称为 VISTA 法案。在该法案下的信托,被称为"VISTA 信托"。

二、为什么使用 VISTA 信托

据笔者了解，全世界 60 多个离岸金融中心多数都有信托法案，中国内地的企业家主要采用 BVI、香港、开曼群岛和新加坡等地的信托，而在国内开展离岸信托业务的公司多数会推广 BVI 的 VISTA 信托。笔者观察到，多数知名的私人银行，其在国内推广的离岸信托，几乎无一例外均为 VISTA 信托。

这么看来，VISTA 信托必然拥有其他离岸中心不可替代的优势，具体有什么优势呢？我们结合《Virgin Islands Special Trusts Act》，具体看一下。

1. 受托人不享有管理信托财产的权利，而由公司的原股东及董事管理

根据 VISTA 法案第六条规定：

(2) Voting or other powers in respect of designated shares shall not be exercised by the trustee so as to interfere in the management or conduct of any business of the company, and in particular, the trustee

不得行使指定股份的表决权或其他权利，妨碍公司的经营活动，特别是受托人。

(a) shall leave the conduct of every such business, and all decisions as to the payment or non-payment of dividends, to the directors of the company,

（受托人）应将所有此类业务的行为以及所有有关支付或不支付股利的决定交给公司董事，

(b) shall not require the declaration or payment of any dividend by the company or exercise any power the trustee may have of compelling any such declaration or payment.

(受托人)不得要求公司宣布或支付任何股息,或行使受托人可能强迫任何此类声明或付款的权利。

(3) A trustee of designated shares

(a) shall take no steps to instigate or support any action by the company against any of its directors for breach of duty to the company;

指定股份的受托人不得采取任何措施教唆或支持公司的董事做出违反公司职责的任何行为;

(b) shall take no steps to procure the appointment or removal of any of the directors;

不得采取任何措施取得董事的任免;

(c) subject to section 9, shall take no steps to wind up the company; and

除第9条另有规定外,不得采取任何措施终止公司;

(d) subject to the provisions of this Act, shall not apply to the court for any form of relief or remedy in relation to the company.

除本法另有规定外,不得向法院申请与公司有关的任何形式的救济。

可以看出,在VISTA信托下,由于公司董事对信托资产的管理不受受托人制约,使国内诚信缺失经济环境下成长起来的企业家们,打消了其最担心的对资产控制权的问题。针对公司如何行使表决权、是否将向信托分红等人身权、财产权方面的重要问题,承认公司董事(局)自治,公司管理层可以自主决定以财产授予者的意愿书为指导,根据信托书的条款分派股息给受益人。这一点在其他传统国家的信托法中并不具有,对国内的企业家具有极大的吸引力。

2. 承认委托人的权利和《董事局规则》的法律效力

根据VISTA法案第七条第(2)款规定:

The office of director rules may, in particular

特别是董事局规则可以：

(a) require the trustee to ensure that a particular person holds or retains office as director;

要求受托人确保某一个人持有或留任董事；

(b) require any person to be appointed to the office of director at some future date or upon some future event;

要求任何人在将来某一日期或将来某件事上被委任为董事；

(c) require the removal of a director in specified circumstances;

要求在特定情况下撤销董事；

(d) prescribe, subject to the requirements of the memorandum and articles of the company and the law of the Territory, the minimum and maximum number of directors (whether one or more) to hold office at any time or times;

按照公司的备忘录、章程以及辖区内法律法规，规定在任何时候或多次任职董事(包括一个或多个)的最低和最高人数；

(e) require the trustee, in relation to the appointment and removal of directors, to act, generally or in any specified circumstances, on the decision of a third person or committee;

要求受托人，就有关与董事任免事宜，一般或在任何特定情况下，对第三人或委员会的决议作出决定。

可见，VISTA信托的另外一个优势是《董事局规则》。该规则使作为委托人的中国内地企业家们在能决定信托期间相关公司的董事任免，确定当委托人不能干涉公司事务的前提下委任、开除公司董事，最终实际仍在管理该公司，甚至依据其他条款，该等规则甚至在其死亡后依然有效。这对于确保家族企业的长远未来尤其重要。

三、谁在使用 VISTA 信托

一般来说,使用 VISTA 信托的委托人注重信托的保密性,绝大多数无法从公开市场获知。但因上市公司或新三板需按法律法规进行相应的信息披露,因此部分实际控制人的信托情况在上市公司或新三板公告中仍可以略见端倪。据目前已经公开的部分资料显示,国内有不少上市公司都涉及 VISTA 信托,试举几例:

1. 原新三板公司昌盛日电(代码:835154)

现已成功借壳登陆 A 股市场的原新三板公司昌盛日电,于 2015 年 11 月在新三板市场挂牌公开转让股份时,其督导券商中信证券在《昌盛日电公开转让说明书》披露:

2014 年,公司计划在境外上市,由昌盛有限的 4 位股东按照与昌盛有限相同的股权结构出资设立昌盛控股,将其分别持有的昌盛有限股权转让给昌盛控股,并进行了昌盛 BVI、昌盛 Cayman、昌盛香港、家庭信托四家境外实体的架构搭建:

2014 年 6 月,昌盛 BVI 设立。2014 年 6 月 5 日,李赟龙(为公司实际控制人之子,安提瓜和巴布达国籍)于 BVI 设立 Changsheng Holding Limited 并持有其 100% 股权。2015 年 4 月,Li Family Vista Trust 设立。2015 年 4 月 13 日,李赟龙与 Elian Trustee (BVI) Limited 设立家庭信托 Li Family Vista Trust。信托委托人为李赟龙,托管人为 Elian Trustee (BVI) Limited,控制人为李坚之,受益人包括李坚之及其配偶潘岱岩、其子李赟龙。

2015 年 4 月,昌盛 BVI 股权转让。2015 年 4 月 20 日,李赟龙与 Li Family Vista Trust 的托管人 Elian Trustee(BVI) Limited 签署协议,将其持有的昌盛 BVI 的 100%股权转让给 Li Family Vista Trust。

同时,在公司实际控制人一节有如下信息披露:

Li Family Vista Trust 通过昌盛控股间接持有公司 76.60%的

股权，控制公司 83.60％的表决权，李坚之为 Li Family Vista Trust 的控制人，因此，本公司实际控制人为李坚之。

在关联公司一节有如下信息披露：

Li Family Vista Trust，李坚之为控制人，拥有控制权，并通过其控制昌盛 BVI、昌盛 Cayman、昌盛香港。Li Family Vista Trust、昌盛 BVI、昌盛 Cayman、昌盛香港均未实际开展业务。

在昌盛日电另一份文件《2015 年年度报告》的"三、控股股东、实际控制人情况"中又进一步明确："公司实际控制人为李坚之先生，通过 Li Family Vista Trust 持有昌盛控股 61.56％的股权，未直接持有本公司股份。"

综上，可以看出，国内上市公司的实际控制人在使用 BVI 的 VISTA 信托已经较为熟练。

2. 国内 A 股万盛股份(代码：603010)

在万盛股份公告的一份文件《国浩律师(杭州)事务所关于浙江万盛股份有限公司发行股份购买资产并募集配套资金暨关联交易之法律意见书》中披露：

VISTA 信托计划	指	The Jiangxinzhiben ESOP VISTA Purpose Trust，系硅谷数模执行董事 Kewei Yang(杨可为)作为信托设立人及保护人，指定 Vistra Trust(BVI)Limited 作为管理人，为实施新设期权计划依据英属维京群岛法律设立的一项不可撤销的信托计划

其中公司股权结构图如下：

具体设立 The Jiangxinzhiben ESOP VISTA Purpose Trust (VISTA 信托计划)如下：

2017 年 9 月 8 日，硅谷数模执行董事 Kewei Yang(杨可为)作出决定，同意新设期权计划通过一项不可撤销的 VISTA 信托计划予以实施。根据硅谷数模提供的《匠芯知本员工股权激励 VISTA 信托契约》("The Jiang Xin Zhi Ben ESOP VISTA Purpose Trust Trust Deed")，硅谷数模执行董事 Kewei Yang(杨可为)系 VISTA 信托计

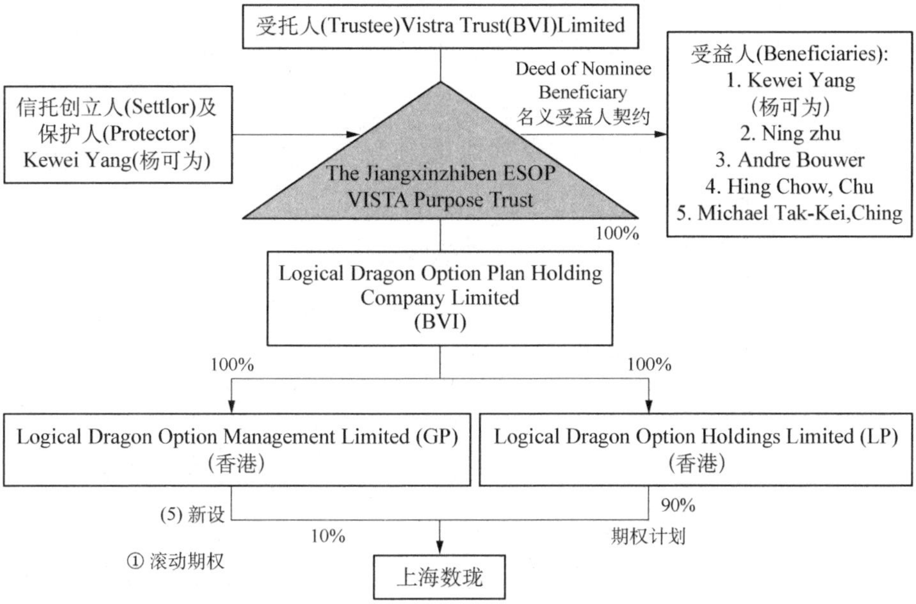

划设立人(settlor)及保护人(protector),指定 Vistra Trust (BVI) Limited,一家依据英属维京群岛法律设立并有效存续的有限公司,注册地址为 Coastal Building, Wickhams Cay II, PO Box 957, Road Town,Tortola, British Virgin Islands,担任 VISTA 信托计划的管理人(trustee),为 VISTA 信托计划名义受益人(Nominee beneficiary) Keiwei Yang(杨可为)、Michael Ching、Hing Chu、Andre Bouwer 及 Ning Zhu 持有该信托计划并实施新设期权计划。

《匠芯知本员工股权激励 VISTA 信托契约》对适用法律及争议解决方式、信托计划期限、信托计划基金、信托管理人权利和义务、信托管理人任命及除名、信托保护人的指定、信托保护人的权利和义务、信托计划税务申报与筹划、信托计划的不可撤销性、信托资产投资、管理等方面均作出了约定。

根据 Kewei Yang(杨可为)、Michael Ching、Hing Chu、Andre Bouwer 及 Ning Zhu 签署的《名义受益人契约》(Deed of Nomiee

Beneficiary),设定了 5 名名义受益人。

可以看出,BVI 的 VISTA 信托也可以作为员工福利信托,做股权激励所使用。因公司执行董事 Kewei Yang(杨可为)作为 VISTA 信托计划设立人(settlor)及保护人(protector),有权撤换受托人,决定分红权,从而使这种股权激励更加具有可控性。在公司高管和员工为公司创造业绩时,可以分配一定的分红,同时不会给公司的股权稳定性、表决权等产生任何潜在的威胁。

四、VISTA 信托存在的问题

在信托领域,信托的控制权和有效性犹如阴阳两面,此消彼长。当信托委托人对信托的控制权增强时,就可能会被司法机构认定为过度控制,成为委托人的傀儡,而被司法机关宣告为虚假信托,起不到信托的保护作用。

我们知道,信托除了具有避税、保密等属性外,最关键的是其避债功能和安全效果。在英美法系,设立一个典型的民事信托,就好比开设了一个安全的法律保险箱,信托契约(Trust Deed)犹如保险箱的钥匙。任何财产,无论是股权、不动产、飞机、游艇、金银珠宝、比特币等均可放入该法律保险箱,从而达到避免被债权人、司法权等追索的效果。但如果一旦被宣告为虚假信托,相当于保险箱被人撬开,放入其中的财产价值越大,则风险和损失反而越大。

VISTA 信托,可以说是控制权和安全性的一个平衡和博弈,在不同的价值取向上,BVI 选择了最大程度的赋予委托人足够的控制权。这极大程度上满足了中国内地企业家的控制权需求,有着区别于其他离岸中心的无可替代的优势。但这样一来,其安全性必然受到影响,但能否影响到被认定为虚假信托的程度,尚不能一概而论,还需要结合委托人的国籍、财产所在地、是否涉及专属管辖等进一步判断。

因我国的信托法实践尚没有久远的历史及丰富的案例可查，所有已经设立的信托因时间太近、保密性强而难以参考，因运行时间太短，更没有受到过司法机关的检验，因此，笔者建议在设立 VISTA 信托前务必聘请专业的法律人士做详细论证，在控制权和有效性这两个无法兼容的维度上做出慎重选择。

慈善，企业家无法回避的话题

赵　光

慈善一词翻译成英文为“Philanthropy”，源于古希腊语，本意为“人的爱”，大约从公元十八世纪开始使用。还有一词“Charity”也是慈善的意思，该词出现的历史较为久远，可以追溯到公元前，其本意为“爱”的意思。中国的慈善思想源远流长，先秦时期的诸子百家对此都曾有过精辟的论述。譬如，老子在《道德经》中说：“上善若水，水利万物而不争。”孔子和孟子也曾说道：“老者安之，朋友信之，少者怀之；老吾老以及人之老，幼吾以及人之幼；出入为友，守望相助，疾病相扶。”

伴随中国经济持续增长，中国企业家的财富与日俱增，也相应承担起了更多的社会责任。从某种程度上说，参与公益慈善事业应成为企业家展现新时代社会责任的重要方式。2017 年 7 月底，美的集团创始人何享健公布了捐赠 60 亿元的慈善计划，这件事在 2018 年开年被多家机构列入 2017 年度公益十大事件。

何享健入选的意义除了捐赠金额相对较高之外，更大的意义在于他的战略性慈善模式所具有的示范效应。其捐赠方式包括股权捐赠和现金捐赠等多种方式，其捐赠股票成立慈善信托，捐赠现金则投入精准扶贫、教育、医疗、养老、创新创业、文化传承及支持公益慈善事业发展等多个领域，还推动两家新型慈善基金会发展等。该笔捐赠的里程碑式的示范效应必将对中国企业家产生深远影响。

随着慈善资源的社会化，需要企业家们也实现自身参与慈善的转变。如何实现企业家和企业家精神在慈善领域的最大化，可能是一个可以探讨的问题。做慈善，也就成为企业家无法回避的话题。

一、企业家做慈善是一种精神需要

人的生存涉及两种需求：一是物质需求，没有物质的需求，是无法生存的；二是精神的追求，没有精神的追求，生存是无意义的。物质生活的需要是人们的基本需要，也是最强烈的需要。一个人的物质生活需要如果不能得到满足，往往会导致妨碍社会和集体的极端行为，即所谓"饥寒生盗心"。当物质生活得到满足之后，精神生活的需要就上升到主要地位，即所谓"仓廪实而知礼节，衣食足而知荣辱"。满足精神生活的正当需要，有不可忽视的作用，它往往能够推动人们对社会和集体做出更大的贡献。中国的企业家在经历了资本的原始积累之后，物质需要已经满足，他们不可避免地要进入第二层次需要即精神生活需要的阶段。慈善，无疑是解决这种需要的合适途径。

企业家是企业的灵魂，奉献精神就是企业家最大的善。企业家最初的动力可能源于自身和家族的生存和繁衍需求，但是超出这个之后就成了对社会的奉献。无论是李嘉诚、巴菲特还是比尔・盖茨，他们目前最大的动力一定是他们对员工、对社会的责任。同时，企业家的行为，也在昭示"平等交换"的社会精神，通过管理企业、调配社会资源、为社会提供各种服务，体现了一种互利的社会原则。

在这里，慈善行为的双方没有利益关系，是指作为慈善行为主体的企业家与慈善客体是没有交换关系的，慈善客体不必为企业家的慈善做出回报，这体现了企业家的利他精神。这种精神根植于人对于弱者或不幸者的同情之心。企业家将自己的财富或者资源捐赠给需要帮助的人，正是体现了这种精神，是爱的表现。

企业家做慈善也是一种平等互助的精神。现代企业家慈善精神已经超越了原初的施舍恩赐的含义,具有了建立在人格平等基础之上互助友爱、共同进步的新内涵。企业家和受助者尽管在财富、地位上有差别,但在人格上是平等的,没有高低贵贱之分。

企业家做慈善更是一种强烈的社会责任意识。企业家慈善精神集中体现了企业家的社会责任意识,展现了企业家的担当精神。企业家的社会责任包括经济责任、法律责任、道德责任和慈善责任。企业家有双重的身份,一是理性的经济人,其主要目标是最大程度地实现企业利润,创造企业财富;二是社会公民,有回报社会的责任。二者之间相互依存,不可偏废。

企业家做慈善,同时内蕴一种丰富的人文精神。中国传统有"民为贵"的思想,认为天地间人最重要。人文精神的核心就是"以人为本"。也就是说,要把人放在最重要的位置上,要尊重人的价值。人文精神是一种普遍的人类自我关怀,表现为对人的尊严、价值、命运的维护、追求和关切。

二、企业家做慈善是一种经济需要

首先从经济学角度出发看,慈善也可以视为一种商品,同样有成本和收益。

慈善对供给者而言,既有成本,也有收益。其付出的成本主要是在物质方面,但收益包括物质和精神两个方面。从精神方面的收益来看,慈善会使慈善供给者得到一种心灵的安慰,同时,慈善供给者也会得到人们广泛的敬重和社会的好评。从物质方面的收益来看,有慈善行为的人,人们会更加愿意与之交往,从而客观上也增加了有慈善行为人的社会资本;而社会资本的增加也就意味着潜在的物质收益增加的可能性的增大。从现实来看,精明的企业家往往也是慈善产品的有效供给者。慈善不但使有些企业获得了名的收益,也获得了物质方面的巨大收益。对同一条供给曲线而言，慈善产品的供给量，取决于慈善产品边际成本与边际收益的比较。当慈善供给的边际收益等于慈善供给的边际成本时，慈善产品的供给量对供给者而言就是最优和最恰当的。

慈善对需求者而言，也有成本和收益两个方面的考虑。其收益主要是在物质方面，但成本包括物质和精神两个方面。一般情况是，大多数人总是希望自己施舍别人，而不是别人施舍自己。当一个人受到别人施舍时，一般总会有一种心理的亏空感，这种心理的亏空感就是一种精神方面的成本。从物质方面的成本来看，主要是人们会更倾向于与施舍别人的人交往，而不愿与受到施舍的人交往，这种情况将会减少受到施舍的人的社会资本，从而也就减少了其进一步增加收益的可能性。对同一条需求曲线而言，慈善产品的需求量最终取决于慈善需求者成本与收益的比较。当慈善产品需求的边际收益等于需求的边际成本时，慈善产品的需求量对需求者而言就是最优和最恰当的。

企业家做慈善，一方面能够得到心灵上的安慰，另一方，慈善会给市场发出一种正信号，使公司的信誉和声望得到提升，因为社会一般认为“既然公司有钱做慈善，经营状况自然肯定是良好的”。因此，从某种意义上我们不得不说做慈善是最赚钱的生意，经过普遍对比，不做慈善的与做慈善的，做慈善前与做慈善后，企业家的生意和利润差很多，做慈善对改变公众形象、增进影响力和加强信誉等方面有巨大贡献，做好事是有好报的，做慈善是回报社会的最好方式。热心的企业家都会去做，不那么热心的也会去做，因为做慈善名利双收，又是善事，是富人很好的事业。

三、做慈善是品牌成长和企业文化的需要

对于企业来说，企业利润取之于民用之于民，公益慈善是回馈社

会的最好方式。如今,公益活动越来越重要,做公益似乎已成为企业文化的一部分。

企业不断的发展,离不开社会的支持,企业生存的土壤在社会。做慈善不是头脑发热,也不是空穴来风,是企业文化的长期积淀,是品牌成长与企业文化相互融合的一个结果。

企业在形成品牌和一定规模的时候,要通过一些具体行动来体现企业的社会责任感,形成有责任品牌的社会认知。通过参与慈善公益事业,提升企业的社会形象和品牌的社会责任感,同时促进企业内部和谐发展。

同时,随着企业竞争的日趋激烈,现代企业的竞争已不仅仅是资本、人才的竞争,还有企业文化、形象等无形资产的竞争。积极参与慈善的企业,相对其他企业而言,更容易获得人们的好感,同时也会激发员工组织身份认同感和工作热情,提高整体生产能力,减少员工离职率,从而降低人力资源成本。

企业慈善在客观上对企业的社会形象、员工的归属感产生了很大的影响。从这个角度来说,慈善捐助已经成为一种情结,它在慢慢地融入企业,逐渐变为企业文化的一部分,同时又在潜移默化地影响着每一个员工。

公益事业能走多远,企业品牌就能走多远,两者相辅相成。企业不发展了,做慈善也就成了无本之木、无水之源,必须坚持、持续下去,才能聚沙成塔,积少成多。参与慈善事业已经逐渐成为企业家们的共识。

四、是企业家处置家族传承的天然诉求需要

随着中国进入老龄社会,奋战了三、四十年的民营企业家们,交接班问题已迫在眉睫。曾经纵横捭阖的企业家们正在走向暮年,他们在财富继承与企业传承问题上可谓煞费苦心,众多民营企业正面

临由“创一代”向“企二代”交棒的关键时期。老一辈艰难打拼，自然希望继承者能立足这个基础再续辉煌，但继承者们即便不用重复前辈们的艰辛，却也面临新时期更为复杂的各种挑战。对于一个民营家族企业而言，能否打破“富不过三代”的魔咒，打造真正的百年企业，要求企业家们在充满精力的时候，就认真思考自己所积累财富的传承问题。

但是，无论是古今中外的经验教训，还是企业家亲身经历的现实都表明，不加思考地将财富留给孩子是错误的。这种把财富直接留给孩子方法，其成功的案例并不多，因为年轻人不劳而获大笔遗产常常会助长他们奢靡生活的习惯、不勤奋工作的恶习、骄傲蛮横的作风，以及贪婪但经不起挫折的意志，从而容易毁掉企业家们积累的财富以及他们下一代的生命的价值。从这个意义上讲，突如其来的大笔遗产对并无准备的青年一代而言常常不是“财富”而是“灾难”。这种情形不胜枚举，高明的企业家对此心知肚明。

睿智的企业家明白，他们已经从财富创造中获得了生命的价值感，因此应该认真思考、学习并处置好这笔财富，一如当初追逐并创造财富那样，富有激情地让所积累的财富用于正确的公益慈善事业，正确导引自己的后代并影响年轻一代，让财富找到正确的慈善公益方向和效率，从而使企业家自己的生命臻于完满之境界而永久与世同在。

慈善对家族的传承作用体现在两方面，即财富的传承和文化的传承。从财富传承角度来说，一方面，由于一些国家巨额遗产税的存在，将家族财产转移到基金会当中能实现财富最大幅度的存留，也防止了因“败家子”出现而导致巨额财产被迅速挥霍一空的情况；另一方面，慈善事业为家族提供了一个分散投资的机会，让其避免将所有资产投入于家庭的主要经营业务当中造成的风险。

从文化传承角度来说，慈善活动是“富一代”们对个人和家族价值观的基本表达。正是慈善活动将家族领袖业已存在的价值观推向实践。慈善的基本教育功能是鼓励子女与外界接触,是后代成功走上社会的重要渠道。家庭成员通过慈善活动领悟财富的真正意义,并对父辈、祖辈所从事的慈善事业感到无比骄傲,进而形成对家族企业的进一步认同。这样成长起来的后辈才会延续前人的慈善事业,从而把家族企业拓展到更广阔的领域中。

综上,家族慈善的社会价值同样显而易见。君子爱财,取之有道,取之于民,用之于民。应认识到,富人的产生固然离不开基于个人的智慧和努力,但更关键的是来自国家与社会的保障和支持。构建和谐社会,富起来的企业家理应切实承担起更大的社会责任,更多地赚钱,更多地上缴税收,更多地安排就业,更积极主动地关注社会困难群体。企业家利用赚取的财富对社会做出越来越大的贡献。他们的存在对社会发展的影响是非常积极的。而企业家通过慈善所实现的社会价值对企业的反馈也必将是显而易见的。慈善,体现了一个民族的文明道德观以及对良知善意、爱心、道德、人性的自我高度认知。企业家作为社会中坚力量,弘扬慈善精神,当仁不让。

如何在中国设立一家慈善基金会

赵　光

本文指的慈善基金会，是指利用自然人、法人或者其他组织捐赠的财产，以从事公益事业为目的，按照本条例的规定成立的非营利性法人。《基金会管理条例》对慈善基金会做出了公募和非公募的划分。

非公募基金会，类似于国外的企业基金会、家族基金会，主要由特定的群体出资发起，也仅在小圈子里定向筹募善款；公募基金会，则有着更高的公众参与度，可以向社会不特定多数人募捐。

《基金会管理条例》中第三条对公募的定义，即面向公众募捐。公募基金会按照募捐的地域范围，分为全国性公募基金会和地方性公募基金会。对于公募性组织而言，资源获得来自于公众的自愿性捐赠，不具有财政机制的强制性和市场机制的交易性，而是由公众的捐赠意愿来决定。

两种基金会并无优劣之分。一般来说，一些具有社会创新、实验性的公益项目，以非公募基金会为依托更佳；而扶贫、济困、救灾等领域，则更适宜公募基金会发动公众参与。非公募基金会在一定条件下，可以变更为公募基金会。

根据《基金会管理条例》，设立一家基金会需要双重管理：不仅需要到民政部门进行登记（实为审批），还需要挂靠一家慈善领域相关的"业务主管单位"(一般为政府机关和党政部门)。由于找不到可以挂靠的业务主管单位,一些民间慈善组织无奈采取公司的形式,以营利组织的形式从事慈善活动,但在财务和税务上成本很高。

为此,民政部门在程序上做了一些改革或试点,对特定社会组织,改由民政部"一手托两家",既承担业务主管单位的职责,也履行登记机关的职责。所以,有一批非公募基金会,由民政部门担任主管机关直接登记。而对公募基金会,管理原则仍然是"严格审批"。

在 2012 年 3 月举行的第十三次全国民政会议上,民政部表示将加快社会组织登记管理体制改革,已经在一些地方并将在全国下放非公募基金会审批权、异地商会审批权等,促进行政效能的提高。2013 年以来,安徽、浙江、福建、湖北多个省份纷纷开展试点工作,将非公募基金会的登记管理权限下放到地级市。

一、基金会设立登记

1. 设立基金会的条件

自然人、法人或其他组织都可以申请设立基金会,申请人可以是基金会的捐赠人,也可以是其他热心公益事业的公民或组织。设立基金会应满足如下条件:

(1) 为特定的公益目的而设立;

(2) 全国性公募基金会的原始基金不低于 800 万元人民币,地方性公募基金会的原始基金不低于 400 万元人民币,非公募基金会的原始基金不低于 200 万元人民币,到民政部登记的非公募基金会的原始基金不低于 2 000 万元人民币;原始基金必须为到账货币资金;

(3) 有规范的名称、章程、组织机构以及与其开展活动相适应的专职工作人员;

（4）有固定的住所；

（5）能够独立承担民事责任。

2．设立基金会的程序

（1）经业务主管单位审查同意后，向登记管理机关提交全部有效的申请材料，包括：（一）申请书；（二）章程草案；（三）验资证明和住所证明；（四）理事名单、身份证明以及拟任理事长、副理事长、秘书长简历；（五）业务主管单位同意设立的文件。

（2）登记管理机关审查后，准予登记的，申请人在网上履行设立登记的填报程序后，发给基金会法人登记证书。

（3）基金会登记后，应当依法申请刻制印章，在税务部门办理税务登记，在银行开立银行账户，并报登记管理机关备案。

3．基金会业务主管单位的确定

国务院有关部门或者国务院授权的组织，是国务院民政部门登记的基金会、境外基金会代表机构的业务主管单位。

省、自治区、直辖市人民政府有关部门或者省、自治区、直辖市人民政府授权的组织，是省、自治区、直辖市人民政府民政部门登记的基金会的业务主管单位。

4．基金会名称的要求

（1）基金会的名称应当依次包括字号、公益活动的业务范围，并以“基金会”字样结束，公募基金会的名称可以不使用字号；

（2）全国性公募基金会可以在名称中使用“中国”“中华”“全国”“国家”等字样，非公募基金会不得使用上述字样；

（3）地方性公募基金会和省、自治区、直辖市人民政府民政部门登记的非公募基金会应当冠以所在地的县级或县级以上行政区划名称；冠以省级以下行政区划名称的，可以同时冠以所在省、自治区、直辖市的名称；冠以市辖区名称的，应当同时冠以市的名称；

（4）非公募基金会的字号可以使用自然人姓名、法人或其他组织的名称或者字号，公募基金会的字号不得使用自然人姓名、法人或者其他组织的名称或者字号。

5. 基金会组织机构的组成

(1) 理事会是基金会的决策机构,理事会人数 5 至 25 名;

(2) 用私人财产设立的非公募基金会,相互间有近亲属关系的基金会理事,总数不得超过理事总人数的三分之一;其他基金会,具有近亲属关系的人员不得同时在理事会任职;

(3) 基金会设监事,监事任期与理事任期相同,基金会理事、理事的近亲属和财会人员不得兼任监事;

(4) 在基金会领取报酬的理事不得超过理事总人数的 1/3;监事和未在基金会担任专职工作的理事不得从基金会获取报酬;

(5) 基金会理事遇有个人利益与基金会利益关联时,不得参与相关事宜的决策;基金会理事、监事及其近亲属不得与基金会有任何交易行为。

6. 基金会负责人人选的要求

基金会的负责人包括理事长、副理事长、秘书长。

(1) 基金会理事长、副理事长和秘书长不得由现职国家工作人员兼任;基金会的理事长为法定代表人;基金会的法定代表人不得同时担任其他组织的法定代表人;

(2) 公募基金会和原始基金来自中国内地的非公募基金会的法定代表人,应当由内地居民担任;

(3) 因犯罪被判处管制、拘役或者有期徒刑,刑期执行完毕之日起未逾 5 年的,因犯罪被判处剥夺政治权利正在执行期间或者曾经被判处剥夺政治权利的,以及曾在因违法被撤销登记的基金会担任理事长、副理事长或者秘书长,且对该基金会的违法行为负有个人责任,自该基金会被撤销之日起未逾 5 年的,不得担任基金会的理事长、副理事长或者秘书长;

(4) 担任基金会理事长、副理事长或者秘书长的香港居民、澳门居民、台湾居民、外国人,每年在中国内地居留时间不得少于 3 个月。

7. 基金会财产使用的要求

(1) 基金会应当按照合法、安全、有效的原则实现基金的保值、增值;

(2) 公募基金会每年用于从事章程规定的公益事业支出,不得低于上一年总收入的70%;非公募基金会每年用于从事章程规定的公益事业支出,不得低于上一年基金余额的8%;

(3) 基金会工作人员工资福利和行政办公支出不得超过当年总支出的10%;

(4) 基金会开展公益资助项目,应当向社会公布所开展的公益资助项目种类以及申请、评审程序。

8. 基金会在申请成立时,申请人应当提交的文件(一式两份,其中至少原件一份)

(1) 设立登记申请书(设立基金会的理由,以及申请人(主要捐赠人)的基本情况及其近年来参与、支持公益慈善事业的情况;基金会的基本情况,包括:名称、宗旨、业务范围、原始基金及其捐赠人、理事长等情况;申请书由申请人签名或者盖章);

(2) 业务主管单位同意设立登记的文件(写明同意该基金会设立并同意担任其业务主管单位、承担相应职责,加盖公章);

(3) 章程(依照章程示范文本拟定);

(4) 住所使用权证明(住所为租赁的,须提供租赁合同复印件以及房产证复印件;住所为其他组织或个人无偿提供的,须由房产所有者出具证明,并提供房屋产权证复印件);

(5) 资金来源单位或个人的捐资承诺书(写明拟捐赠金额、作为拟设立基金会的原始资金,承诺该资金为捐赠者的合法财产,捐赠人签字或者捐赠单位印章);

(6)《基金会理事、监事备案表》和身份证明文件的复印件(包括拟任副理事长、秘书长、理事、监事,每人一表,加盖本人所在单位印章);

(7)《基金会法人登记申请表》;

(8)《基金会法定代表人登记表》;

(9)《基金会章程核准表》。

初审通过后,申请人到民政部取验资通知单,进行验资。

9. 基金会成立开设银行账户后,可以申请将活动资金划回基金会账户,需要提交的材料(一式一份)

(1) 划资申请书,应包括以下内容:验资用途;批复设立登记的文号;申请划回资金的金额;开户银行名称及账号(申请书由基金会法定代表人签字并加盖基金会印章)。

(2) 基金会银行开户许可证复印件。

10. 基金会免税资格的申请

基金会正式成立并取得法人登记证书和印章后,可以根据有关法律法规,申请公益性捐赠税前扣除资格和免税资格。

(1) 公益性捐赠税前扣除资格申请

根据财政部、国家税务总局、民政部联合下发的《关于公益性捐赠税前扣除有关问题的通知》(财税〔2008〕160 号)及其补充通知(财税[2010]45 号)的规定,新成立未满一年的基金会,可以申请公益性捐赠税前扣除资格。申请时应同时向财政、税务、民政部门分别报送以下材料:

① 申请报告;

② 民政部或地方县级以上人民政府民政部门颁发的登记证书复印件;

③ 组织章程。

民政部门负责对基金会资格进行初步审查,财政、税务部门会同民政部门对公益性捐赠税前扣除资格联合进行审核确认。对获得公益性捐赠税前扣除资格的基金会,由财政部、国家税务总局和民政部以及省、自治区、直辖市、计划单列市财政、税务和民政部门每年分别联合公布名单。

企业或个人在名单所属年度内向名单内的基金会所做的公益性捐赠支出，可按规定进行税前扣除。原始基金的捐赠人在基金会首次获得公益性捐赠税前扣除资格的当年进行所得税汇算清缴时，可按规定进行税前扣除。

(2) 免税资格申请

基金会可以根据财政部、国家税务总局下发的《关于非营利组织免税资格认定管理有关问题的通知》的规定，向所在地税务主管机关提出免税资格申请。基金会获得免税资格后，接受的捐赠收入等五类收入可以免征企业所得税。

11. 基金会办理登记事务，除申请设立登记外，均须先履行网上申报流程

具体为：登录中国社会组织网(www. chinanpo. gov. cn)或地方社会组织信息网点击“网上办公”栏目基金会登记栏中的办理事项，进入基金会网上办事大厅页面，填写用户名和密码登录，进入“填写表单”页面，按要求完成相关表格的填写，完成后点击“提交”键，完成网上申报。

申请材料一次未填写完的，可以先点击“保存”键，待继续填写时再重新登录，点击“修改”键，填写完成后再点击“提交”。

网上提交后，由登记管理机关进行形式审查。一般 10 个工作日后，基金会可通过原路径登录网上办公平台，查询回复意见。其中审查通过的，直接在网上打印相关表格，按要求签字，加盖基金会印章，经业务主管单位审查同意并加盖印章后，向登记大厅提交纸质材料。

网上填报通过后，提交纸质材料前，如发现填报有误，可联系登记管理机关进行修改。属于网上预审的，如章程核准，可在会议通过后联系登记管理机关，修改有关的会议时间和会议情况。

在地方登记管理机关登记注册的基金会以地方登记管理机关发布的办事指南为准。

二、基金会如何认定为慈善组织

根据《慈善组织认定办法》,《慈善法》公布前已经设立的基金会申请认定为慈善组织,应当符合下列条件:

(一)申请时具备相应的社会组织法人登记条件;

(二)以开展慈善活动为宗旨,业务范围符合《慈善法》第三条的规定;申请时的上一年度慈善活动的年度支出和管理费用符合国务院民政部门关于慈善组织的规定;

(三)不以营利为目的,收益和营运结余全部用于章程规定的慈善目的;财产及其孳息没有在发起人、捐赠人或者本组织成员中分配;章程中有关于剩余财产转给目的相同或者相近的其他慈善组织的规定;

(四)有健全的财务制度和合理的薪酬制度;

(五)法律、行政法规规定的其他条件。

申请认定为慈善组织,社会团体应当经会员(代表)大会表决通过,基金会、社会服务机构应当经理事会表决通过;有业务主管单位的,还应当经业务主管单位同意。

申请认定慈善组织的基金会,应当向民政部门提交下列材料:

(一)申请书;

(二)符合本办法第四条规定以及不存在第五条所列情形的书面承诺;

(三)按照本办法第六条规定召开会议形成的会议纪要。

申请认定为慈善组织的社会团体、社会服务机构,除前款规定的材料外,还应当向民政部门提交下列材料:

(一)关于申请理由、慈善宗旨、开展慈善活动等情况的说明;

(二)注册会计师出具的上一年度财务审计报告,含慈善活动年度支出和管理费用的专项审计。

有业务主管单位的，还应当提交业务主管单位同意的证明材料。

三、公募资格认定

随着《慈善法》及配套规定的逐步落实，公募权的开放成为一个事实，是否申请公募资格，是很多非公募基金会在考虑的问题，也是不少社会服务机构在准备的事情。

《慈善法》公布前设立的非公募基金会、具有公益性捐赠税前扣除资格的社会团体，登记满二年，经认定为慈善组织的，可以申请公开募捐资格。

慈善组织申请公开募捐资格，应当向其登记的民政部门提交下列材料：

（一）申请书，包括本组织符合第五条各项条件的具体说明和书面承诺；

（二）注册会计师出具的申请前二年的财务审计报告，包括年度慈善活动支出和年度管理费用的专项审计；

（三）理事会关于申请公开募捐资格的会议纪要。

有业务主管单位的慈善组织，还应当提交经业务主管单位同意的证明材料。

评估等级在4A及以上的慈善组织免于提交第一款第二项、第三项规定的材料。

四、境外基金会在中国内地代表机构的设立

《基金会管理条例》规定，境外基金会在中国内地设立代表机构，应当经有关业务主管单位同意后，向登记管理机关提交下列文件：

（一）申请书；

（二）基金会在境外依法登记成立的证明和基金会章程；

（三）拟设代表机构负责人身份证明及简历；

（四）住所证明；

（五）业务主管单位同意在中国内地设立代表机构的文件。

登记管理机关应当自收到前款所列全部有效文件之日起 60 日内，作出准予或者不予登记的决定。准予登记的，发给《境外基金会代表机构登记证书》；不予登记的，应当书面说明理由。

境外基金会代表机构设立登记的事项包括：名称、住所、公益活动的业务范围和负责人。

境外基金会代表机构应当从事符合中国公益事业性质的公益活动。境外基金会对其在中国内地代表机构的民事行为，依照中国法律承担民事责任。

《境外非政府组织境内活动管理法》已由中华人民共和国第十二届全国人民代表大会常务委员会第二十次会议于 2016 年 4 月 28 日通过，现予公布，自 2017 年 1 月 1 日起施行。今后境外基金会在中国内地设立代表机构，应当严格依照该法。

境外非政府组织符合下列条件，根据业务范围、活动地域和开展活动的需要，可以申请在中国境内登记设立代表机构：

（一）在境外合法成立；

（二）能够独立承担民事责任；

（三）章程规定的宗旨和业务范围有利于公益事业发展；

（四）在境外存续二年以上并实质性开展活动；

（五）法律、行政法规规定的其他条件。

境外非政府组织申请登记设立代表机构，应当经业务主管单位同意。业务主管单位的名录由国务院公安部门和省级人民政府公安机关会同有关部门公布。

境外非政府组织应当自业务主管单位同意之日起三十日内，向登记管理机关申请设立代表机构登记。申请设立代表机构登记，应当向登记管理机关提交下列文件、材料：

（一）申请书；

（二）符合本法第十条规定的证明文件、材料；

（三）拟设代表机构首席代表的身份证明、简历及其无犯罪记录证明材料或者声明；

（四）拟设代表机构的住所证明材料；

（五）资金来源证明材料；

（六）业务主管单位的同意文件；

（七）法律、行政法规规定的其他文件、材料。

登记管理机关审查境外非政府组织代表机构设立申请，根据需要可以组织专家进行评估。

登记管理机关应当自受理申请之日起六十日内作出准予登记或者不予登记的决定。

对准予登记的境外非政府组织代表机构，登记管理机关发给登记证书，并向社会公告。登记事项包括：

（一）名称；

（二）住所；

（三）业务范围；

（四）活动地域；

（五）首席代表；

（六）业务主管单位。

境外非政府组织代表机构凭登记证书依法办理税务登记，刻制印章，在中国境内的银行开立银行账户，并将税务登记证件复印件、印章式样以及银行账户报登记管理机关备案。

境外非政府组织未在中国境内设立代表机构，在中国境内开展临时活动的，应当与中国的国家机关、人民团体、事业单位、社会组织（以下称中方合作单位）合作进行。

境外非政府组织开展临时活动，中方合作单位应当按照国家规定办理审批手续，并在开展临时活动十五日前向其所在地的登记管理机关备案。备案应当提交下列文件、材料：

（一）境外非政府组织合法成立的证明文件、材料；

（二）境外非政府组织与中方合作单位的书面协议；

（三）临时活动的名称、宗旨、地域和期限等相关材料；

（四）项目经费、资金来源证明材料及中方合作单位的银行账户；

（五）中方合作单位获得批准的文件；

（六）法律、行政法规规定的其他文件、材料。

在赈灾、救援等紧急情况下，需要开展临时活动的，备案时间不受前款规定的限制。

临时活动期限不超过一年，确实需要延长期限的，应当重新备案。

登记管理机关认为备案的临时活动不符合该法第五条规定，有危害中国的国家统一、安全和民族团结行为，损害中国国家利益、社会公共利益和公民、法人以及其他组织的合法权益的，应当及时通知中方合作单位停止临时活动。

国内慈善信托和私人基金会的组合使用

房树威

一、前言

为了讲清这个问题,我们需要先了解下边几个概念:

1. 慈善信托

我国《信托法》第二条所说的信托,是指:“委托人基于对受托人的信任,将其财产权委托给受托人,由受托人按委托人的意愿以自己的名义,为受益人的利益或者特定目的,进行管理或者处分的行为。”

由此可知:①在信托关系中,委托人与受托人之间有委托合同,但受托人是以自己名义对受托的财产权进行管理和处分,这点与我国《合同法》中的委托合同不同;②该行为不涉及财产所有权转移,这一点与英国《信托法》中相关规定也不同。

因此,我国信托中受托人管理或处分涉及的财产,从权属角度来说,并没有完全做到与委托人独立。但是,如果存在信托关系,其涉及的财产,则受《信托法》这个特别法规范,这点在家族财富保护与传承中,特别有用。而且我认为对这样的信托,我们律师照样可以大有作为。

另外,我国《慈善信托管理办法》第二条规定:“本办法所称慈善信托属于公益信托，是指委托人基于慈善目的，依法将其财产委托给受托人，由受托人按照委托人意愿以受托人名义进行管理和处分，开展慈善活动的行为。”

因此，慈善信托是利用信托方式从事公益行为，并以实现社会慈善事业为目的。

根据英美信托法理论，慈善事业指对社会有价值或有重要社会意义的事业。它包括发展济贫、教育、宗教、医疗、体育、科学研究、文化艺术、市政建设等各方面的事业。我国《慈善法》则以第三条对慈善事业的表现形式进行了罗列。详情自查。

可见在世界范围内，大家对慈善内涵的认识基本相同。

另外，从《慈善法》第四十四条表述来看，慈善信托属于公益信托，而且公益信托的范围大于慈善信托，所以慈善信托都是公益信托。但从我国实践来看，并没有将公益信托与慈善信托进行严格区分，两者适用同一概念，即公益信托与慈善信托表示同一个意思。本文也是按此进行撰写的。

2. 私人基金会

我国《基金会管理条例》第二条规定：“本条例所称基金会，是指利用自然人、法人或者其他组织捐赠的财产，以从事公益事业为目的，按照本条例的规定成立的非营利性法人。”

由此可知：慈善信托涉及的财产可以成为基金会所需的财产。本文所说的私人基金会是上述基金会中的一种，但只为私人服务。

分析上述几个概念，以及下述对慈善信托和私人基金会运作模式的研究，我们可以发现它们内涵至少有以下不同：

(1) 慈善信托涉及的财产所有权，仍属委托人。而私人基金会掌握的财产，虽然是他人捐赠，但已属基金会。

(2) 从事慈善信托的组织可以不是法人，但基金会必须是法人，而且是非营利性法人。此外，还有注册资金数额要求。

二、慈善信托或私人基金会对家族财富保护与传承的作用

因为从事慈善信托或运作私人基金会都需要资金或财产支持，所以，表面看，这两种行为不能使家族财富增加反而减少，那我们为什么还要大力推荐给相关人士呢？这是因为根据法律规定，我们认为这两种行为，都是利人、利己又利国。仅从减税、避税来说，就具有重要的经济意义；何况名利双收时，更会有人生的其他重要收获。

这两种行为涉及的税收规定有：

(1)《慈善法》第四十五条明确规定：慈善信托需要经过备案方能享受税收优惠。

(2) 我国《企业所得税法》第 9 条也规定："企业发生的公益性捐赠支出，在年度利润总额 12%以内的部分，准予在计算应纳税所得额时扣除。"我国《个人所得税法实施条例》第 24 条又规定："捐赠额未超过纳税义务人申报的应纳税所得额 30%的部分，可以从其应纳税所得额中扣除。"

(3) 私人基金会也能合法避税

如：资产所有人准备拿一笔积蓄投资，但短期内不需要收回本金，并希望投资产生的收益最大限度地延长，以取得更高的长期回报和节省个人所得税，那么，我们将为其推荐在低税或无税离岸地成立、运作私人基金会。这样投资收益几乎没有税收负担，考虑到以个人名义持有债券、股票收益应负的所得税，私人基金会无疑更有税收上的优势。

三、案例剖析

1. "西安信托——5.12 抗震救灾公益信托"剖析

这支信托，是国内首例慈善信托。它因 2008 年 5 月 12 日四川

汶川发生大地震后，国内大量财富需要参与捐赠救灾而设立。西安信托（现更名为长安信托）利用信托制度优势和本行业已经开展的类似经验，及时设计和推出的这支信托，并实际汇集了全国各种力量参与抗震救灾。

（1）该信托架构及核心要素

项目名称：西安信托——5.12抗震救灾公益信托

委托人：西安国际信托有限公司、上海证大投资管理有限公司、深圳市淳大投资有限公司及深圳市思科泰技术有限公司四家公司

受托人：西安国际信托有限公司（长安信托）

信托规模（金额）：1 000万元

信托期限：3年（可根据项目实施情况提前结束或适当延长）

信托监察人：西安希格玛有限责任会计师事务所

执行顾问：上海东方爱心基金会

法律顾问：上海市锦天城律师事务所

批准部门：陕西省民政厅

项目确定及运作模式：陕西省民政厅负责协调、安排信托资金运作，西安信托作为受托人对资助项目进行确认；或由其他合法组织推荐由受托人进行确认；或由受托人亲自选择确定项目。

资金运用：受托人与民政部门或其他公益机构签订定向捐赠协议，就捐赠资金的使用、资助项目的管理等等进行约定，以确保本信托资金用于本信托计划规定的抗震救灾公益项目。

（2）该信托计划实际运作情况

2008年6月6日，西安信托——5.12抗震救灾公益信托募集成立。此后，西安信托与陕西省民政厅签订了《定向捐赠协议》，并对公益慈善信托资金如何运用到救助事宜进行了协商。

2009年底，西安信托根据陕西省民政厅的推荐，最终确定了陕西省镇巴县上报的5所学校为援建项目。之后，西安信托与陕西省教育厅及镇巴县人民政府签订了《公益信托项目捐赠实施三方协

议》,并据此落实项目捐赠条件。

2010年初,西安信托在对项目捐赠条件的落实情况进行充分核实后,征得捐赠人书面认可以及陕西省民政厅书面确认,将全部公益信托计划资金一次性转入《定向捐赠协议》约定的"陕西省救灾募捐办公室"银行专用账户,并确定户内资金定向用于上述救助项目。

2010年3月,陕西省民政厅将上述捐赠资金一次性拨付至由镇巴县文教体育局监督使用的救助项目银行账户,项目资金实行专户储存、专人管理、专款专用、独立核算、封闭运行。

2010年10月,西安信托在该信托计划清算后,将运用后的剩余财产,也进行了捐赠,并向所有受益人披露了清算报告。

2010年11月,上述五所学校援建项目工程全部完工,并于2011年5月3日取得项目审计报告及竣工验收报告。西安信托根据信托合同,对该信托计划进行清算,并出具了清算报告。

至此,我国首支公益信托计划圆满结束。该慈善信托(公益信托)设计及运作方式,为我国建立同类信托提供了范例,并已成为行业标准化操作模板。

2. 私人基金会的实例

这类基金会具有很强的私密性,国内人士向世人公开的极少。国外知名的则有:比尔·盖茨基金会、巴菲特基金会、福特基金会等等。这些名人的基金会对人类的影响,已经超越国界。

这类私人基金会具有下述特点:

① 它的财产,与任何自然人分离,独立存在;

② 形式上,设立人不必是资产捐赠人,这就使它具备了保密功能,能使资产所有人(即捐赠人,以下同)自由安排资产,规避各地法律强制。这样的设立,可使资产所有人在保留资产控制权时,还能去除名义上的财产所有权人,从而达到财产收益与其义务分离、合法避税、隔离债务目的。

此外，私人基金会收益权与所有权的分离特征，也能使其成为保护未成年所有人、防止挥霍的最好法律工具。

③ 私人基金会具备公司性质，能以基金会身份开立银行账户，并对外投资，是独立法人。所以，资产所有人尽管对基金会资产没有名义上的法律所有权，但他可以通过控制管理委员会，实际控制资金账号及实际运作基金会。

④ 资产所有人可以设定自己为基金会收益的受益人，并通过管理委员会订立的基金会规则，进行收益分配以及调整。另外，资产所有人也可将自己的子女或特定对象列为受益人。

⑤ 由于私人基金会能以法人形式存在，具有较长存续期，资产所有人也可将该私人基金会计划作为"遗嘱"的替代品进行使用。

通过规则，基金会可对资产所有人的财产事先安排，并代替遗嘱实际执行，以有效防止此后遗嘱被认定无效而产生的无谓纠纷或法律风险。

⑥ 私人基金会依法以其财产对外承担债务。但设立时基金会公示的章程中，所要求的初期捐赠数额很少，章程一般也没有必要因财产后续进入而修改。

⑦ 现实中，大部分私人基金会信息都受到设立地法律特殊保护，有关信息不能随意披露。

⑧ 私人基金会结构，依照资产所有人意愿和具体情况设定。考虑到设立及运作成本，这类基金会需保护资产量应在 600 万元人民币以上，否则创设私人基金会没有多大意义。

由于具有上述特点，所以私人基金会对于高净值人士财产的生前保护、遗嘱执行具有广泛应用市场。

另外，分析知名私人基金会架构组成，可以发现它基本只涉及四类当事人。在我们的法律实务中，这些也是应当具有的：

（1）资产所有人

即意图使用私人基金会安排财富的实质创始人。

(2) 私人基金会设立人

这是出现在注册文件上的名字。实务中,为进一步保密,通常以法人作为设立人。出于保密需要,该资产所有人也可以委托他信任的人,出面设立离岸公司作为私人基金会“设立人”。这种委托他人、并以匿名方式成立的离岸公司,可以最大限度保护资产所有人的信息。

另外,上述离岸公司设立后,从法律上它就与设立人之间资产独立了,双方再无所有权关系。但如下述,资产所有人可以通过管理委员会继续控制私人基金会。实务中,也有在文莱设立离岸公司作为管理委员会唯一成员的例子。

(3) 私人基金管理委员会

私人基金管理委员会可以由自然人或者法人组成,负责掌管基金会资产运作。一般由资产捐赠人直接或间接控制。

(4) 私人基金会保护人

它负责监管基金会运作。在聘请专业资产管理公司充当私人基金管理委员会时,资产所有人可充当保护人,并控制基金会银行账户,对资产使用进行审批。

此外,这个保护人还可充当为未成年人而设立基金会的监管人,以监管未成年人对于资金的使用情况。

3. 实务操作——遗产继承

如资产所有人希望现在就能自由分配自己的“遗产”,并避免遗嘱继承中的许多烦琐、高额遗产税(我国现未开征),避免此后遗嘱无效而带来的纷争,则设计方案可以是:

① 资产所有人自行或委托律师,以个人名义或设立离岸公司,此后以法人名义创设“私人基金会。(申请成立何种性质的基金会,取决于设立目的及避税要求。)

② 资产所有人生前,可命名自己为基金会管理人,规则中可以设定“管理人能随时修改受益人名单,调整基金投资与分配结构”等

条款，以及其他任意性条款，只要不违反相关强制性规定就行。

③ 如担心继承人年幼或者容易过度挥霍，可以在创立私人基金会时设立“保护人制度”，对受益人（继承人）使用基金会的财产要求进行监督。如未经保护人授权，受益人无权动用大笔财产，但保护人的权限仅仅在授权上，其本身对基金会财产并无使用权。

四、未来展望

由于慈善信托和私人基金会作用不同，所以在法律实务中，慈善信托有望与私人基金会联手协作，组合使用，实现优势互补。但这些专业性太强，都需要更专业的律师及金融、财务领域的专业人士协助才能完成。

（注：本文写作“三、案例剖析：西安信托——5·12 抗震救灾公益信托”时，参阅了和讯网“新闻首页”等文刊对该支公益信托的有关报道（介绍）。其中《和讯网》的文章标题是：《西安信托成立“5·12 抗震救灾公益信托计划”》，2008 年 6 月 10 日 02：59，来源：上海证券报。）

附录

中华人民共和国信托法

（2001 年 4 月 28 日第九届全国人民代表
大会常务委员会第二十一次会议通过）

目录

第一章　总则

第一条　为了调整信托关系，规范信托行为，保护信托当事人的合法权益，促进信托事业的健康发展，制定本法。

第二条　本法所称信托，是指委托人基于对受托人的信任，将其财产权委托给受托人，由受托人按委托人的意愿以自己的名义，为受益人的利益或者特定目的，进行管理或者处分的行为。

第三条　委托人、受托人、受益人（以下统称信托当事人）在中华人民共和国境内进行民事、营业、公益信托活动，适用本法。

第四条　受托人采取信托机构形式从事信托活动，其组织和管理由国务院制定具体办法。

第五条　信托当事人进行信托活动，必须遵守法律、行政法规，遵循自愿、公平和诚实信用原则，不得损害国家利益和社会公共利益。

第二章　信托的设立

第六条　设立信托，必须有合法的信托目的。

第七条　设立信托，必须有确定的信托财产，并且该信托财产必须是委托人合法所有的财产。

本法所称财产包括合法的财产权利。

第八条　设立信托，应当采取书面形式。

书面形式包括信托合同、遗嘱或者法律、行政法规规定的其他书面文件等。

采取信托合同形式设立信托的，信托合同签订时，信托成立。采取其他书面形式设立信托的，受托人承诺信托时，信托成立。

第九条　设立信托，其书面文件应当载明下列事项：

（一）信托目的；

（二）委托人、受托人的姓名或者名称、住所；

（三）受益人或者受益人范围；

（四）信托财产的范围、种类及状况；

（五）受益人取得信托利益的形式、方法。

除前款所列事项外，可以载明信托期限、信托财产的管理方法、受托人的报酬、新受托人的选任方式、信托终止事由等事项。

第十条　设立信托，对于信托财产，有关法律、行政法规规定应当办理登记手续的，应当依法办理信托登记。

未依照前款规定办理信托登记的，应当补办登记手续；不补办的，该信托不产生效力。

第十一条　有下列情形之一的，信托无效：

（一）信托目的违反法律、行政法规或者损害社会公共利益；

（二）信托财产不能确定；

（三）委托人以非法财产或者本法规定不得设立信托的财产设立信托；

（四）专以诉讼或者讨债为目的设立信托；

（五）受益人或者受益人范围不能确定；

（六）法律、行政法规规定的其他情形。

第十二条　委托人设立信托损害其债权人利益的，债权人有权申请人民法院撤销该信托。

人民法院依照前款规定撤销信托的，不影响善意受益人已经取得的信托利益。

本条第一款规定的申请权，自债权人知道或者应当知道撤销原因之日起一年内不行使的，归于消灭。

第十三条　设立遗嘱信托，应当遵守继承法关于遗嘱的规定。

遗嘱指定的人拒绝或者无能力担任受托人的，由受益人另行选任受托人；受益人为无民事行为能力人或者限制民事行为能力人的，依法由其监护人代行选任。遗嘱对选任受托人另有规定的，从其规定。

第三章　信托财产

第十四条　受托人因承诺信托而取得的财产是信托财产。

受托人因信托财产的管理运用、处分或者其他情形而取得的财产，也归入信托财产。

法律、行政法规禁止流通的财产，不得作为信托财产。

法律、行政法规限制流通的财产，依法经有关主管部门批准后，可以作为信托财产。

第十五条　信托财产与委托人未设立信托的其他财产相区别。设立信托后，委托人死亡或者依法解散、被依法撤销、被宣告破产时，委托人是唯一受益人的，信托终止，信托财产作为其遗产或者清算财产；委托人不是唯一受益人的，信托存续，信托财产不作为其遗产或者清算财产；但作为共同受益人的委托人死亡或者依法解散、被依法撤销、被宣告破产时，其信托受益权作为其遗产或者清算财产。

第十六条　信托财产与属于受托人所有的财产（以下简称固有财产）相区别，不得归入受托人的固有财产或者成为固有财产的一部分。

受托人死亡或者依法解散、被依法撤销、被宣告破产而终止，信托财产不属于其遗产或者清算财产。

第十七条　除因下列情形之一外，对信托财产不得强制执行：

（一）设立信托前债权人已对该信托财产享有优先受偿的权利，并依法行使该权利的；

（二）受托人处理信托事务所产生债务，债权人要求清偿该债务的；

（三）信托财产本身应担负的税款；

（四）法律规定的其他情形。

对于违反前款规定而强制执行信托财产，委托人、受托人或者受益人有权向人民法院提出异议。

第十八条　受托人管理运用、处分信托财产所产生的债权，不得与其固有财产产生的债务相抵销。

受托人管理运用、处分不同委托人的信托财产所产生的债权债务，不得相互抵销。

第四章　信托当事人

第一节　委托人

第十九条　委托人应当是具有完全民事行为能力的自然人、法人或者依法成立的其他组织。

第二十条　委托人有权了解其信托财产的管理运用、处分及收支情况，并有权要求受托人作出说明。

委托人有权查阅、抄录或者复制与其信托财产有关的信托账目以及处理信托事务的其他文件。

第二十一条　因设立信托时未能预见的特别事由，致使信托财产的管理方法不利于实现信托目的或者不符合受益人的利益时，委托人有权要求受托人调整该信托财产的管理方法。

第二十二条　受托人违反信托目的处分信托财产或者因违背管理职责、处理信托事务不当致使信托财产受到损失的，委托人有权申请人民法院撤销该处分行为，并有权要求受托人恢复信托财产的原状或者予以赔偿；该信托财产的受让人明知是违反信托目的而接受该财产的，应当予以返还或者予以赔偿。

前款规定的申请权，自委托人知道或者应当知道撤销原因之日起一年内不行使的，归于消灭。

第二十三条　受托人违反信托目的处分信托财产或者管理运用、处分信托财产有重大过失的，委托人有权依照信托文件的规定解任受托人，或者申请人民法院解任受托人。

第二节　受托人

第二十四条　受托人应当是具有完全民事行为能力的自然人、法人。

法律、行政法规对受托人的条件另有规定的，从其规定。

第二十五条　受托人应当遵守信托文件的规定，为受益人的最大利益处理信托事务。

受托人管理信托财产，必须恪尽职守，履行诚实、信用、谨慎、有效管理的义务。

第二十六条　受托人除依照本法规定取得报酬外，不得利用信托财产为自己谋取利益。

受托人违反前款规定，利用信托财产为自己谋取利益的，所得利益归入信托财产。

第二十七条　受托人不得将信托财产转为其固有财产。受托人将信托财产转为其固有财产的，必须恢复该信托财产的原状；造成信托财产损失的，应当承担赔偿责任。

第二十八条　受托人不得将其固有财产与信托财产进行交易或者将不同委托人的信托财产进行相互交易，但信托文件另有规定或者经委托人或者受益人同意，并以公平的市场价格进行交易的除外。

受托人违反前款规定，造成信托财产损失的，应当承担赔偿责任。

第二十九条　受托人必须将信托财产与其固有财产分别管理、分别记账，并将不同委托人的信托财产分别管理、分别记账。

第三十条　受托人应当自己处理信托事务，但信托文件另有规定或者有不得已事由的，可以委托他人代为处理。

受托人依法将信托事务委托他人代理的，应当对他人处理信托事务的行为承担责任。

第三十一条　同一信托的受托人有两个以上的，为共同受托人。

共同受托人应当共同处理信托事务，但信托文件规定对某些具体事务由受托人分别处理的，从其规定。

共同受托人共同处理信托事务，意见不一致时，按信托文件规定处理；信托文件未规定的，由委托人、受益人或者其利害关系人决定。

第三十二条　共同受托人处理信托事务对第三人所负债务，应当承担连带清偿责任。第三人对共同受托人之一所作的意思表示，对其他受托人同样有效。

共同受托人之一违反信托目的处分信托财产或者因违背管理职责、处理信托事务不当致使信托财产受到损失的，其他受托人应当承担连带赔偿责任。

第三十三条　受托人必须保存处理信托事务的完整记录。

受托人应当每年定期将信托财产的管理运用、处分及收支情况，报告委托人和受益人。

受托人对委托人、受益人以及处理信托事务的情况和资料负有依法保密的义务。

第三十四条　受托人以信托财产为限向受益人承担支付信托利益的义务。

第三十五条　受托人有权依照信托文件的约定取得报酬。信托文件未作事先约定的，经信托当事人协商同意，可以作出补充约定；未作事先约定和补充约定的，不得收取报酬。

约定的报酬经信托当事人协商同意，可以增减其数额。

第三十六条　受托人违反信托目的处分信托财产或者因违背管理职责、处理信托事务不当致使信托财产受到损失的，在未恢复信托财产的原状或者未予赔偿前，不得请求给付报酬。

第三十七条　受托人因处理信托事务所支出的费用、对第三人所负债务，以信托财产承担。受托人以其固有财产先行支付的，对信托财产享有优先受偿的权利。

受托人违背管理职责或者处理信托事务不当对第三人所负债务或者自己所受到的损失，以其固有财产承担。

第三十八条　设立信托后，经委托人和受益人同意，受托人可以辞任。本法对公益信托的受托人辞任另有规定的，从其规定。

受托人辞任的，在新受托人选出前仍应履行管理信托事务的职责。

第三十九条　受托人有下列情形之一的，其职责终止：

（一）死亡或者被依法宣告死亡；

（二）被依法宣告为无民事行为能力人或者限制民事行为能力人；

（三）被依法撤销或者被宣告破产；

（四）依法解散或者法定资格丧失；

（五）辞任或者被解任；

（六）法律、行政法规规定的其他情形。

受托人职责终止时，其继承人或者遗产管理人、监护人、清算人应当妥善保管信托财产，协助新受托人接管信托事务。

第四十条　受托人职责终止的，依照信托文件规定选任新受托人；信托文件未规定的，由委托人选任；委托人不指定或者无能力指定的，由受益人选任；受益人为无民事行为能力人或者限制民事行为能力人的，依法由其监护人代行选任。

原受托人处理信托事务的权利和义务，由新受托人承继。

第四十一条　受托人有本法第三十九条第一款第（三）项至第（六）项所列情形之一，职责终止的，应当作出处理信托事务的报告，并向新受托人办理信托财产和信托事务的移交手续。

前款报告经委托人或者受益人认可，原受托人就报告中所列事项解除责任。但原受托人有不正当行为的除外。

第四十二条　共同受托人之一职责终止的，信托财产由其他受托人管理和处分。

第三节　受益人

第四十三条　受益人是在信托中享有信托受益权的人。受益人可以是自然人、法人或者依法成立的其他组织。

委托人可以是受益人，也可以是同一信托的唯一受益人。

受托人可以是受益人，但不得是同一信托的唯一受益人。

第四十四条　受益人自信托生效之日起享有信托受益权。信托文件另有规定的，从其规定。

第四十五条　共同受益人按照信托文件的规定享受信托利益。信托文件对信托利益的分配比例或者分配方法未作规定的，各受益人按照均等的比例享受信托利益。

第四十六条　受益人可以放弃信托受益权。

全体受益人放弃信托受益权的，信托终止。

部分受益人放弃信托受益权的，被放弃的信托受益权按下列顺序确定归属：

（一）信托文件规定的人；

（二）其他受益人；

（三）委托人或者其继承人。

第四十七条　受益人不能清偿到期债务的，其信托受益权可以用于清偿债务，但法律、行政法规以及信托文件有限制性规定的除外。

第四十八条　受益人的信托受益权可以依法转让和继承，但信托文件有限制性规定的除外。

第四十九条　受益人可以行使本法第二十条至第二十三条规定的委托人享有的权利。受益人行使上述权利，与委托人意见不一致时，可以申请人民法院作出裁定。

受托人有本法第二十二条第一款所列行为，共同受益人之一申请人民法院撤销该处分行为的，人民法院所作出的撤销裁定，对全体共同受益人有效。

第五章　信托的变更与终止

第五十条　委托人是唯一受益人的，委托人或者其继承人可以解除信托。信托文件另有规定的，从其规定。

第五十一条　设立信托后，有下列情形之一的，委托人可以变更受益人或者处分受益人的信托受益权：

（一）受益人对委托人有重大侵权行为；

（二）受益人对其他共同受益人有重大侵权行为；

（三）经受益人同意；

（四）信托文件规定的其他情形。

有前款第（一）项、第（三）项、第（四）项所列情形之一的，委托人可以解除信托。

第五十二条　信托不因委托人或者受托人的死亡、丧失民事行为能力、依法解散、被依法撤销或者被宣告破产而终止，也不因受托人的辞任而终止。但本法或者信托文件另有规定的除外。

第五十三条　有下列情形之一的，信托终止：

（一）信托文件规定的终止事由发生；

（二）信托的存续违反信托目的；

（三）信托目的已经实现或者不能实现；

（四）信托当事人协商同意；

（五）信托被撤销；

（六）信托被解除。

第五十四条　信托终止的，信托财产归属于信托文件规定的人；信托文件未规定的，按下列顺序确定归属：

（一）受益人或者其继承人；

（二）委托人或者其继承人。

第五十五条　依照前条规定，信托财产的归属确定后，在该信托财产转移给权利归属人的过程中，信托视为存续，权利归属人视为受益人。

第五十六条　信托终止后，人民法院依据本法第十七条的规定对原信托财产进行强制执行的，以权利归属人为被执行人。

第五十七条　信托终止后，受托人依照本法规定行使请求给付报酬、从信托财产中获得补偿的权利时，可以留置信托财产或者对信托财产的权利归属人提出请求。

第五十八条　信托终止的，受托人应当作出处理信托事务的清算报告。受益人或者信托财产的权利归属人对清算报告无异议的，受托人就清算报告所列事项解除责任。但受托人有不正当行为的除外。

第六章　公益信托

第五十九条　公益信托适用本章规定。本章未规定的，适用本法及其他相关法律的规定。

第六十条　为了下列公共利益目的之一而设立的信托，属于公益信托：

（一）救济贫困；

（二）救助灾民；

（三）扶助残疾人；

（四）发展教育、科技、文化、艺术、体育事业；

（五）发展医疗卫生事业；

（六）发展环境保护事业，维护生态环境；

（七）发展其他社会公益事业。

第六十一条　国家鼓励发展公益信托。

第六十二条　公益信托的设立和确定其受托人，应当经有关公益事业的管理机构（以下简称公益事业管理机构）批准。

未经公益事业管理机构的批准，不得以公益信托的名义进行活动。

公益事业管理机构对于公益信托活动应当给予支持。

第六十三条　公益信托的信托财产及其收益，不得用于非公益目的。

第六十四条　公益信托应当设置信托监察人。

信托监察人由信托文件规定。信托文件未规定的，由公益事业管理机构指定。

第六十五条　信托监察人有权以自己的名义，为维护受益人的利益,提起诉讼或者实施其他法律行为。

第六十六条　公益信托的受托人未经公益事业管理机构批准,不得辞任。

第六十七条　公益事业管理机构应当检查受托人处理公益信托事务的情况及财产状况。

受托人应当至少每年一次作出信托事务处理情况及财产状况报告,经信托监察人认可后,报公益事业管理机构核准,并由受托人予以公告。

第六十八条　公益信托的受托人违反信托义务或者无能力履行其职责的,由公益事业管理机构变更受托人。

第六十九条　公益信托成立后,发生设立信托时不能预见的情形,公益事业管理机构可以根据信托目的,变更信托文件中的有关条款。

第七十条　公益信托终止的,受托人应当于终止事由发生之日起十五日内,将终止事由和终止日期报告公益事业管理机构。

第七十一条　公益信托终止的,受托人作出的处理信托事务的清算报告,应当经信托监察人认可后,报公益事业管理机构核准,并由受托人予以公告。

第七十二条　公益信托终止,没有信托财产权利归属人或者信托财产权利归属人是不特定的社会公众的,经公益事业管理机构批准,受托人应当将信托财产用于与原公益目的相近似的目的,或者将信托财产转移给具有近似目的的公益组织或者其他公益信托。

第七十三条　公益事业管理机构违反本法规定的,委托人、受托人或者受益人有权向人民法院起诉。

第七章　附则

第七十四条　本法自 2001 年 10 月 1 日起施行。

基金会管理条例

（2004年2月4日国务院第38次常务会议通过）

目录

第一章　总则

第一条　为了规范基金会的组织和活动，维护基金会、捐赠人和受益人的合法权益，促进社会力量参与公益事业，制定本条例。

第二条　本条例所称基金会，是指利用自然人、法人或者其他组织捐赠的财产，以从事公益事业为目的，按照本条例的规定成立的非营利性法人。

第三条　基金会分为面向公众募捐的基金会（以下简称公募基金会）和不得面向公众募捐的基金会（以下简称非公募基金会）。公募基金会按照募捐的地域范围，分为全国性公募基金会和地方性公募基金会。

第四条　基金会必须遵守宪法、法律、法规、规章和国家政策，不得危害国家安全、统一和民族团结，不得违背社会公德。

第五条　基金会依照章程从事公益活动，应当遵循公开、透明的原则。

第六条　国务院民政部门和省、自治区、直辖市人民政府民政部门是基金会的登记管理机关。

国务院民政部门负责下列基金会、基金会代表机构的登记管理工作：

（一）全国性公募基金会；

（二）拟由非内地居民担任法定代表人的基金会；

（三）原始基金超过 2 000 万元，发起人向国务院民政部门提出设立申请的非公募基金会；

（四）境外基金会在中国内地设立的代表机构。

省、自治区、直辖市人民政府民政部门负责本行政区域内地方性公募基金会和不属于前款规定情况的非公募基金会的登记管理工作。

第七条　国务院有关部门或者国务院授权的组织，是国务院民政部门登记的基金会、境外基金会代表机构的业务主管单位。

省、自治区、直辖市人民政府有关部门或者省、自治区、直辖市人民政府授权的组织，是省、自治区、直辖市人民政府民政部门登记的基金会的业务主管单位。

第二章　设立、变更和注销

第八条　设立基金会，应当具备下列条件：

（一）为特定的公益目的而设立；

（二）全国性公募基金会的原始基金不低于 800 万元人民币，地方性公募基金会的原始基金不低于 400 万元人民币，非公募基金会的原始基金不低于 200 万元人民币；原始基金必须为到账货币资金；

（三）有规范的名称、章程、组织机构以及与其开展活动相适应的专职工作人员；

（四）有固定的住所；

（五）能够独立承担民事责任。

第九条　申请设立基金会，申请人应当向登记管理机关提交下列文件：

（一）申请书；

（二）章程草案；

（三）验资证明和住所证明；

（四）理事名单、身份证明以及拟任理事长、副理事长、秘书长简历；

（五）业务主管单位同意设立的文件。

第十条　基金会章程必须明确基金会的公益性质，不得规定使特定自然人、法人或者其他组织受益的内容。

基金会章程应当载明下列事项：

（一）名称及住所；

（二）设立宗旨和公益活动的业务范围；

（三）原始基金数额；

（四）理事会的组成、职权和议事规则，理事的资格、产生程序和任期；

（五）法定代表人的职责；

（六）监事的职责、资格、产生程序和任期；

（七）财务会计报告的编制、审定制度；

（八）财产的管理、使用制度；

（九）基金会的终止条件、程序和终止后财产的处理。

第十一条　登记管理机关应当自收到本条例第九条所列全部有效文件之日起 60 日内，作出准予或者不予登记的决定。准予登记的，发给《基金会法人登记证书》；不予登记的，应当书面说明理由。

基金会设立登记的事项包括：名称、住所、类型、宗旨、公益活动的业务范围、原始基金数额和法定代表人。

第十二条　基金会拟设立分支机构、代表机构的，应当向原登记管理机关提出登记申请，并提交拟设机构的名称、住所和负责人等情况的文件。

登记管理机关应当自收到前款所列全部有效文件之日起60日内作出准予或者不予登记的决定。准予登记的，发给《基金会分支（代表）机构登记证书》；不予登记的，应当书面说明理由。

基金会分支机构、基金会代表机构设立登记的事项包括：名称、住所、公益活动的业务范围和负责人。

基金会分支机构、基金会代表机构依据基金会的授权开展活动，不具有法人资格。

第十三条　境外基金会在中国内地设立代表机构，应当经有关业务主管单位同意后，向登记管理机关提交下列文件：

（一）申请书；

（二）基金会在境外依法登记成立的证明和基金会章程；

（三）拟设代表机构负责人身份证明及简历；

（四）住所证明；

（五）业务主管单位同意在中国内地设立代表机构的文件。

登记管理机关应当自收到前款所列全部有效文件之日起60日内，作出准予或者不予登记的决定。准予登记的，发给《境外基金会代表机构登记证书》；不予登记的，应当书面说明理由。

境外基金会代表机构设立登记的事项包括：名称、住所、公益活动的业务范围和负责人。

境外基金会代表机构应当从事符合中国公益事业性质的公益活动。境外基金会对其在中国内地代表机构的民事行为，依照中国法律承担民事责任。

第十四条　基金会、境外基金会代表机构依照本条例登记后，应当依法办理税务登记。

基金会、境外基金会代表机构，凭登记证书依法申请组织机构代码、刻制印章、开立银行账户。

基金会、境外基金会代表机构应当将组织机构代码、印章式样、银行账号以及税务登记证件复印件报登记管理机关备案。

第十五条　基金会、基金会分支机构、基金会代表机构和境外基金会代表机构的登记事项需要变更的，应当向登记管理机关申请变更登记。

基金会修改章程，应当征得其业务主管单位的同意，并报登记管理机关核准。

第十六条　基金会、境外基金会代表机构有下列情形之一的，应当向登记管理机关申请注销登记：

（一）按照章程规定终止的；

（二）无法按照章程规定的宗旨继续从事公益活动的；

（三）由于其他原因终止的。

第十七条　基金会撤销其分支机构、代表机构的，应当向登记管理机关办理分支机构、代表机构的注销登记。

基金会注销的，其分支机构、代表机构同时注销。

第十八条　基金会在办理注销登记前，应当在登记管理机关、业务主管单位的指导下成立清算组织，完成清算工作。

基金会应当自清算结束之日起 15 日内向登记管理机关办理注销登记；在清算期间不得开展清算以外的活动。

第十九条　基金会、基金会分支机构、基金会代表机构以及境外基金会代表机构的设立、变更、注销登记，由登记管理机关向社会公告。

第三章　组织机构

第二十条　基金会设理事会，理事为 5 人至 25 人，理事任期由章程规定，但每届任期不得超过 5 年。理事任期届满，连选可以连任。

用私人财产设立的非公募基金会，相互间有近亲属关系的基金会理事，总数不得超过理事总人数的 1/3；其他基金会，具有近亲属关系的不得同时在理事会任职。

在基金会领取报酬的理事不得超过理事总人数的1/3。

理事会设理事长、副理事长和秘书长，从理事中选举产生，理事长是基金会的法定代表人。

第二十一条　理事会是基金会的决策机构，依法行使章程规定的职权。

理事会每年至少召开2次会议。理事会会议须有2/3以上理事出席方能召开；理事会决议须经出席理事过半数通过方为有效。

下列重要事项的决议，须经出席理事表决，2/3以上通过方为有效：

（一）章程的修改；

（二）选举或者罢免理事长、副理事长、秘书长；

（三）章程规定的重大募捐、投资活动；

（四）基金会的分立、合并。

理事会会议应当制作会议记录，并由出席理事审阅、签名。

第二十二条　基金会设监事。监事任期与理事任期相同。理事、理事的近亲属和基金会财会人员不得兼任监事。

监事依照章程规定的程序检查基金会财务和会计资料，监督理事会遵守法律和章程的情况。

监事列席理事会会议，有权向理事会提出质询和建议，并应当向登记管理机关、业务主管单位以及税务、会计主管部门反映情况。

第二十三条　基金会理事长、副理事长和秘书长不得由现职国家工作人员兼任。基金会的法定代表人，不得同时担任其他组织的法定代表人。公募基金会和原始基金来自中国内地的非公募基金会的法定代表人，应当由内地居民担任。

因犯罪被判处管制、拘役或者有期徒刑，刑期执行完毕之日起未逾5年的，因犯罪被判处剥夺政治权利正在执行期间或者曾经被判处剥夺政治权利的，以及曾在因违法被撤销登记的基金会担任理事长、副理事长或者秘书长，且对该基金会的违法行为负有个人责任，自该基金会被撤销之日起未逾 5 年的，不得担任基金会的理事长、副理事长或者秘书长。

基金会理事遇有个人利益与基金会利益关联时，不得参与相关事宜的决策；基金会理事、监事及其近亲属不得与其所在的基金会有任何交易行为。

监事和未在基金会担任专职工作的理事不得从基金会获取报酬。

第二十四条　担任基金会理事长、副理事长或者秘书长的香港居民、澳门居民、台湾居民、外国人以及境外基金会代表机构的负责人，每年在中国内地居留时间不得少于 3 个月。

第四章　财产的管理和使用

第二十五条　基金会组织募捐、接受捐赠，应当符合章程规定的宗旨和公益活动的业务范围。境外基金会代表机构不得在中国境内组织募捐、接受捐赠。

公募基金会组织募捐，应当向社会公布募得资金后拟开展的公益活动和资金的详细使用计划。

第二十六条　基金会及其捐赠人、受益人依照法律、行政法规的规定享受税收优惠。

第二十七条　基金会的财产及其他收入受法律保护，任何单位和个人不得私分、侵占、挪用。

基金会应当根据章程规定的宗旨和公益活动的业务范围使用其财产；捐赠协议明确了具体使用方式的捐赠，根据捐赠协议的约定使用。

接受捐赠的物资无法用于符合其宗旨的用途时，基金会可以依法拍卖或者变卖，所得收入用于捐赠目的。

第二十八条　基金会应当按照合法、安全、有效的原则实现基金的保值、增值。

第二十九条　公募基金会每年用于从事章程规定的公益事业支出，不得低于上一年总收入的70％；非公募基金会每年用于从事章程规定的公益事业支出，不得低于上一年基金余额的8％。

基金会工作人员工资福利和行政办公支出不得超过当年总支出的10％。

第三十条　基金会开展公益资助项目，应当向社会公布所开展的公益资助项目种类以及申请、评审程序。

第三十一条　基金会可以与受助人签订协议，约定资助方式、资助数额以及资金用途和使用方式。

基金会有权对资助的使用情况进行监督。受助人未按协议约定使用资助或者有其他违反协议情形的，基金会有权解除资助协议。

第三十二条　基金会应当执行国家统一的会计制度，依法进行会计核算、建立健全内部会计监督制度。

第三十三条　基金会注销后的剩余财产应当按照章程的规定用于公益目的；无法按照章程规定处理的，由登记管理机关组织捐赠给与该基金会性质、宗旨相同的社会公益组织，并向社会公告。

第五章　监督管理

第三十四条　基金会登记管理机关履行下列监督管理职责：

（一）对基金会、境外基金会代表机构实施年度检查；

（二）对基金会、境外基金会代表机构依照本条例及其章程开展活动的情况进行日常监督管理；

（三）对基金会、境外基金会代表机构违反本条例的行为依法进行处罚。

第三十五条　基金会业务主管单位履行下列监督管理职责：

（一）指导、监督基金会、境外基金会代表机构依据法律和章程开展公益活动；

（二）负责基金会、境外基金会代表机构年度检查的初审；

（三）配合登记管理机关、其他执法部门查处基金会、境外基金会代表机构的违法行为。

第三十六条　基金会、境外基金会代表机构应当于每年 3 月 31 日前向登记管理机关报送上一年度工作报告，接受年度检查。年度工作报告在报送登记管理机关前应当经业务主管单位审查同意。

年度工作报告应当包括：财务会计报告、注册会计师审计报告，开展募捐、接受捐赠、提供资助等活动的情况以及人员和机构的变动情况等。

第三十七条　基金会应当接受税务、会计主管部门依法实施的税务监督和会计监督。

基金会在换届和更换法定代表人之前，应当进行财务审计。

第三十八条　基金会、境外基金会代表机构应当在通过登记管理机关的年度检查后，将年度工作报告在登记管理机关指定的媒体上公布，接受社会公众的查询、监督。

第三十九条　捐赠人有权向基金会查询捐赠财产的使用、管理情况，并提出意见和建议。对于捐赠人的查询，基金会应当及时如实答复。

基金会违反捐赠协议使用捐赠财产的，捐赠人有权要求基金会遵守捐赠协议或者向人民法院申请撤销捐赠行为、解除捐赠协议。

第六章　法律责任

第四十条　未经登记或者被撤销登记后以基金会、基金会分支机构、基金会代表机构或者境外基金会代表机构名义开展活动的，由登记管理机关予以取缔，没收非法财产并向社会公告。

第四十一条　基金会、基金会分支机构、基金会代表机构或者境外基金会代表机构有下列情形之一的，登记管理机关应当撤销登记：

（一）在申请登记时弄虚作假骗取登记的，或者自取得登记证书之日起 12 个月内未按章程规定开展活动的；

（二）符合注销条件，不按照本条例的规定办理注销登记仍继续开展活动的。

第四十二条　基金会、基金会分支机构、基金会代表机构或者境外基金会代表机构有下列情形之一的，由登记管理机关给予警告、责令停止活动；情节严重的，可以撤销登记：

（一）未按照章程规定的宗旨和公益活动的业务范围进行活动的；

（二）在填制会计凭证、登记会计账簿、编制财务会计报告中弄虚作假的；

（三）不按照规定办理变更登记的；

（四）未按照本条例的规定完成公益事业支出额度的；

（五）未按照本条例的规定接受年度检查，或者年度检查不合格的；

（六）不履行信息公布义务或者公布虚假信息的。

基金会、境外基金会代表机构有前款所列行为的，登记管理机关应当提请税务机关责令补交违法行为存续期间所享受的税收减免。

第四十三条　基金会理事会违反本条例和章程规定决策不当，致使基金会遭受财产损失的，参与决策的理事应当承担相应的赔偿责任。

基金会理事、监事以及专职工作人员私分、侵占、挪用基金会财产的，应当退还非法占用的财产；构成犯罪的，依法追究刑事责任。

第四十四条　基金会、境外基金会代表机构被责令停止活动的，由登记管理机关封存其登记证书、印章和财务凭证。

第四十五条　登记管理机关、业务主管单位工作人员滥用职权、玩忽职守、徇私舞弊，构成犯罪的，依法追究刑事责任；尚不构成犯罪的，依法给予行政处分或者纪律处分。

第七章　附则

第四十六条　本条例所称境外基金会，是指在外国以及中华人民共和国香港特别行政区、澳门特别行政区和台湾地区合法成立的基金会。

第四十七条　基金会设立申请书、基金会年度工作报告的格式以及基金会章程范本，由国务院民政部门制订。

第四十八条　本条例自 2004 年 6 月 1 日起施行，1988 年 9 月 27 日国务院发布的《基金会管理办法》同时废止。

本条例施行前已经设立的基金会、境外基金会代表机构，应当自本条例施行之日起 6 个月内，按照本条例的规定申请换发登记证书。